JN425244

2판

# 영유아 과학교육

– 「2019 개정 누리과정」, 「제4차 표준보육과정」 반영 –

양 수 영

창지사

## 머리말

과학을 통해 인류는 인간을 포함한 생명체, 그리고 생명체가 살아가는 환경과 삶의 방식에 대한 객관적 지식을 축적해 왔다. 현재와 미래는 과학과 과학기술의 발달로 인해 미지의 영역이 발견되거나 새로 형성되었고, 이에 따라 우리가 알아야 할 지식도 폭발적으로 증가하고 있다. 지식 기반 사회에서 성공적으로 생존하기 위해 꼭 필요한 능력이 바로 과학과 관련한 능력이라고 할 수 있다.

과학능력이란, 미지의 무언가에 호기심을 가지고 과학적 탐구과정을 통해 지식을 발견해 내는 능력이고, 또한 이러한 지식을 활용해 삶의 유용한 창의적 문제해결까지 가능하게 하는 능력을 의미한다(Feynman, 2005). 이러한 과학능력은 한 국가의 발전 및 인류 번영에도 주요한 영향을 미쳐 과학능력을 기르는 과학교육에 대한 어젠다는 항상 국가나 인류 공동의 위기상황에서 주요 논의대상이었으며, 이를 통해 대대적인 변화가 이루어져 왔다.

최근에는 '차세대 과학표준(NGSS: The Next Generation Science Standards)'이 발표되어, 영유아 시기부터의 지속적인 과학교육이 강조되었고, 과학적 개념의 암기와 문제풀이 중심의 형식적 교육보다는 과학을 직접 수행하는 탐구기술을 학습하도록 함으로써 과학적 소양 증진에 목표를 두며, 사회적 실천과 활용능력을 기르는 데 목표를 두고 있다. 또한, 형식적 교육뿐만 아니라 비형식적 교육을 강조하여 생활밀접형 과학교육을 강조하였다(NGSS Lead States, 2013).

그리고 과학기술의 부정적 측면이 초래한 전 지구적 문제를 해결하기 위해 UN(United Nations)에서는 '지속가능발전 교육 10년(DESD: Decade of Education for Sustainable Development)'을 정하고, 이를 위한 전 세계적 교육의 실천을 강조하였다(UNESCO, 2004). 이후 2013년에는 제37차 유네스코 총회에서 DESD의 후속 조치로서 2030년까지 글로벌 실천 프로그램(GAP: Global Action Program)을 채택하여 교육의 구체적 실천과 학습자의 실천행동 증진을 강조하고 있다. 지속가능발전이란 생태계가 수용 가능한 한계 내의 발전으로 미래 세대의 필요를 충족시킬 수 있는 여건을 파괴하지 않는 범위 내에서 현재 세대의 필요를 충족시키는 발전적인 활동을 의미한다(WCED, 1987). 지속가능발전 교육은 단순히 환경을 이해하고 보호하는 교육이 아니라, 더욱 폭넓은 개념으로 학습자의 태도적 측면을 교육하여 생태 · 경제 · 사회 전반에 적용되도록 하기 위함이다.

이러한 과학교육에 대한 시대적 · 사회적 요구에 기초하여 이 책은 영유아로 하여금 과학적 소양을 증진할 수 있도록 과학지식의 특성에 대한 올바른 이해, 과학 과정기술의 발달, 과학적 태도의 올바른 형성을 목표로 하고 있다. 따라서 이 책을 예비교사 양성과정에서 과학교육 교재로 활용함으로써 예비교사는 영유아 과학교육에 대한 올바른 이해와 더불어 그 실천력을 기를 수 있을 것이며, 교육현장에서 과학교육의 활성화를 도모할 수 있을 것이다.

특히, 이 책은 그동안의 영유아 과학교육 교재들이 유아에게만 집중된 것에 한계점이 있다고 분석하였다. 유아뿐만 아니라 영아에게도 과학적 능력이 존재함은 국제 유명 과학저널인 『*Science*』지에도 이미 보고가 되었고(Gopnik, 2012), 여러 학자들을 통해서도 영아의 놀이가 과학적 탐구과정임이 증명되었다. 또한, 영아 뇌 발달 특성에서 영아는 과학적 탐구의 일차적 활동이라고 할 수 있는 오감각을 활용한 탐색활동을 수행하면서 외부 감각적 자극을 받아들여 이를 위한 뇌를 구성하고 있음을 알 수 있었다(Sigaard, Kjaer, & Pakkenberg, 2016). 이에 따라 영유아 과학교육에서 영아를 대상으로 한 교육이 함께 중요하게 다루어질 필요가 있다고 판단하여 본 책에서는 영아를 대상으로 발달에 적합한 과학교육(PART 1 참고)과 교육의 실제(PART 5 참고) 등에서 영아 부분을 구분하여 제시하였다.

이 책은 예비교사 양성과정에서 영유아 과학교육 교재로 주로 사용될 것이므로 예비교사가 영유아 과학교육을 잘 이해하여 실천력을 기를 수 있도록 체계적으로 정리하여 구성하였다. PART 1에서는 예비교사가 가진 과학교육에 대한 편견과 오해를 발견하고, 영유아 과학교육에 대한 개념을 재정립하도록 도우며 영유아 발달에 적절한 과학교육이 무엇인지 기초적 이해를 하는 데 중점을 두었다. PART 2에서는 예비교사로 하여금 영유아 과학교육 학습 참여에 대한 동기부여를 하도록 과학교육 활성화를 위한 교사의 중요성을 인지하고, 스스로 자신의 지식 · 기술 · 태도를 사전 점검해 보고 반성해 보도록 하였다. PART 3에서는 동기부여가 된 예비교사가 영유아 과학교육 운영 전반을 학습하도록 하였다. 즉, 과학교육목적, 교육목표, 교육내용과 교수 · 학습 방법, 환경구성에 대해 이해하도록 하였다. PART 4에서는 효과적 교육을 위한 평가의 중요성을 알고 실천할 수 있도록 영유아 평가와 교사 평가에 대한 내용을 이해하도록 하였다. 마지막으로 PART 5에서는 영아와 유아를 대상으로 한 과학교육의 실제를 이해할 수 있도록 관련 영유아의 놀이 상황에 따른 교사의 과학교육 지원방안(탐구기반 접근법에 기초)을 제시하였다.

그리고 모든 Chapter마다 수업 전 실습과 수업 후 실습을 할 수 있도록 구성하였다. 이는 양수영(2016, 2019)이 개발하고, 예비교사를 대상으로 적용하여 그 종단 효과를 입증한 뇌 기반 교수 · 학습 단계에 따른 것으로 수업 전 실습을 통해 학습자가 당일 학습내용에 보다 동기화되고, 기존 관련 지식을 떠올릴 수 있어 이후 전달되는 학습내용의 효과적 이해가 가능하기 때문이다. 또한, 수업 후 실습을 통해 새롭게 학습한 내용을 장기 기억하도록 돕고, 향후 현장의 교사가 되어서까지 그 실천력을 기대해 볼 수 있기 때문이다. 따라서 이 책이 대학에서 영유아 과학교육 교재로 활용된다면, 예비교사의 과학교육에 대한 효과적 이해와 현장에서의 활발한 과학교육의 실천까지 기대해 볼 수 있을 것이다.

이 책이 나오기까지 개발 연구에 도움을 주신 여러 교수님께 감사를 드리며, 책이 출판될 수 있도록 도움을 주신 창지사 직원분들께도 감사의 마음을 전한다.

2024년 6월

양수영

# 차례


▪ 머리말 / 2

## PART 1 영유아 과학교육 기초

Chapter 01 영유아 과학교육 개념 ........ 11

1. 과학의 정의 / 12
2. 과학의 가치 / 15
3. 영유아 과학교육 개념 / 16

Chapter 02 영유아 발달과 과학교육 ........ 19

1. 인간 본성으로서의 과학능력 / 20
2. 영유아 신체발달과 과학교육 / 25
3. 영유아 인지발달과 과학교육 / 26
4. 영유아 언어발달과 과학교육 / 29
5. 영유아 사회성발달과 과학교육 / 30
6. 영유아 정서발달과 과학교육 / 31

Chapter 03 영유아 과학교육의 필요성 ........ 33

1. 영유아 대상 교육의 효과 / 34
2. 과학교육 실태 / 36

## PART 2 영유아 과학교육과 교사

Chapter 01 교사의 중요성과 역할 ........ 43

1. 영유아 과학교육에서 교사의 중요성 / 44
2. 교사의 역할 / 50

Chapter 02 과학교수 불안, 과학교수효능감 ........ 59
1. 과학교수 불안 / 60
2. 과학교수효능감 / 65

Chapter 03 과학교과교육학 지식 ........ 71
1. 정의 / 72
2. 중요성 / 73
3. 진단 / 74
4. 채점 / 79
5. 과학교과교육학 지식 증진방법 / 80

## PART 3 영유아 과학교육 운영

Chapter 01 영유아 과학교육 목적 ........ 85
1. 과학교육의 시작(근대, 19세기 말~20세기 초) / 86
2. 진보주의 교육철학에 기초한 과학교육(1930~1950년대) / 89
3. 학문중심 교육과정으로서의 과학교육(1950~1980년대) / 91
4. 대중을 위한 과학교육(1980년대~현재) / 94

Chapter 02 영유아 과학교육 목표 ........ 111
1. 과학적 탐구능력 증진(기대되는 성취 행동) / 113
2. 사회적 요구가 반영된 탐구대상(학습 내용) / 118

Chapter 03 영유아 과학교육 내용 ........ 129
1. 과학지식 / 130
2. 과학과정기술 / 140
3. 과학적 태도 / 148
4. 교육과정에 나타난 영유아 과학개념 / 163

Chapter 04 영유아 과학교육 교수 · 학습방법 ........ 169
1. 교수 · 학습 원리 / 170
2. 교수 · 학습 접근법 / 175

Chapter 05 영유아 과학교육 환경구성 ........ 195
1. 과학활동 자료 / 196
2. 과학(탐색)영역 / 202

## PART 4 영유아 과학교육 평가

Chapter 01 영유아 평가 ........ 211

1. 평가 목적 / 212
2. 평가 내용 / 213
3. 평가 방법 / 214

Chapter 02 교사 평가 ........ 225

1. 평가 목적 / 226
2. 평가 내용 / 226

## PART 5 영유아 과학교육 실제

Chapter 01 물리 관련 교육 실제 ........ 233

Chapter 02 화학 관련 교육 실제 ........ 255

Chapter 03 생명과학 관련 교육 실제 ........ 269

Chapter 04 지구과학 관련 교육 실제 ........ 299

- 참고문헌 / 309
- 저자소개 / 316

# PART 1

# 영유아 과학교육 기초

영유아 과학교육을 학습자인 영유아 발달에 적절하게 실천할 수 있도록
그 기초적 이해와 태도를 증진하는 데 목적을 둔다.

CHAPTER 1

# 영유아 과학교육 개념

**사·전·실·습**

'과학' 하면 떠오르는 것들을 1~2가지 적어 보세요.

적은 내용들이 영유아 발달에 적합한 것인지 생각해 보고, 그 이유도 생각해 보세요.

## 1. 과학의 정의

과학에 대해 알고자 할 때, 다음 4가지에 근거하여 정의 내려 볼 수 있다.

첫째, 과학의 어원을 통해서 정의를 살펴보면, 과학을 뜻하는 영어 단어 science는 '지식'이라는 뜻의 라틴어 scientia에서 왔으며, 이는 '안다'(I know)는 뜻의 접두사 scio-에서 나왔다. 이는 또 '분별하다' 혹은 '구분하다'라는 뜻의 인도-유럽 어근에서 나왔으며, '잘라낸다'(cut off)는 뜻의 산스크리트어 chyati, '찢다'(to split)라는 뜻의 그리스어 schizein, 같은 뜻의 라틴어 scindere와도 관계되어 있다. 즉, 과학이란 논리적으로 구분되고 설명될 수 있는 지식을 의미한다고 할 수 있다.

둘째, 학자들의 주장에 근거하여 과학의 정의를 살펴보면 과학이란, 단순히 결과로서의 지식을 획득하는 것이라기보다는 새로운 지식을 만들어 내고, 알아가는 과정이라고 할 수 있다. 즉, 과학은 정적인 사실을 아는 것이 아닌, 동적인 탐구의 과정이라고 할 수 있다(Feynman, 2005). 이는 과학(科學)을 한자로 해석했을 때와 같은 의미이다.

셋째, 과학의 과정과 관련하여 과학을 행하는 방법을 통해 과학의 정의를 살펴보면, 다음의 네 가지로 설명할 수 있다.

- 경험성: 과학을 행할 때는 감각적이며, 구체적인 경험이 가능해야 한다. 또한 경험으로 검증될 수 있어야 한다. 초경험적인 세계를 탐구 영역으로 갖는 철학과의 차이점이라고 할 수 있다.
- 객관성: 과학은 일관된 규칙이나 이론을 발견하는 과정으로, 같은 조건하에서 같은 과정을 여러 번 반복하면, 그때마다 같은 결과가 나와야 한다.
- 가변성: 과학은 알아낸 지식의 일반화를 목표로 하지만, 절대불변의 진리는 가정하지 않는다. 따라서 과학을 수행하는 과정 동안 비판적 사고 등을 통해 계속적인 수정을 거친다.
- 합리성: 논리적으로 탐구의 과정과 알게 된 지식이 설명될 수 있어야 한다. 따라서 연역과 귀납의 논리학을 바탕으로 과학이 행해진다.

넷째, 알고자 하는 대상에 따라 과학의 정의를 살펴보면, 크게 다음의 두 가지로 구분할 수 있다.

- 자연과학: 자연세계에서 일어나는 현상과 원리에 대해 알고자 하는 것으로 물리, 화학, 생명과학, 지구과학 등이 있다.
- 사회과학: 자연과학의 발전에 영향을 받아 발전한 분야로 인간의 행동과 그들이 이루는 사회의 특성 등을 알고자 하는 것으로 심리학, 경제학 등이 있다.

일반적으로 과학교육에서 의미하는 과학은 '자연과학'이라고 할 수 있으며, 따라서 과학에서 의미하는 알고자 하는 대상은 자연세계에서 일어나는 현상과 원리라고 할 수 있다. 본 교재에서는 '자연과학'의 의미에서 과학과

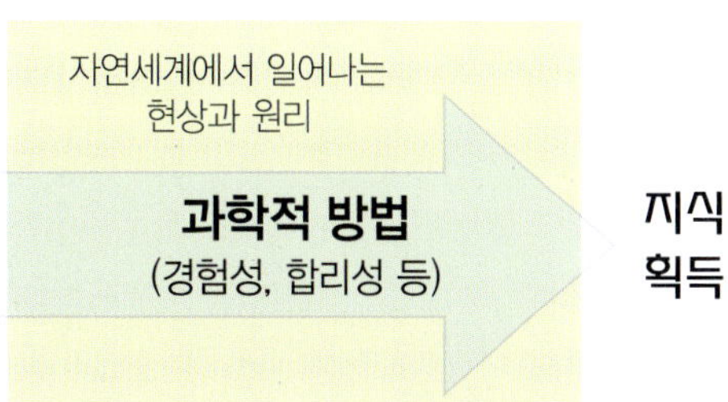


[그림 1-1] 과학의 정의

과학교육을 언급하고자 한다.

종합하면, 과학이란 자연세계에서 일어나는 현상과 원리에 대해 구체적 경험과 논리적 사고 등의 과학적 방법을 활용해 새로운 지식을 만들어 내거나 알아가는 과정이라고 할 수 있다.

❖ 과학일까? 아닐까?

※ 영유아들과 아래와 같이 화산폭발 실험을 하고자 할 때, 이는 과학의 정의에 근거하여 적합한 과학일지 생각해 보세요.

준비물 요구르트병, 베이킹소다, 식초, 주방세제, 빨간색 물감, 쟁반, 찰흙, 나무젓가락, 빈 약통

활동방법

① 쟁반 위에 요구르트병을 똑바로 세우고, 찰흙을 붙여서 산 모양을 만들어 준다.
② 요구르트병 안에 베이킹소다(1T)와 빨간색 물감, 주방세제(1T)를 넣는다.
③ 빈 약통에 식초(2T)를 담아 요구르트병 위에서 식초를 떨어뜨린다.
④ 나무젓가락으로 잘 섞어 준다.
⑤ 나오는 빨간 거품을 관찰한다.

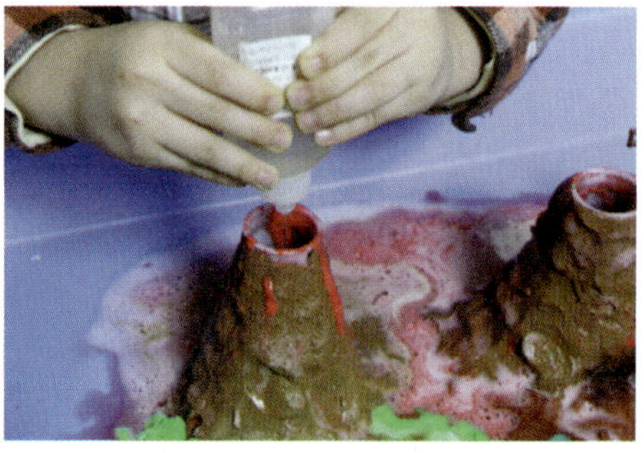

※ 과학의 정의에 근거해서 만약 적합하지 않다면, 그 이유를 생각해 보세요.

- 이 활동은 과학 과정에 중점을 둔 것일까요?
- 이 활동에서 행하는 과학의 과정이 적절한가요?

## 2. 과학의 가치

과학은 과거부터 한 개인의 삶에 영향을 미치는 것뿐만 아니라 한 국가와 사회, 문명의 변화까지 가능하게 하였다. 현대사회에서도 과학은 매우 중요한 위치를 차지하고 있으며, 여러 분야에서 비중 있는 역할을 담당하고 있다.

❖ '과학의 가치' 사례

- 불의 발견: 구석기 시대에 마찰에 의한 불을 발견해 냄으로써 인류의 생활은 급격히 향상되었다. 불을 통해 음식물을 익혀 먹게 되어 기생충 감염 등을 줄일 수 있었고, 체온을 적절히 유지할 수 있었다. 또한, 무기 제조 등을 통해 금속시대가 열렸다.
- 바퀴의 발명: 기원전 4,000년경 최초로 사용되었고, 처음에는 통나무를 원반 모양으로 잘라 내어 사용하였지만, 오래 견디지 못하고 쉽게 부러져 구리로 만든 테를 둘러 사용하였다. 바퀴의 발명은 운송 수단의 혁신이 되었다.
- 종이의 발견: 서기 105년 중국에서 발명되었고, 처음에는 포장 재료로 사용되었다. 인쇄술의 발전을 가져왔으며, 지식의 대중화를 가능하게 하였다.
- 지동설: 코페르니쿠스가 주장하고, 갈릴레이가 지지한 지동설은 향후 천문학과 우주관에 변화를 가져왔다.
- 전등 발명: 에디슨이 발명한 전등은 인간에게 밤을 생산적으로 활용할 수 있게 하였고, 향후 제2차 산업혁명의 계기가 되었다.

따라서 교육 분야에서는 미래사회 발전을 이끌 수 있는 과학적 소양을 지닌 학습자를 기르는 데 막중한 책임이 있다.

## 3. 영유아 과학교육 개념

영유아 과학교육이란, 영유아를 대상으로 과학적 소양을 증진시키는 것을 의미하는 것으로, 과학적 소양(Scientific Literacy)이란 앞서 살펴본 과학의 개념에 대한 이해와 실천이라고 할 수 있다(NRC, 1996). 과학적 소양은 현대사회의 전 세계 과학교육의 목표로 강조되고 있으며, 이와 관련하여 미국과학진흥협회(American Association for the Advancement of Science, 1989, 1993)는 미국의 과학교육 개혁을 위해 「Project 2061」을 고안하였고, 보고서에서 과학교육의 목표와 내용을 제시하면서 과학적 소양이 과학기술 사회에 살고 있는 모든 구성원에서 필수적인 이해와 사고방식이라고 언급하였다(Rutherford & Ahlgren, 1990). 그리고 Chiappetta, Koballa와 Collette(1998)는 청소년 과학교육을 위한 과학적 소양을 지식, 기술, 태도 측면으로 구분하였다. 지식적인 측면으로 과학개념과 특성에 대한 이해, 그리고 과학의 실천을 통해 알게 된 지식을 의미하며, 기술적인 측면으로 생활 속에서 과학과정기술을 수행하는 능력을 의미하고, 태도적인 측면으로 과학에 대한 긍정적인 태도와 과학을 실천함에 있어 요구되는 올바른 태도를 의미한다.

효과적인 영유아 과학교육의 실천을 위해서는 우선, 영유아 발달을 이해하여야 하고, 발달에 적합한 과학적 소양을 파악하여 교육목적과 목표를 정하고, 이에 따른 과학교육의 내용인 지식, 기술, 태도를 구체화해야 한다. 그리고 적절한 교수학습 방법과 자료를 활용해 과학교육을 실행할 수 있어야 할 것이다. 그리고 실행 후에는 과학교육이 영유아 차원에서 그리고 교사 차원에서 어떤 의미가 있었는지 평가하고, 그 결과를 다음의 과학교육에 환류할 수 있어야 할 것이다.

**사·후·실·습**

주변에서 '과학의 가치' 사례를 찾아보고, 과학교육을 통해 학습자가 길러야 할 능력에 대해서도 생각해 보세요.

CHAPTER 2

# 영유아 발달과 과학교육

**사·전·실·습**

영아와 유아에게 적합한 과학교육을 하고자 할 때, 영유아의 신체발달, 인지발달, 언어발달, 사회성발달, 정서발달 측면에서 고려할 점이 무엇인지 하나씩 생각해 보세요.

친구들과 생각을 이야기해 보고, 공통된 생각이 무엇인지 찾아보세요.

앞 장의 영유아 과학교육 개념에서도 언급하였듯이 영유아 발달에 적합한 과학교육을 이해하는 것은 효과적인 교육운영을 위해 매우 중요하다.

## 1. 인간 본성으로서의 과학능력

인간은 태어나면서부터 과학적 잠재력을 지니고 태어난다. 그리고 그 본성이 가장 잘 발현되는 시기가 바로 영유아기이다. 그런 이유에서 영유아는 그 어느 시기보다 주변 환경에 대한 호기심이 강하고, 알아내고자 하는 강한 동기를 지니고 있다.

영유아기의 과학적 잠재력에 대해 연구자들은 다음과 같이 주장하였다.

첫째, 영유아의 놀이는 과학적이다. 『요람 속의 과학자(*The Scientist in the Crib*)』라는 책을 통해 대중에게 영유아의 과학적 잠재력에 대해 알린 심리학자 Gopnik은 『*Science*』지에 인지발달에 대한 이론들과 실증적 연구결과들을 통해 영유아의 과학적 놀이 패턴을 분석하여 본성적인 과학적 사고성향을 밝혔다(Gopnik, 2012).

❖ 영유아의 놀이에 나타난 과학적 본성

※ 블록을 쌓아 올리는 놀이상황

마구잡이로 블록을 올리다 보니 자꾸 무너졌다.
영유아는 그 상황을 지켜보고, 무너지는 문제의 원인을 탐색하였다.

이후, 블록의 크기를 구별하기 시작하였고
큰 블록을 아래에 두고, 크기 순서대로 놓으며 쌓아 올리자,
높게 쌓는 것이 가능해졌다.

둘째, 과학적 탐구능력은 연령에 따른 차이가 없다. Hast와 Howe(2013) 또한 다양한 연령 범위의 영유아뿐만 아니라 청소년을 대상으로 과학 관련 실험을 한 결과, 과학탐구능력에 있어서는 연령에 따른 차이가 없다고 밝힘으로써 영유아의 과학적 잠재력을 강조하였다.

셋째, 영유아는 왕성한 호기심을 통해 과학과정기술을 자발적으로 사용한다. Wilson(2007)은 영유아가 본능적인 호기심으로 자기 주변에서 일어나는 현상에 대해 알아보고자 하는 열정을 가지고 있으므로 탐구하는 과정에서 영유아는 자연스럽게 찔러 보고, 당겨 보고, 맛보고, 흔들어 보는 등 과학과정기술을 사용한다고 언급했다.

❖ 영유아의 왕성한 호기심과 자발적 탐구

멀리 떨어져 있는 공에 호기심을 보이며 기어가는 영아의 모습

입으로 공을 탐색하는 영아의 모습

영유아는 주변 환경에 대한 호기심이 왕성하며, 호기심이 생긴 대상에 대해 매우 능동적이고 적극적인 자세를 보인다. 따라서 과학적 탐구과정이 자발적으로 일어난다고 할 수 있다.

넷째, 영유아의 호기심과 과학과정기술은 진화론에 근거하여 이미 내재되어 있다. Koch(2005)는 진화론에 근거하여 영유아기는 생존을 위해 주변의 물리적 세계를 이해하고 탐구하고자 하는 과학능력이 이미 학습되어 내재화되어 있으며, 과학탐구의 시작인 알고자 하는 호기심이 영유아기에 가장 왕성하다고 주장하였다.

❖ 진화론에 근거한 과학과정기술

동화「로빈슨크루소」나 영화「캐스트 어웨이」, TV 방송 프로그램인「정글의 법칙」에서도 볼 수 있듯이 인간이 생존하기 위해 필요한 능력은 바로 과학적 탐구기술이다. 낯선 곳에서 잠을 자고, 먹고 살아가기 위해 주변 환경에 대해 호기심을 가지고, 탐색하고, 탐구한다. 이는 과거 원시시대부터의 생존전략이다. 따라서 진화론에 근거해서 과학과정기술은 이미 우리 인간에게 내재되어 있다고 할 수 있다.

다섯째, 고차원적 과학탐구능력도 이미 내재되어 있다. 과거에는 추론능력과 같은 고차원적 탐구능력은 영유아기에 나타나지 않는다고 알려져 왔지만, 최근까지의 많은 실증적 실험연구를 통해 영유아는 놀이하는 과정에서 추론능력을 나타내고 있음이 보고되었다(Legare, 2012).

❖ 영유아의 추론능력

커다란 상자에는 흰색과 빨간색 공이 들어 있고, 상자 옆에는 작은 빈 쟁반을 두었다.
생후 8개월 영아를 앞에 두고, 교사가 눈을 감고 상자에서 공을 하나 꺼내 빈 쟁반에 두었다. 그것을 5차례 반복하고 나니, 쟁반에는 빨간색 공 4개와 흰색 공 1개가 담겼다.
쟁반에 담긴 공의 비율을 보고, 영아는 상자 속 공의 비율을 추론하였다.
그리고 상자를 열어 내부를 보여 주었을 때
영아가 기대한 것과 다른 경우, 더 오랜 시간 응시하는 모습을 보였다.
따라서 영아는 논리적 사고를 통해 빨간색 공이 더 많을 것이라고
귀납적 결론을 내린 것이라고 할 수 있다.

출처: Gopnik(2012).

이를 통해 영유아가 과학적 잠재력을 지니고 있음에는 논쟁의 여지가 없다고 할 수 있으며, Allen(1991)은 이러한 영유아의 과학적 잠재력을 유지하도록 돕는 것이 교육자의 의무라고 주장하였다.

## 2. 영유아 신체발달과 과학교육

신체발달은 대근육 운동능력 발달과 소근육 운동능력 발달로 구분되며, 각각의 발달적 특성과 과학교육에 시사하는 의미를 살펴보면 다음과 같다.

영유아의 대근육 운동능력 발달은 과학적 탐구대상의 범위를 넓히고, 탐구태도를 증진시킨다. 즉, 걷기와 뛰기가 서툰 초보운동 단계의 영아는 양육환경 및 양육자가 제공하는 경험에 대해서만 주로 과학적 탐구가 이루어진다면, 걷기와 뛰기가 능숙해진 기초운동 단계의 유아는 외부 환경을 포함하여 스스로 능동적으로 자유로운 탐구가 가능해짐으로써 과학적 탐구의 범위가 상당히 넓어진다. 또한, 과학적 탐구도 보다 능동적이고 적극적으로 변화한다.

❖ 운동발달 단계(Gallahue & Ozmun, 2002)

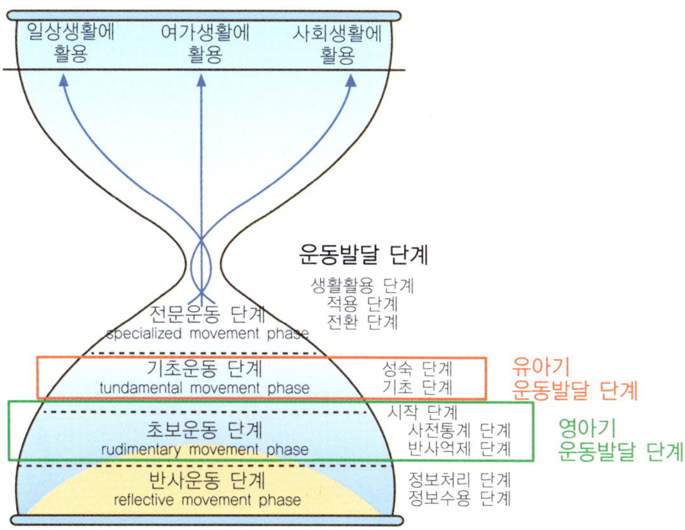


Gallahue와 Ozmun(2002)이 제시한 운동발달 단계이다. 반사운동 단계의 신생아기를 제외한 영아기는 초보운동 단계와 기초운동의 시작 단계에 속하며, 유아기는 기초운동인 걷기, 뛰기가 자유로운 기초 단계와 성숙 단계에 속한다.

출처: 양수영(2018).

영유아의 소근육 운동능력 발달은 과학적 탐구를 위한 자료나 도구 활용능력과 관련이 되어, 점차 정교하게 수행할 수 있는 능력을 향상시킨다. 따라서 영유아의 소근육 운동능력의 하위요소인 잡기능력, 눈과 손의 협응력 발달을 고려하여 탐구자료를 제공해야 한다.

따라서 영유아를 대상으로 과학교육을 실시할 때, 영유아의 대근육 운동능력 발달에 따른 능동적 호기심에 기초한 탐구대상을 존중해 주거나 이러한 발달에 적절한 탐구대상을 선정하여 영유아의 호기심을 유발시킬 수 있다. 그리고 영유아의 소근육 운동능력 발달에 적절한 탐구자료를 제공하여 영유아가 직접 조작하며 탐구해 보도록 지원하는 것이 필요하다.

## 3. 영유아 인지발달과 과학교육

인지발달과 관련해서는 Piaget의 인지발달 단계와 뇌 발달에 근거하여 발달적 특성을 살펴보고, 과학교육에 시사하는 의미를 살펴보면 다음과 같다.

Piaget가 주장한 영유아의 인지발달 단계에 의하면 일반적으로 영아기는 감각운동기에 속하고, 유아기는 전조작기에 속한다. 따라서 감각운동기 영아는 감각능력과 운동기술을 사용해 외부 환경을 경험하고, 나름의 지식을 형성하며, 전조작기 유아는 직접적이고 감각적 경험을 바탕으로 논리적 사고가 가능하다.

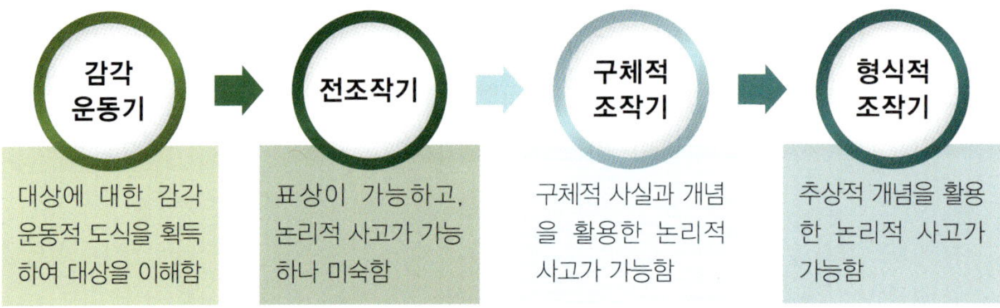


[그림 1-2] Piaget의 인지발달 단계

❖ 감각운동기 영아의 지식 형성

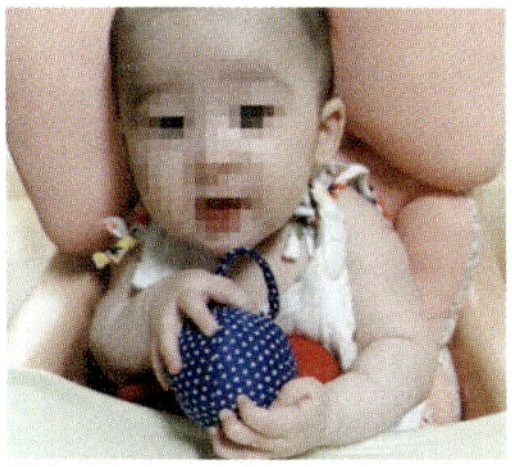

공을 이해하기 위해서 감각운동적 도식을 만들어 이해한다.
"공은 둥글고, 굴러간다."

Piaget에 의하면, 전조작기 유아는 논리적 사고가 미숙한 시기로 다음의 주요한 특징을 보인다.

- 상징적 사고: 가상적인 사물과 상황을 실제 사물이나 상황처럼 상징한다.
- 자기중심적 사고: 타인의 생각, 관점 등이 자신과 동일할 것이라고 여긴다.
- 직관적 사고: 두드러진 지각적 특성에 의존하여 대상을 이해한다.
- 물활론적 사고: 모든 사물에 생명이 있다고 여긴다.
- 인공론적 사고: 모든 것을 사람이 만들었다고 여긴다.

❖ 전조작기 유아의 지식 형성(직관적 사고)

유아는 같은 양의 물을 다른 모양의 컵에 담게 되면
시각적 모습으로만 판단하여 물의 양이 달라졌다고 이해한다.
따라서 직접 경험의 기회를 제공하는 것이 필요하다.

하지만 Piaget의 주장은 영유아의 발달을 과소평가했다는 비판을 받기도 한다. 그러나 Piaget의 이론에 따라 과학탐구의 과정에서 직접적 · 감각적 경험이 이루어지도록 돕는 것이 필요하며, 경험에 대해 즉각적으로 사고(분류, 예측, 추론, 평가 등)해 보도록 상호작용하는 것이 필요하다. 또한 직관적 사고로 인해 쉽게 결론을 내릴 수 있고, 과학탐구의 과정을 스스로 논리적으로 이끌어가기 어려우므로, 교사의 발문을 통해 유아의 탐구과정을 천천히 이끌 수 있어야 한다.

최근에는 영유아의 인지발달을 뇌 과학 연구결과에 근거하여 파악할 수 있다. 뇌 과학 연구결과에 따른 영유아의 인지발달 특징은 다음과 같다.

첫째, 뇌 발달 초기에는 단일 감각자극을 처리한다. Gazzaniga(2013), Sigaard, Kjaer와 Pakkenberg(2016)에 따르면, 뇌 발달 초기에는 단일 감각자극 처리와 관련한 회백질(gray matter)의 증가가 나타난다. 이로 인해 하나의 감각자극에만 집중하게 된다. 따라서 어린 영아를 대상으로 감각자극이 복합적으로 이루어진 경험을 제공했을 때 모든 감각자극을 이해한다고 생각하기는 어렵다. 모빌을 제시하였을 때, 처음에는 모빌의 소리를 이해하고, 여기에 익숙해지면 모빌의 색깔이나 움직임 중 하나에 집중하게 된다.

둘째, 점차 연령이 증가하면서 뇌가 발달할수록 여러 자극을 관련지어 통합적 사고를 하게 된다. Gazzaniga(2013), Sigaard와 동료들(2016)에 따르면, 점차 연령이 증가하면서 뇌가 발달할수록 두뇌 영역 간의 다양한 자극을 연결하여 통합적 사고를 하는 백질(white matter)의 분포가 점차 증가한다. 이로 인해 통합적 사고가 가능해진다. 따라서 점차 여러 경험을 관련지어 보도록 하고, 여러 경험 간의 관계를 이해하는 인과관계 이해 및 추론능력을 향상시키는 교육이 요구된다.

종합하면, 영유아를 대상으로 과학교육을 실시할 때는 직접적 · 감각적 경험을 통해 탐구가 이루어지도록 물리적 지원이 필요하며, 경험과 관련하여 즉각적인 과학적 사고가 이루어지도록 상호작용이 요구되고, 쉽게 결론을 내리지 않도록 탐구과정을 이끌 수 있는 상호작용이 요구된다. 그리고 발달 초기에는 단일 감각경험에 대한 인식을 돕는 상호작용이 필요하고, 점차 여러 경험을 관련지어 통합적 사고를 하도록 돕는 상호작용이 필요하다.

## 4. 영유아 언어발달과 과학교육

언어발달은 일반적으로 듣기, 말하기, 읽기, 쓰기 순서로 발달하며, 초기에는 주로 듣기와 말하기가 발달하고, 점차 읽기와 쓰기가 발달한다. 과학교육에서 영유아는 언어발달과 관련하여 탐구과정에서 제공되는 탐구자료 등에 적힌 글자를 이해하거나 자신의 생각과 활동의 결과를 설명할 수 있어야 한다. 영아보다는 유아가 글을 읽거나 쓰는 것이 가능하긴 하지만 유아에게도 추상적인 글자만 제시하기보다는 구체적인 이미지를 함께 제시하는 것이 요구되며, 생각이나 탐구활동의 결과를 설명하도록 할 때에도 생각을 말이나 글로만 표현하도록 하는 방식보다는 그림 등 다양한 표현방식을 활용하도록 하는 것이 영유아의 과학적 사고를 스스로 정리하고 타인에게 설명하도록 하는 데 더욱 도움이 될 것이다. 특히, 탐구의 자료로서 관련 과학도서를 제공할 수 있다. 이때, 글자만 있는 책보다는 영유아가 쉽게 이해할 수 있는 그림이나 사진이 함께 제공되는 책이 더욱 적절하다.

따라서 영유아를 대상으로 과학교육을 실시할 때, 과학도서 등의 탐구자료를 제공 시 추상적 글자 위주의 것보다는 구체적 이미지를 함께 제시하는 것이 필요하며, 활동과정이나 결과를 설명할 때 그림 등의 다양한 방식으로 표현하도록 할 수 있다. 그리고 영유아가 자신의 생각이나 활동 결과를 그림으로 표현한 경우, 쓰기 능력이 부족할 때 교사가 영유아의 생각을 듣고 글로 받아 적어 줄 수 있다.

❖ 언어발달과 과학교육

주로 유아에게 제공되는 관찰기록지는 유아 언어발달과 흥미를 고려하여 교사가 주의를 기울여 제시해야 한다. 또한, 글자로만 기록하도록 하기보다는 그림과 글자를 활용하여 유아의 과학적 생각이나 활동 결과를 표현하도록 하는 것이 적절하다.

## 5. 영유아 사회성발달과 과학교육

과학은 자신의 의견을 타인과 공유하고, 합의해 감으로써 객관적이고 타당한 지식을 만들어 가는 태도가 매우 중요하다. 또한, 함께 협력하는 대인관계기술이 필요하며, 과학실험을 위한 재료나 도구를 서로 공유하거나 안전을 위한 사용 규칙을 지키는 태도도 매우 필요하다.

Parten(1932)의 사회적 놀이유형에 따르면, 영아기는 사회성발달에 있어서 2인 이상의 타인과 함께하는 협력이 아직은 부족하다고 할 수 있고, 유아기는 여러 명의 또래와 협력이 가능하며, 대인관계기술이 발달하는 시기라고 할 수 있다.

|  |  |
|---|---|
| **비참여 행동** (unoccupied behavior) | 호기심은 있지만 참여하려고 하지 않음 |
| ↓ | |
| **방관자적 행동** (onlooker behavior) | 참여하고자 놀이상황을 탐색함 |
| ↓ | |
| **단독놀이** (solitary play) | 놀잇감을 독차지하여 혼자 놀이함 |
| ↓ | |
| **병행놀이** (parallel play) | 친구와 같은 놀이를 하면서 놀잇감을 어렵게 공유하기도 함 |
| ↓ | |
| **연합놀이** (associative play) | 놀잇감을 공유하며, 놀이에 대한 대화를 하지만 각자 놀이함 |
| ↓ | |
| **협동놀이** (cooperative play) | 역할을 분담하여 공동의 놀이를 함 |

[그림 1-3] Parten(1932)의 사회적 놀이유형

따라서 영아를 대상으로 과학교육을 실시할 때는 교사와 함께하거나, 혼자서 탐색할 수 있도록 충분한 탐색 시간과 기회를 제공하고, 이후 점차 사회성이 발달해 가면서 집단을 구성하여 협력적 탐구가 이루어지도록 지원이 필요하며, 이때 또래와 탐구과정이나 결과에 대해 의견을 서로 나눌 수 있도록 교사의 지원과 모델링이 필요하다. 또한 영유아에게 제공하는 과학자료의 크기나 개수를 적절히 조정함으로써 영유아의 과학활동에 대한 몰입이나 협력적 활동을 지원할 수 있다. 예를 들어, 영아의 경우에는 크기가 작고 개수가 넉넉해야 개별 영아의 몰입을 도울 수 있고, 유아의 경우에는 크기가 크고, 제한된 개수의 탐구자료를 통해 함께 공유하며 협력하는 경험을 갖도록 할 수 있다.

## 6. 영유아 정서발달과 과학교육

인간의 뇌는 기본적으로 공포의 정서를 경험하도록 태어난다. 공포를 경험하는 대상은 진화론적으로 두려운 것으로 인식된 어둠, 뱀 등뿐만 아니라 낯선 것에 대해서도 공포를 경험한다. 특히, 영유아는 새로운 주변 환경에 대해 공포를 경험하

❖ 새로운 경험에 대한 탐색

영유아가 일상에서 쉽게 경험하지 못하는 우주나 공룡 등에 대한 과학적 탐색을 위해서는 먼저 친숙한 관련 경험을 찾아 제공하는 것이 필요하다. 따라서 과학관 견학이나 관련 애니메이션을 통해 호기심을 가질 수 있는 기회를 제공하는 것이 중요하다.

고 두려움을 느끼므로 관련된 친숙한 경험을 기초로 대상을 이해하도록 도와야 한다. 이를 통해 대상에 대한 두려움이 긍정적 정서로 변화할 수 있다. 따라서 영유아의 과학탐구 대상을 교사가 선정할 때는 관련된 이전 경험을 고려하는 것이 필요하며, 호기심을 새롭게 유발시키고자 할 때는 친숙한 경험이 되도록 이전 경험을 계획하여 안내하는 것이 필요하다.

또한, Erickson에 따르면 사회심리학적으로 영아기는 자율성을 경험해야 하는 시기이므로 스스로 과학적 탐색을 시도해 볼 수 있도록 탐색재료나 도구가 영아 수준에 안정감을 줄 수 있는 것이어야 한다. 즉, 익숙하고, 어렵지 않으며, 안전한 것으로 영아가 자유롭게 사용할 수 있도록 기회를 제공해야 한다. 유아기는 주도성을 경험해야 하는 시기이므로 유아가 과학적 탐구과정을 주도해 나갈 수 있도록 유아가 직접 실험방법을 계획하고 실험도 수행해 보도록 해야 한다. 이를 위해서도 유아에게 제공되는 실험재료와 도구는 유아에게 친숙한 것으로, 유아 스스로 안전하고 자유롭게 활용이 가능한 것이어야 한다. 이를 통해 영유아는 과학활동을 통해서도 자아존중감을 형성하고, 유능감과 자신감을 갖게 된다.

따라서 영유아를 대상으로 과학교육을 실시할 때 탐구의 대상은 이전 경험을 기초로 친숙하면서도 인지적 갈등을 일으킬 수 있는 것이 적절하다. 또한, 탐구과정에서 제공되는 도구와 재료는 영유아에게 익숙하고, 조작이 어렵지 않으며, 안전한 것이어야 한다. 그리고 영유아가 자유롭고, 주도적으로 활용할 수 있도록 기회를 제공하는 것이 필요하다.

**사·후·실·습**

영아와 유아의 발달적 측면을 고려하여, 적절하지 못한 과학교육 특징을 설명해 보세요.

..............................................................................................

..............................................................................................

..............................................................................................

..............................................................................................

친구들과 생각을 이야기해 보세요.

CHAPTER 3

# 영유아 과학교육의 필요성

**사·전·실·습**

과학교육을 '영유아'에게 실시해야 하는 필요성을 생각해 보세요.

친구들과 생각을 이야기 나누어요.

## 1. 영유아 대상 교육의 효과

전 세계적으로 영유아를 대상으로 한 교육의 경제적 가치와 그 효과가 강조되어 왔다. 노벨 경제학상 수상자인 Heckman(2006)은 투자 대비 교육적 성과가 가장 큰 시기는 영유아기라고 주장하였고, 이에 따라 미국 등 주요 선진국들은 국가 발전의 원동력으로 영유아기부터의 교육 투자 필요성을 강조하였다(Bartik, 2014; Currie & Rossin-Slater, 2015). 미국 연방정부 교육부 연구보고서에 따르면 영유아교육에 대한 투자를 위해 총 20개 주에 10억 달러를 지원하였고, 이러한 투자 노력은 오바마 행정부부터 지속적으로 이어져 왔다(California education news, 2016).

❖ 영유아 대상 교육의 경제적 효과

**영유아교육에 대한 투자 수익률**

정책입안자는 다른 연령대보다 투자 수익률이 훨씬 높은
영유아를 대상으로 한 교육에 관심을 갖고 투자해야 한다.

– 노벨상 수상자 제임스 헤크만(J. Heckman) –

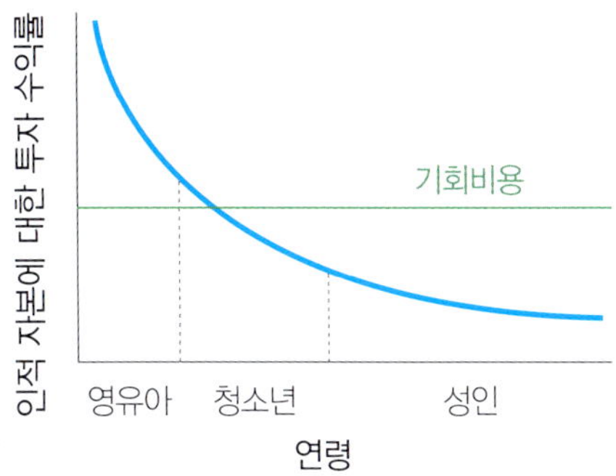


출처: Heckman(2006).

또한, 생애 초기인 영유아기는 앞 장에서 살펴본 바와 같이 과학적 태도와 과학 과정기술에 있어서 그 잠재력을 지니고 있다. 하지만 이후 받게 되는 과학교육 경험의 질에 따라 영유아의 과학에 대한 태도와 과학적 탐구능력은 더욱 발달되거나 소멸될 수 있음도 언급되어 왔다(Milne & Edwards, 2013; NRC, 2012). 따라서 영유아기의 과학교육 경험은 향후 과학 관련 능력에 중요한 영향을 미친다고 할 수 있다.

미국 국립연구위원회(NRC: National Research Council)에서는 영유아기 과학교육의 중요성을 강조하면서 지금까지 영유아의 과학적 능력이 과소평가되어 왔고, 이에 따라 영유아를 대상으로 한 교육적 지원도 제대로 제공되어 오지 못했음을 문제점으로 지적하였다(NRC, 2007, 2012). 미국 과학교사협회(NSTA: National Science Teachers Association)에서도 영유아를 대상으로 한 과학교육의 중요성을 밝히고, 영유아기 과학능력이 향후 과학능력 증진에 기초가 됨을 강조하면서 형식적 상황뿐만 아니라 비형식적 상황에서도 과학활동이 이루어지도록 지원이 필요하다고 주장하였다(NSTA, 2009). 이에 따라 미국에서는 과학교육에 대한 수년

간의 연구에 근거하여 영유아기부터의 과학교육 실행을 위한 국가과학교육 표준(National Science Education Standards)을 제시하였고, 최근에는 교육내용(idea)과 더불어 실천(practice)을 강조하는 새로운 '차세대 과학표준(NGSS: The Next Generation Science Standards)'을 발표하였다(NGSS Lead States, 2013).

〈표 1-1〉 '차세대 과학표준'에 따른 과학교육 변화 방향

| | 과거 | 변화 방향 |
|---|---|---|
| 목표 | • 개념 이해 강조 | • 탐구 경험 강조<br>• 사회적 실천 및 활용 강조 |
| 교수 · 학습방법 | • 지식, 개념 암기 중심<br>• 문제풀이 중심 | • 탐구기술과 태도 중심<br>• 탐구수행 중심 |
| 과학교육 범위 | • 형식적 교육내용 위주 | • 형식적 교육내용뿐만 아니라 비형식적 교육내용 강조<br>• 생활밀접형 교육내용 강조 |

참고: 교육부 · 과학기술정보통신부 · 한국과학창의재단(2019).

## 2. 과학교육 실태

전 세계 초등학교 4학년과 중학교 2학년 학생의 수학, 과학 성취도를 국제비교하고, 각국의 교육정책에 영향을 미치는 국제 수학 및 과학교육 동향연구(TIMSS: Trends in International Mathematics and Science Study)는 1995년부터 국제학업성취도평가협회(IEA)에서 고안하여 4년마다 한 번씩 이루어지고 있다. 최근에는 2015년에 그 실시 결과가 발표되었다. 결과에 따르면 초등학교 4학년 학생들의 과학 성취도는 우리나라가 2위, 중학교 2학년 학생들은 5위로 나타나 상당히 높은 수준의 성취도를 보였다.

하지만, 과학에 대한 정의적 측면의 결과를 살펴보면 매우 상반된 결과가 나타났음을 알 수 있다. 즉, 초등학교 4학년 학생들은 하위 2위, 중학교 2학년 학생들은 하위 1위를 차지하였다.

## ❖ TIMSS 국제비교 결과

### 1. 과학 성취도 비교 결과

**초등 4학년 국제비교 결과**

**중학교 2학년 국제비교 결과**

### 2. 과학에 대한 정의적 태도 비교 결과

**초등 4학년 국제비교 결과**

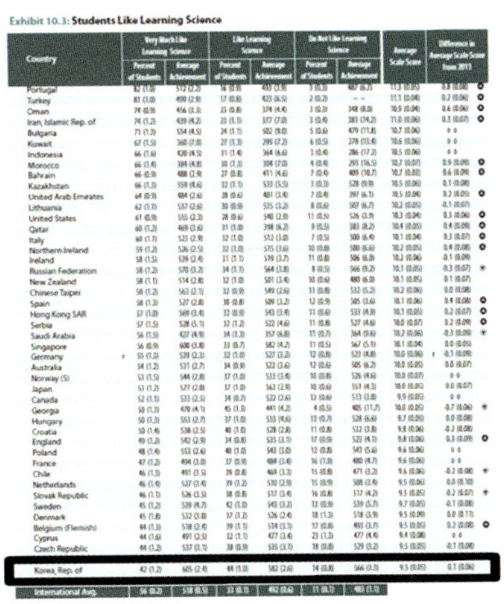


초등 4학년의 경우,
한국은 매우 낮은 정의적 태도를 보임

**중학교 2학년 국제비교 결과**

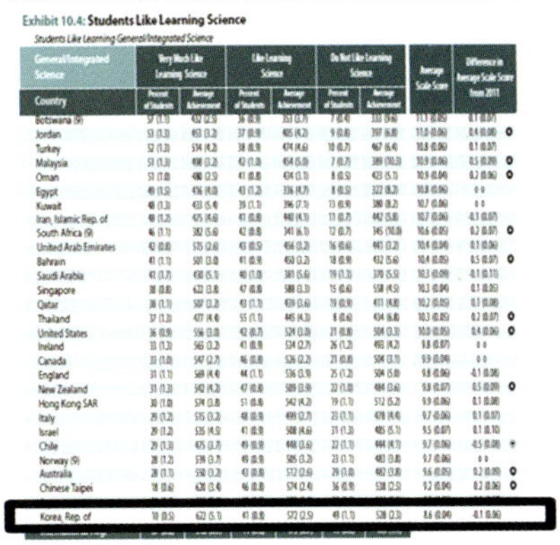


중2의 경우에도
한국은 매우 낮은 정의적 태도를 보임

출처: IEA (2016).

그러나 과학에 대한 정의적 태도는 향후 과학능력 신장의 기초가 되므로 매우 중요하다. 과학적 태도는 일반적으로 과학경험에 있어서 자신감을 상실하였거나 흥미롭지 못하다고 경험하였을 때 잘못된 방향으로 형성된다. 이와 관련하여 국내 과학교육 운영 실태를 살펴보고, 반성해 보는 것이 필요하다.

지금까지 보고된 국내 교육현장에서의 영유아 과학교육 실태는 다음의 특징이 있다(양수영, 2013, 2014; 조형숙, 노승희, 2016; Park & Yang, 2012).

첫째, 교사의 영유아 대상 과학교육에 대한 인식 수준이 낮다. 교사는 대체로 자신의 과학에 대한 인식에 기초하여 과학교육을 계획하다 보니, 영유아의 발달 수준에 적합하지 않은 교육내용, 교육방법을 계획하는 경우가 많은 것으로 나타났다. 따라서 교사의 과학에 대한 인식을 점검하는 노력이 필요하다.

둘째, 과학활동이 영유아의 생활경험을 토대로 자연스러운 상황에서 이루어지지 못하고 있다. 예를 들어, 교육현장에서 많이 실시하는 과학실험으로 화산폭발 실험이 있다. 하지만 화산폭발은 영유아가 일상생활에서 자연스럽게 경험할 수 있는 것이라고 하기 어렵다. 이렇게 자신의 경험과 동떨어진 경우, 과학의 시작이자 과학과정기술의 원동력이 된다고 할 수 있는 호기심 유발이 잘 이루어지지 않을 수 있다.

셋째, 과학지식을 전달하기 위한 목적으로 이루어진다. 과학활동에서는 결과보다는 과정이 중시되어야 하는데, 결과로서의 지식을 중시하다 보니, 교사가 익히 알고 있는 과학적 지식을 포함한 과학활동만 계획하고 운영한다. 따라서 활동 중에도 과학지식을 전달하는 데 급급하고, 영유아에게 이해가 아닌 지식 암기를 요구하게 된다.

넷째, 과학 탐구과정이 교사 중심으로 이루어진다. 과학 탐구과정이 영유아 중심으로 이루어져야 영유아 발달에 적합한 과학교육임을 앞서 살펴보았다. 하지만 현장에서의 과학 탐구과정은 교사에 의해 이미 정해진 절차에 따라 교사의 주도로 이루어져 영유아는 단지 수동적 태도만을 보이게 됨으로써 영유아기 과학적 잠재력을 적절히 길러 주지 못하고 있음을 알 수 있다.

미국에서 발표한 차세대 과학표준(NGSS)에서는 영유아가 호기심을 가질 수 있는 생활밀접형 경험을 통한 영유아 주도의 탐구과정을 강조하였다. Sagirli와 Gurdal(2002)도 효과적인 영유아 과학교육의 중요 요소로서 영유아가 적극적으로 참여할 수 있는 경험과 일상생활 관련 과학활동이 영유아의 호기심을 이끌고 과학 탐구능력을 증진한다고 주장하였다.

따라서 국내 과학교육 실태는 영유아 발달에 적합하지 못한 방향으로 이루어져 왔음을 지적할 수 있고, 이로 인해 과학적 태도가 잘못된 방향으로 형성되었다고 추론해 볼 수 있다. 그러므로 예비교사나 현직교사는 영유아 대상 과학교육의 올바른 이해를 통해 현장에서 적절한 교육을 실천할 수 있어야 할 것이다.

### 사·후·실·습

자신의 과학에 대한 태도는 긍정적인지 부정적인지 반성해 보고, 그 이유를 과거 과학교육 경험에서 찾아보세요.

내가 과학을 좋아하는지 생각해 보세요.

# PART 2

# 영유아 과학교육과 교사

영유아 과학교육 운영에 있어서 교사의 역할이 매우 중요함을 인지하고,
영유아 과학교육과 관련한 자신의 지식, 기술, 태도를 점검하고
반성해 보는 데 목적을 둔다.

CHAPTER 1

# 교사의 중요성과 역할

**사·전·실·습**

영유아 과학교육 수업 장면을 머릿속에 떠올려 그림 그려 보세요.

친구들에게 내가 그린 그림 속 교사의 역할을 설명해 주세요.

## 1. 영유아 과학교육에서 교사의 중요성

영유아 과학교육의 질을 결정하는 가장 중요한 요인은 바로 교사이다. 그 이유는 다음의 3가지로 설명할 수 있다.

첫째, 교사의 과학 및 과학교육에 대한 태도는 영유아의 과학적 태도 형성에 영향을 미친다(Ajzen, 2001). 즉, 교사가 과학을 어려운 공식 암기와 같은 어려운 것으로 여기고 부정적 태도를 가진 경우, 그것이 학생들에게 그대로 전이되어 과학을 어렵게 여기게 된다(Milner, Sondergeld, Demir, Johnson, & Czerniak, 2011).

둘째, 교사의 과학 및 과학교육에 대한 신념은 학습자에게 제공될 과학교육 목적, 내용, 방법 등을 결정한다(Levitt, 2001). 교사가 과학 및 과학교육에 대해 과학실의 실험장면처럼 정형화된 실험키트를 활용한 실험을 해야 한다는 신념을 가진 경우, 학습자의 발달 수준을 고려하지 못하고, 어려운 실험을 할 수 있는 과학교육 내용을 선정하고, 실험방법을 계획할 수 있다.

셋째, 교사의 과학교수능력은 매우 큰 편차가 있고, 교사의 능력에 따라 학습자의 과학적 탐구능력은 지지되거나 소멸될 수 있다(Louca, Zacharia, & Tzialli, 2012). 즉, 교사는 학습자 발달에 적합한 과학교수 지식과 기술을 가지고 있어야 하며, 이를 토대로 모든 학습자의 탐구능력을 발달시킬 수 있어야 한다.

특히, 영유아를 대상으로 한 과학교육의 경우, 과학교육의 계획과 운영의 권한이 대부분 교사에게 부여되어 있기 때문에 영유아 교사가 과학교수능력이 낮은 경우, 영유아는 잘못된 과학교육만을 경험하게 된다. 또한, 과학교수능력이 낮은 교사는 과학교육 운영 자체를 회피하게 되어 영유아가 아예 과학교육을 경험하지 못할 가능성도 있다. 그러므로 과학적 탐구능력이 왕성한 영유아기 과학교육 활성화를 위해서는 근본적으로 영유아 교사의 질을 높이기 위한 노력이 매우 중요하다(Roehrig, Dubosarsky, Mason, Carlson, & Murphy, 2011).

위의 내용에 따라 과학교육의 질에 영향을 미치는 구체적인 교사변인은 다음과 같다.

첫째, 교사의 지식 측면이다. 구체적으로 과학 및 과학교육에 대한 올바른 이해가 중요하다.

둘째, 교사의 기술 측면이다. 즉, 영유아 발달에 적합한 과학교수능력에 대한 이해와 실천능력이 중요하다.

셋째, 교사의 태도 측면이다. 교사의 과학 및 과학교육에 대한 심리적 · 정서적 판단이 중요하다.

### 1) 교사의 지식

양질의 과학교육을 위해서 교사는 과학 및 과학교육에 대한 올바른 이해가 필요하다. 교사가 알아야 할 과학의 특성은 다음의 4가지를 아는 것이라고 할 수 있다.

- 경험성: 과학을 행할 때는 감각적이며, 구체적인 경험이 가능해야 한다. 또한 경험으로 검증될 수 있어야 한다. 초경험적인 세계를 탐구 영역으로 갖는 철학과의 차이점이라고 할 수 있다.
- 객관성: 과학은 일관된 규칙이나 이론을 발견하는 과정으로, 같은 조건하에서 같은 과정을 여러 번 반복하면, 그때마다 같은 결과가 나와야 한다.
- 가변성: 과학은 알아낸 지식의 일반화를 목표로 하지만, 절대불변의 진리는 가정하지 않는다. 따라서 과학을 수행하는 과정 동안 비판적 사고 등을 통해 계속적인 수정을 거친다.
- 합리성: 논리적으로 탐구의 과정과 알게 된 지식이 설명될 수 있어야 한다. 따라서 연역과 귀납의 논리학을 바탕으로 과학이 행해진다.

그리고 이러한 특성을 지닌 과학을 통해 알게 된 지식의 특성 또한 추상적인 암기가 아닌, 영유아의 구체적 경험을 통해 이해가 가능하며, 동일한 실험과정을 반복하면 동일한 결과를 얻을 수 있다. 또한, 절대적 불변의 개념이 아닌 지속적인 탐구 경험을 통해 변화 · 발달 · 소멸될 수 있다. 그리고 영유아가 합리적으로 그 인과관계를 설명할 수 있다.

이러한 과학의 특성과 과학지식의 특성에 대한 이해를 통해 교사는 올바른 과학교육을 실천할 수 있다.

### ❖ 교사 지식의 중요성

교사가 과학의 특성을 잘못 이해한 경우, 다음과 같은 실수를 하기 쉽다.

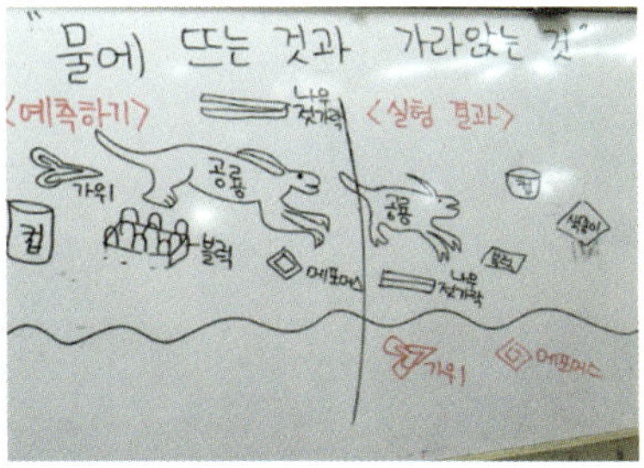


'물에 뜨는 것과 가라앉는 것' 과학활동을 하고 난 후, 다음의 발문을 할 수 있다.

교사: 오늘 물에 뜨는 것과 가라앉는 것을 실험해 보았어요.
어떤 것이 뜨고, 어떤 것이 가라앉았나요?
그래요. 무거운 물건은 가라앉고, 가벼운 물건은 물에 떴지요.

※ 잘못된 점은 무엇일까요?

교사는 과학지식이 변하지 않는 절대적 개념이라고 이해하고 있다. 그러나 교사는 영유아가 실험한 결과를 스스로 정리해 볼 수 있도록 해야 하며, 계속적 실험과정을 통해 반복되는 결과가 나타나는지 관찰해 보거나, 결과를 수정해 보도록 격려하는 것이 바람직하다.

※ 잘못된 점을 수정해 본다면?

교사: 오늘 물에 뜨는 것과 가라앉는 것을 실험해 보았어요.
어떤 것이 뜨고, 어떤 것이 가라앉았나요?
어떤 특성 때문일까요?
또 어떤 특성 때문일까요?
그럼, 과학(탐색)영역에서 오늘 실험해 보지 못한 다른 물체들을 활용해 계속 실험해 보기로 해요.
그리고 우리가 말한 것과 다른 결과가 나타나면 선생님과 친구들에게 알려 주기로 해요.

### 2) 교사의 기술

양질의 과학교육을 위해서 교사는 영유아 발달에 적합한 과학 교수방법에 대한 이해와 실천능력이 중요하다. 영유아 발달에 적합한 교수방법은 PART 1에 언급된 바와 같으며, 요약하면 다음과 같다.

- 영유아의 능동적 호기심에 기초할 수 있는 영유아 생활경험과 관련한 내용을 과학교육 활동으로 계획할 수 있어야 한다.
- 계획된 활동이 영유아에게 새로운 경험인 경우, 관련된 친숙한 것을 활용해 호기심을 이끌 수 있어야 한다.
- 영유아에게 과학자료를 제공할 때는 소근육 발달을 고려하여 조작이 어렵지 않은 것을 제공해야 하며, 정서발달의 자율성 증진을 위해 친숙하고 안전한 것이어야 한다. 또한, 언어발달을 고려하여 추상적 글자 위주가 아닌, 구체성을 포함한 것을 제공해야 한다.
- 영유아가 직접적 · 감각적으로 경험할 수 있는 탐구과정을 계획하고, 지원할 수 있어야 하며, 경험들 간의 관계를 이해하도록 논리적 사고의 기회를 제공해야 한다.
- 영유아의 과학적 탐구과정을 이끌 수 있는 교사의 역할과 발문에 대한 이해와 준비가 필요하다.
- 영유아가 탐구과정을 통해 탐구 결과 알게된 것을 설명할 수 있도록 해야 하며, 글과 그림 등 다양한 표현방법을 활용하여 설명하도록 해야 한다.
- 영유아의 사회성 발달에 따라 초기에는 혼자 혹은 교사와 함께 탐색할 수 있는 충분한 시간과 기회를 제공하고, 점차 또래와 생각을 공유할 수 있도록 소집단 활동 기회를 제공해야 한다. 또한, 사회성 발달 수준에 따라 자료의 크기나 개수를 적절히 제공하여 과학활동에 대한 몰입이 이루어지거나 협력적 활동이 될 수 있도록 지원해야 한다.

### ❖ 교사 기술의 중요성

교사가 영유아 발달에 적합한 과학 교수방법을 잘못 이해한 경우, 다음과 같은 실수를 하기 쉽다.

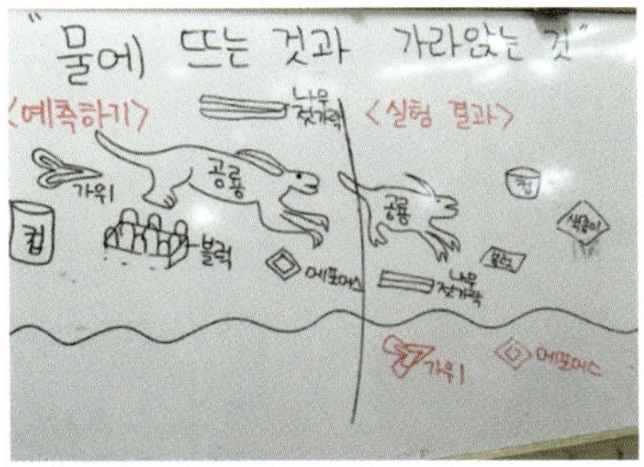


'물에 뜨는 것과 가라앉는 것' 과학활동을 하기 위해 필요한 도구로 투명 유리로 된 사각 수조를 준비하였다. 그리고 교사는 자신 바로 앞에 책상을 두고, 하나씩 물체를 넣어 보이며, 어떤 것이 뜨고 가라앉는지 영유아들이 볼 수 있도록 하였다. 자유놀이 시간에 교사는 영유아들이 직접 물체를 넣어 보며, 어떤 것이 물에 뜨고 가라앉는지 실험해 보도록 하였고, 그저 바라보기만 하였다. 그러자 영유아들은 다른 놀이를 하는 영유아들에게 물을 뿌리며, 놀이를 방해하였다.

※ 잘못된 점은 무엇일까요?

첫째, 교사는 영유아 발달에 적합한 도구를 준비하지 못하였다. 깨질 수 있는 유리 수조를 제공한다면 영유아는 과학실험에 적극적으로 임하기가 어려워질 수 있다. 따라서 플라스틱으로 된 깨지지 않는 도구를 준비하는 것이 바람직하다.

둘째, 교사는 활동 중 영유아에게 직접경험의 기회를 제공하지 않았다. 따라서 영유아들이 직접 실험해 볼 수 있도록 해야 한다.

셋째, 교사는 자유놀이 시간에 영유아가 과학적 탐구놀이를 효과적으로 할 수 있도록 관련된 발문을 통해 상호작용하면서 영유아들의 탐구과정을 이끌어 줄 수 있어야 한다.

### 3) 교사의 태도

양질의 과학교육을 위해서 교사의 과학 및 과학교육에 대한 심리적 · 정서적 판단이 중요하다. 교사가 과학 및 과학교육에 대해 긍정적으로 판단하느냐, 부정적으로 판단하느냐에 따라 과학교수 행동이 달라진다. 과학 및 과학교육에 대한 긍정적 태도를 가진 교사는 영유아와 함께 과학적 탐구과정을 즐기게 된다. 따라서 교사는 스스로 일상생활 속에서 호기심을 가지고 과학적 탐구 경험의 기회를 자주 갖는 것이 긍정적 태도를 형성하는 데 중요하다.

## 2. 교사의 역할

과학교육에서 요구되는 교사의 역할은 다음의 5가지로 설명할 수 있다.

### 1) 전달자

전달자로서의 교사는 영유아에게 지식을 전달하는 역할을 의미한다. 따라서 교사는 지식의 소유자이면서 제공자이다. 지식을 전달할 때 교사는 말로 설명을 하여 전달할 수 있고, 시범을 보여 전달할 수 있다. 주로 다음의 상황에서 전달자로서의 역할이 필요하다.

#### (1) 과학활동 중 시행착오가 있는 상황

영유아가 시행착오를 극복하지 못해 과학활동 자체에 흥미를 잃을 수 있는 경우, 시행착오를 줄이기 위해 교사는 과학활동의 방향을 설명이나 시범을 통해 알려 줄 수 있다.

### (2) 안전이 요구되는 상황

영유아의 안전이 요구되는 상황에서는 교사가 어떤 것이 위험하고, 위험한 행동인지 설명하여 사고를 예방할 수 있다.

### (3) 낮은 수준의 인지적 목표와 관련한 상황

Bloom의 인지적 영역의 교육목표 분류 중 '지식' 수준에서 영유아에게 설명하거나 시범을 보일 수 있다. 예를 들어, 다양한 꽃잎을 관찰하는 과학활동에서 영유아가 꽃의 이름을 물어볼 때 꽃의 이름을 알려 줄 수 있다.

[그림 2-1] Bloom의 인지적 영역의 교육목표 분류

하지만 전달자로서의 역할이 주(主)가 되면, 과학활동이 수동적 과정이 되고, 과학적 개념이나 지식 전달 및 암기를 위한 수업이 될 수 있으므로 올바른 과학활동이라고 하기 어렵다. 따라서 전달자의 역할을 할 때는 적절한 상황인지 판단하고 주의를 기울여 실천해야 한다.

### 2) 환경제공자

환경제공자로서의 교사는 영유아 발달에 적합한 과학적 환경을 고민하여 제공하는 역할을 의미한다. 영유아 발달에 적합한 과학교육은 영유아로 하여금 직접경험의 기회를 제공하는 것이기 때문에 영유아가 자유롭게 탐색하고 실험해 볼 수 있는 도구와 재료 등을 제공하는 것이 필요하다. 또한, 제한적 사용보다는 자유롭게 만지고 마음껏 실험해 볼 수 있는 것들을 제공해야 한다. 교사가 제공하는 환경은 다음의 2가지로 구분할 수 있다.

#### (1) 물리적 환경

영유아가 탐구하고 실험하는 데 필요한 도구와 재료가 영유아 소근육 발달이나 사회성 및 정서 발달에 적합하게 제공되어야 한다. 구체적인 물리적 환경구성 방법에 대해서는 PART 3의 과학교육 환경구성 중 과학활동 자료에서 살펴볼 수 있다.

#### (2) 사회적 환경

교사의 긍정적 태도가 매우 중요하며, 영유아가 자발적으로 탐구하고 실험할 수 있도록 수용적이고 따뜻한 분위기를 제공해야 한다.

### 3) 안내자

안내자로서의 교사는 과학교육을 영유아 발달에 적합하게 계획하여 지원하는 역할이라고 할 수 있다. 구체적인 안내자로서의 역할은 다음과 같다.

#### (1) 영유아의 일상생활 경험(놀이)에 기초하여 과학활동 계획 및 지원

영유아 발달에 적합한 과학은 영유아의 능동적 호기심으로 출발하는 것이므로 일상생활(놀이) 중 영유아가 호기심을 보이는 경험들을 기억해 두었다가 과학활동으로 계획하여 지원해야 한다. 예를 들어, 간식시간에 딸기를 먹다가 손에 딸기 물이 묻은 것에 영유아들이 호기심을 보인 경우, 다양한 색 변화를 관찰할 수 있는 염색활동 등의 과학활동으로 확장시킬 수 있다.

#### (2) 영유아의 발달에 적합한 탐구과정 계획 및 지원

영유아 발달에 적합한 탐구과정을 위해 교사가 적절한 발문을 통해 이끌 수 있어야 하며, 탐구과정 동안 영유아의 구체적 경험이 가능하도록 해야 하며, 영유아의 경험에 대해 즉각적인 과학적 사고가 일어나도록 도와야 한다.

#### (3) 통합적 과학경험이 될 수 있도록 계획 및 지원

과학은 단일학문이라기보다 여러 학문분야와 통합적으로 일어날 수 있기 때문에 문학, 요리, 미술 등의 활동과도 과학을 통합하여 운영할 수 있다. 예를 들어, '우리 몸의 구멍'이라는 동화를 통해 과학적 호기심을 불러일으켜 과학적 탐구활동이 이루어지도록 계획할 수 있으며, 요리나 미술활동에서도 결과에 중점을 두기보다 활동의 과정에 중점을 두어 과학적 탐구활동이 주가 되도록 활동을 계획할 수 있다.

### 4) 상호작용자

안내자로서의 역할보다 적극적인 역할이라고 할 수 있으며, 교사가 과학활동에 함께 참여하여 영유아의 과학적 탐구과정을 이끌고, 과학적 태도를 증진시키는 역할을 의미한다. 상호작용자로서의 역할을 위해 교사는 다음의 목적을 가지고 상호작용을 할 수 있다.

#### (1) 영유아의 과학적 탐구능력 증진을 위한 상호작용

영유아의 과학적 탐구능력은 내재되어 있지만, 주로 호기심이나 탐색 수준에서 끝나거나 호기심에서 바로 실험행위로 가는 경우가 많다. 따라서 교사의 상호작용을 통해 영유아는 호기심이 생긴 대상에 대해 다양한 관찰을 하고, 관련된 자료를 수집하고 분석하여 나름의 추론을 하게 되며, 추론을 토대로 실험을 하고, 알게 된 것을 평가해 볼 수 있다. 구체적인 상호작용 방법은 PART 3의 과학교육 내용 중 과학과정기술에서 살펴볼 수 있다.

### (2) 영유아의 과학적 태도 증진을 위한 상호작용

영유아는 자기중심적 발달 특성으로 인해 섣불리 결론을 내린다든지, 타인의 의견을 존중하는 태도를 보이기 힘들다. 따라서 영유아는 교사의 상호작용을 통해 과학활동 중 과학적 태도인 호기심, 개방성, 비판성, 판단유보 등을 경험하고 증진시킬 수 있다. 구체적인 상호작용 방법은 PART 3의 과학교육 내용 중 과학적 태도에서 살펴볼 수 있다.

또한, 상호작용자로서의 역할을 위해 교사는 영유아에게 적절한 질문을 하거나, 영유아의 질문에도 적절하게 반응할 수 있어야 한다.

#### ❶ 교사의 질문

교사는 설명보다는 질문을 통해 영유아의 과학활동을 지원해야 한다. 교사 질문의 의의는 다음과 같다.

- 영유아의 현재 수준을 점검할 수 있다.
- 영유아의 과학적 사고를 확장시키고 발달시킬 수 있다.
- 영유아는 자신의 과학적 사고를 명료화시킬 수 있다.

질문유형에는 다음의 2가지가 있다.

**첫째, 폐쇄형(수렴적) 질문**

폐쇄형 질문은 정답이 정해진 질문으로서 영유아의 현재 수준을 점검해 볼 수 있으며, 영유아 자신의 과학적 사고를 명료화시킬 수 있다. 예를 들어, “씨앗이 잘 자라도록 하려면 무엇이 필요할까요?"를 질문함으로써 씨앗의 성장조건에 대한 영유아의 현재 이해 수준을 점검해 보고, 영유아도 자신의 생각을 명료하게 정리할 수 있다.

#### 둘째, 개방형(확산적) 질문

개방형 질문은 정답이 정해지지 않은 질문으로 영유아의 과학적 사고를 확장시키고 발달시킬 수 있다. 예를 들어, "모든 씨앗이 자라는 데 필요한 물의 양이 같을까요?" 등을 질문함으로써 영유아의 과학적 사고를 확장시키고 발달시킬 수 있다.

영유아에게 질문을 하고 난 후에는 영유아가 대답할 수 있는 시간을 기다려 주는 것이 필요하다.

### ❷ 영유아의 질문에 대한 반응

영유아의 질문은 영유아의 호기심을 반영하고 있으며, 영유아의 이해 수준 등을 포함하고 있다. 따라서 영유아의 질문이 무시되어서는 안 되며, 영유아의 질문에 적극적 태도로 다음과 같이 반응하여야 한다.

#### 첫째, 영유아의 질문에 긍정적 반응

영유아의 질문에 교사도 함께 호기심을 보이며, 긍정적 반응을 보이는 것이 중요하다. 이를 통해 영유아는 질문하는 것에 두려움이나 부정적 정서를 갖지 않고, 과학의 첫 시작인 호기심 보이기를 지속할 수 있다.

#### 둘째, 영유아의 질문을 명확히 정리

영유아의 질문을 듣고, 질문의 의도를 분명히 정리해 주어야 한다. 그래야만 과학적 탐구의 방향을 명확히 할 수 있기 때문이다.

#### 셋째, 영유아의 생각을 재질문

영유아의 질문에 대한 답을 교사가 바로 설명해 주기보다는 영유아가 어떤 생각을 가지고 있고, 왜 그것이 궁금했는지 재질문할 수 있다. 영유아의 질문은 대체로 영유아의 기존 지식과의 인지적 갈등으로 인해 발생한 것이므로 재질문을 함으로써 어떤 인지적 갈등이 있었는지를 파악해 볼 수 있기 때문이다. 이를 통해 적절한 과학적 탐구과정을 이끌어 갈 수 있다.

### 5) 평가자

평가자로서의 교사는 영유아의 과학적 태도, 과학과정기술 등이 얼마나 발달했는지 기록으로 남겨 변화를 평가함으로써 영유아의 과학능력 발달을 도모하고, 다음의 효과적인 과학활동을 계획하고 지원할 수 있다. 평가를 위해서 주로 사용하는 방법은 다음과 같다.

#### (1) 관찰

일화기록법 등 다양한 관찰법이 있으며, 계획된 관찰을 통해서 영유아의 과학적 태도와 과학과정기술이 얼마나 발달했는지 평가할 수 있다.

#### (2) 면담

교사와 영유아 간 직접 상호작용을 통해 영유아의 발달을 이해하고 평가할 수 있다.

#### (3) 포트폴리오

과학활동 중 영유아가 만들어 낸 다양한 활동 결과물을 장기간 수집한 후, 종합적으로 검토하여 영유아의 발달을 이해하고 평가하는 방식이다.

이러한 평가가 효과적으로 이루어지기 위해서는 평가에 대한 계획을 세우는 것이 중요하며, 평가결과를 바탕으로 다음의 활동 계획 수립 및 지원이 이루어져야 한다.

### 사·후·실·습

사전 실습에서 그린 그림을 보며, 영유아 과학교육을 위한 5가지 교사의 역할 중 어떤 역할에 해당하는지 생각해 보세요.

친구들과 어떤 역할인지 알아맞히는 퀴즈 게임을 해 보세요.

CHAPTER 2

# 과학교수 불안, 과학교수효능감

**사·전·실·습**

'과학교수 불안'과 '과학교수효능감'의 의미가 무엇일지 하나씩 떠오르는 관련된 단어를 말해 보세요.

친구들과 이야기 나누어요.

## 1. 과학교수 불안

### 1) 정의

교사가 과학을 잘 가르치는 데 가장 걸림돌이 되는 것 중의 하나가 바로 불안감이다. 과학교수 불안이란, 과학교육을 수행하는 것에 대해 긴장, 두려움, 근심, 걱정 등의 부정적 감정을 갖는 것을 의미한다(Mallow, et al., 2010). 과학불안의 하위 요소는 특성불안과 상태불안으로 나누어지는데, 특성불안은 일반적인 자기 성향으로서의 불안이며, 상태불안은 특별한 환경 상황과 관련된 일시적인 불안이다(배미양, 2000). 따라서 특성불안은 과학수업 운영과 상관없이 일반적으로 느끼는 불안을 의미하지만, 상태불안은 과학수업 상황에 관련하여 느끼는 불안을 의미한다(조부경, 고영미, 2004).

### 2) 원인

과학불안의 원인으로는 과거의 과학학습에 대한 부정적 경험, 올바른 과학교사에 대한 역할모델의 부재, 대중매체를 통한 과학자의 정형화된 이미지 인식이 지적된다(Mallow, et al., 2010). 과학불안은 과학수업 자체를 회피하게 하기 때문에 국제적으로도 과학교육 활성화의 문제점으로 지적되고 있다(Hake & Mallow, 2008; Raloff, 2004). 따라서 이를 극복하려는 노력이 요구된다.

과학불안은 그동안의 연구에 의해 남성보다는 여성에게서 더 높게 나타나는 것으로 밝혀져 왔다(Hake & Mallow, 2008; Udo, et al., 2004). 영유아 교사 대부분이 여성임을 감안할 때, 영유아 교사의 과학불안은 영유아 과학교육에 큰 장애라고 할 수 있다. Udo와 그의 동료들(2004) 또한 대학의 교사양성과정 학생들 중 여학생 거의 대다수가 과학불안을 가지고 있었음을 밝히면서 다음 세대의 과학불안 형성을 막기 위해 이들을 위한 교육이 시급할 것이라고 밝혔다. Bursal(2012), Roehrig와 동료들(2011)도 실제 교육현장에서 과학교육이 잘 이루어지지 않는 이유 중 하나로 영유아 교사의 과학불안을 원인으로 지적하면서 교사양성과정을 통해 극복될 수 있어야 할 것이라고 주장하였다.

### 3) 진단

일반적으로 과학불안 검사 도구는 Spielberger, Gorsuch와 Lushene(1970)가 제작한 STAI(State-Trait Anxiety Inventory)를 Westerback(1984)이 예비초등교사를 대상으로 과학상황에 맞게 수정한 S-STAI(Science-Statetrait Anxiety Inventory)를 국내 연구자들이 영유아 교사에 맞게 수정한 것을 사용한다. 하지만 본 책에서는 상태불안 문항의 경우, 예비교사에 맞게 문항의 시제를 미래시제로 수정하였다. 즉, 과학활동 상황을 앞으로 일어날 일의 상황으로 바꾸었고, 감정 상태도 미래 상황을 떠올려 나타나는 감정 상태로 제시하였다.

### (1) 상태불안

다음의 문항을 읽고, 자신의 상태를 가장 잘 나타낸다고 생각하는 곳에 'ㅇ' 체크하여 진단해 본다. 한 문항에 너무 오래 생각하지 말고 빠르게 답해 본다.

| | 문항 | 전혀 아니다 | 조금 그렇다 | 상당히 그렇다 | 매우 그렇다 |
|---|---|---|---|---|---|
| 1 | 과학활동을 지도해야 할 때 평안할 것이다. | | | | |
| 2 | 과학활동을 지도해야 할 때 안정된 느낌일 것이다. | | | | |
| 3 | 과학활동을 지도해야 할 때 긴장감을 느낄 것이다. | | | | |
| 4 | 과학활동을 지도해야 할 때 심하게 긴장될 것이다. | | | | |
| 5 | 과학활동을 지도해야 할 때 마음이 편할 것이다. | | | | |
| 6 | 과학활동을 지도해야 할 때 속상할 것이다. | | | | |
| 7 | 과학활동을 지도해야 할 때 불행한 일이 생길까 걱정이 될 것이다. | | | | |
| 8 | 과학활동을 지도해야 할 때 흡족할 것이다. | | | | |
| 9 | 과학활동을 지도해야 할 때 두려울 것이다. | | | | |
| 10 | 과학활동을 지도해야 할 때 편안할 것이다. | | | | |
| 11 | 과학활동을 지도해야 할 때 자신감을 느낄 것이다. | | | | |
| 12 | 과학활동을 지도해야 할 때 안절부절못할 것이다. | | | | |
| 13 | 과학활동을 지도해야 할 때 초조할 것이다. | | | | |
| 14 | 과학활동을 지도해야 할 때 무엇을 어찌해야 좋을지 모를 것이다. | | | | |
| 15 | 과학활동을 지도해야 할 때 느긋한 기분일 것이다. | | | | |
| 16 | 과학활동을 지도해야 할 때 만족감을 느낄 것이다. | | | | |
| 17 | 과학활동을 지도해야 할 때 불안할 것이다. | | | | |
| 18 | 과학활동을 지도해야 할 때 혼란스러울 것이다. | | | | |
| 19 | 과학활동을 지도해야 할 때 마음이 동요되지 않고 안정될 것이다. | | | | |
| 20 | 과학활동을 지도해야 할 때 기분이 좋을 것이다. | | | | |

### (2) 특성불안

다음의 문항을 읽고, 자신의 상태를 가장 잘 나타낸다고 생각하는 곳에 'ㅇ' 체크하여 진단해 본다. 한 문항에 너무 오래 생각하지 말고 빠르게 답해 본다.

| | 문항 | 전혀 아니다 | 조금 그렇다 | 상당히 그렇다 | 매우 그렇다 |
|---|---|---|---|---|---|
| 1 | 나는 유쾌하다. | | | | |
| 2 | 나는 초조하고 안절부절못한다. | | | | |
| 3 | 나는 자신에 만족한다. | | | | |
| 4 | 나는 쉽게 불안해지는 사람이다. | | | | |
| 5 | 나는 낙오자처럼 느낀다. | | | | |
| 6 | 나는 마음이 편하다. | | | | |
| 7 | 나는 느긋하다. | | | | |
| 8 | 나는 걱정이 많고 피로하다. | | | | |
| 9 | 나는 사소한 일에도 너무 걱정한다. | | | | |
| 10 | 나는 행복하다. | | | | |
| 11 | 나는 여러 가지 생각으로 마음이 혼란스럽다. | | | | |
| 12 | 나는 자신감이 없다. | | | | |
| 13 | 나는 안전하게 느낀다. | | | | |
| 14 | 나는 마음이 든든하다. | | | | |
| 15 | 나는 평온하다. | | | | |
| 16 | 나는 만족스럽다. | | | | |
| 17 | 나는 대수롭지 않은 일에도 지나치게 괴로워한다. | | | | |
| 18 | 나는 낙심하면 심각하게 생각해서 마음에서 떨쳐 내지 못한다. | | | | |
| 19 | 나는 안정되어 있는 사람이다. | | | | |
| 20 | 나는 당면한 걱정거리를 생각하면 긴장하거나 혼란스럽다. | | | | |

### 4) 채점

상태불안과 특성불안은 긍정문항과 부정문항으로 나누어져 있다. 긍정문항과 부정문항은 다음과 같다.

| | 긍정문항 | 부정문항 |
|---|---|---|
| 상태불안 | 1, 2, 5, 8, 10, 11, 15, 16, 19, 20 | 3, 4, 6, 7, 9, 12, 13, 14, 17, 18 |
| 특성불안 | 1, 3, 6, 7, 10, 13, 14, 15, 16, 19 | 2, 4, 5, 8, 9, 11, 12, 17, 18, 20 |

부정문항은 '전혀 아니다' 1점, '조금 그렇다' 2점, '상당히 그렇다' 3점, '매우 그렇다' 4점을 주고, 긍정문항은 '전혀 아니다' 4점, '조금 그렇다' 3점, '상당히 그렇다' 2점, '매우 그렇다' 1점을 주어 역채점한다. 점수가 높을수록 과학교수 불안이 높음을 의미한다. 각각 55점 이상 60점 미만은 불안 정도가 있으나 보통 수준이라고 할 수 있고, 60점 이상은 불안 정도가 높다고 할 수 있다. 자신의 점수를 보고 상태불안과 특성불안 중 어디에서 점수가 더 높은지도 비교해 볼 수 있다.

### 5) 과학교수 불안 감소방법

과학교수 불안을 감소시키기 위한 방안은 다음의 3가지를 언급할 수 있다.

**첫째, 자신의 상태를 점검 및 노력**

자신의 과학교수 불안 상태를 점검하고 인식하는 것만으로도 과학교수 불안을 감소시키는 데 매우 중요하다. 이를 통해 과학교육 수업에 임하면서 자신의 과학교수 불안을 감소시키기 위한 적극적 노력을 할 수 있기 때문이다.

**둘째, 상태불안이 높은 경우**

상태불안이 높은 것은 과학교수 상황에 불안감을 가지는 것으로 자신의 과거 과학학습에 대한 경험을 떠올려 보는 것이 필요하다. 그리고 새로운 과학교육을 통해 과학에 대한 긍정적 경험을 할 수 있도록 돕는 것이 필요하다. 조부경과 고영미

(2004)의 연구에서 대학 이전의 부정적 과학경험이 과학불안에 가장 큰 영향을 미쳤으며, 대학 때 새로운 과학수업을 경험하거나 본인이 직접 긍정적 과학수업을 진행한 경우 과학불안을 감소시키는 데 효과가 있었다고 보고하였다.

**셋째, 특성불안이 높은 경우**

특성불안이 높은 것은 과학뿐만 아니라 여러 가지 스트레스 요인이 있거나 감정적으로 힘든 상태이므로 상담 프로그램을 통해 마음의 스트레스를 해소하는 기회를 갖는 것이 필요하다. 또한, 스스로 자신감을 가질 수 있도록 자신에게 긍정적 태도를 갖고, 또래 친구들과 교사에게서 존중받는 경험을 갖는 것도 매우 중요하다.

## 2. 과학교수효능감

### 1) 정의

과학교수효능감은 Bandura(1999)의 자아효능감을 근거로 한 것으로 자아효능감이란, 주어진 상황에서 자신의 수행능력에 대한 신념을 의미한다. 따라서 과학교수효능감이란, 과학교육을 효과적으로 계획하고 실행하는 수행능력에 대한 신념을 의미한다(Enochs & Riggs, 1988). 과학교수효능감의 하위 요소는 능력신념과 결과기대로 나눌 수 있다. 능력신념은 자신의 과학교수능력에 대한 신념을 의미하고, 결과기대는 자신의 과학교수 행동으로 인해 학습자의 과학학습 성과 및 결과에까지 영향을 미칠 수 있다는 믿음이다(Enochs & Riggs, 1988).

### 2) 중요성

과학교수효능감 정도에 따라 운영하는 과학교육의 질이 달라지고, 결국 영유아의 과학교육에 대한 태도와 성취가 달라진다. 이러한 이유에서 Bursal(2012), Greenfield와 동료들(2009)도 과학교육 활성화에 중요한 영향을 미치는 요인으로 과학교수효능감을 강조하였다.

교사의 과학교수효능감이 낮은 경우, 교사는 과학을 가르치려고 하지 않고, 영유아의 과학적 활동에 참여하여 도와주는 것에 자신감을 갖지 못한다(Gunning & Mensah, 2011). 또한, 낮은 과학교수효능감을 가진 교사는 주로 교사 주도의 설명식 수업을 많이 하는 것으로 나타났으며, 과학실험을 거의 하지 않고 실험을 통해 다른 결과가 도출될 수 있는 과학적 탐구활동은 회피하는 것으로 나타났다(Palmer, 2006a, 2006b; Smolleck, Zembal-Saul, & Yoder, 2006).

하지만 교사의 과학교수효능감이 높은 경우, 교사는 영유아에게 과학적 탐구 질문을 많이 하고, 영유아 주도의 과학수업을 운영하는 것으로 나타났으며, 과학적 개념을 영유아가 발견해 내도록 하는 데 충분한 시간을 제공하였다(Marshall, et al., 2009). 또한, 이러한 교사가 가르치는 영유아는 과학에 보다 긍정적 태도를 보였으며, 과학적 성취도도 높게 나타났다(Marshall, et al., 2009).

과학교수효능감이 높은 교사는 자신의 과학교수효능감이 높은 이유를 교사양성과정에서 학습한 과학교육의 질이라고 언급하였다. 즉, 양성과정을 통해 충분히 교육받았으며, 과학교육에 대한 수업 전략을 잘 학습하였기 때문이라고 언급하였다(Palmer, 2006a, 2006b).

### 3) 진단

일반적으로 과학교수효능감 검사 도구는 Riggs와 Enochs(1990)에 의해 개발된 STEBI(Science Teaching Efficacy Belief Instrument)를 조형숙(1998)이 국내 영유아교육 상황에 맞게 수정 번안한 것을 사용한다. 하지만 본 책에서는 능력신념 문항의 경우, 아직 과학교육을 학습하지 않은 예비교사에 맞게 문항의 시제를 미래 시제로 수정하였다. 즉, 과학활동 상황을 앞으로 일어날 일의 상황으로 바꾸어 제시하였다.

### (1) 과학교수 능력신념

다음의 문항을 읽고, 자신의 상태를 가장 잘 나타낸다고 생각하는 곳에 'ㅇ' 체크하여 진단해 본다. 한 문항에 너무 오래 생각하지 말고 빠르게 답해 본다.

| | 문항 | 전혀 아니다 | 조금 아니다 | 보통 이다 | 조금 그렇다 | 매우 그렇다 |
|---|---|---|---|---|---|---|
| 1 | 나는 끊임없이 효과적인 과학 교수방법이 무엇인지 알아내고자 할 것이다. | | | | | |
| 2 | 나는 아무리 노력해도 다른 영역만큼 과학활동을 잘 지도하지 못할 것이라고 느낀다. | | | | | |
| 3 | 나는 영유아 과학교육을 위한 적절한 방법을 알고 있다. | | | | | |
| 4 | 나는 과학활동을 지도하는 데 있어 그다지 유능하지 않은 것 같다. | | | | | |
| 5 | 나 자신의 과학활동 지도능력에 자신이 없다. | | | | | |
| 6 | 나는 과학활동을 지도하는 데 필요한 과학적 지식과 개념을 알고 있다. | | | | | |
| 7 | 나는 영유아가 과학에 관한 질문을 할 때 적절하게 대답할 자신이 있다. | | | | | |
| 8 | 나는 과학활동을 지도하는 교사로서 필요한 능력을 가지고 있는지 염려된다. | | | | | |
| 9 | 나에게 만약 과학교육 시범수업이 맡겨진다면 부담스러울 것이다. | | | | | |
| 10 | 나는 영유아가 과학활동에 어려움을 나타낼 때 어떻게 도와주어야 할지 당황할 것이다. | | | | | |
| 11 | 나는 과학활동을 지도할 때 영유아의 질문을 반기고 격려할 것이다. | | | | | |
| 12 | 나는 영유아가 과학에 관심을 갖도록 하기 위해 어떤 방법을 써야 할지 잘 모르겠다. | | | | | |

### (2) 결과기대

다음의 문항을 읽고, 자신의 상태를 가장 잘 나타낸다고 생각하는 곳에 'ㅇ' 체크하여 진단해 본다. 한 문항에 너무 오래 생각하지 말고 빠르게 답해 본다.

| | 문항 | 전혀 아니다 | 조금 아니다 | 보통 이다 | 조금 그렇다 | 매우 그렇다 |
|---|---|---|---|---|---|---|
| 1 | 영유아가 과학활동에 관심을 보이지 않는 것은 교사의 교수방법이 비효과적이기 때문이다. | | | | | |
| 2 | 몇몇 영유아가 과학활동에 흥미 없어 해도 교사의 탓이라고는 할 수 없다. | | | | | |
| 3 | 과학에 관심이 없던 영유아가 활발한 참여를 하게 된다면 교사의 노력 때문이다. | | | | | |
| 4 | 교사가 많은 노력을 기울여도 영유아의 과학에 대한 부정적 태도는 변하지 않을 수 있다. | | | | | |
| 5 | 과학활동을 할 때 영유아의 관심과 흥미 정도는 기본적으로 교사에게 책임이 있다. | | | | | |
| 6 | 영유아의 적극적인 과학활동 참여는 교사의 과학교수능력과 직접적인 관련이 있다. | | | | | |
| 7 | 부모로부터 영유아가 점차 과학에 흥미를 보인다는 말을 듣는다면 아마도 교사의 적절한 교수방법 때문일 것이다. | | | | | |
| 8 | 과학활동에 전혀 관심 없어 하는 영유아에게는 교사의 뛰어난 교수방법도 효과가 없을 수 있다. | | | | | |

## 4) 채점

능력신념과 결과기대는 긍정문항과 부정문항으로 나누어져 있다. 긍정문항과 부정문항은 다음과 같다.

| | 긍정문항 | 부정문항 |
|---|---|---|
| 능력신념 | 1, 3, 6, 7, 11 | 2, 4, 5, 8, 9, 10, 12 |
| 결과기대 | 1, 3, 5, 6, 7 | 2, 4, 8 |

긍정문항은 '전혀 아니다' 1점, '조금 아니다' 2점, '보통이다' 3점, '조금 그렇다' 4점, '매우 그렇다' 5점을 주고, 부정문항은 '전혀 아니다' 5점, '조금 아니다' 4점, '보통이다' 3점, '조금 그렇다' 2점, '매우 그렇다' 1점을 주어 역채점한다. 점수가 높을수록 과학교수효능감이 높음을 의미한다. 능력신념은 36점 이상 48점 미만은 보통 수준이며, 48점 이상은 높다고 할 수 있다. 결과기대는 24점 이상 32점 미만은 보통 수준이며, 32점 이상은 높다고 할 수 있다. 자신이 능력신념과 결과기대 중 어디에서 점수가 더 높은지 비교해 볼 수 있다.

### 5) 과학교수효능감 증진방법

과학교수효능감을 증진시키기 위한 방안은 다음의 3가지를 언급할 수 있다.

#### 첫째, 자신의 상태를 점검 및 노력

자신의 과학교수효능감 정도를 점검하고 인식하는 것만으로도 과학교수효능감을 증진시키는 데 매우 중요하다. 이를 통해 과학교육 수업에 임하면서 자신의 과학교수효능감을 증진시키기 위한 적극적 노력을 할 수 있기 때문이다.

#### 둘째, 능력신념이 낮은 경우

능력신념이 낮은 경우, 과학 자체에 대한 흥미와 긍정적 태도를 형성하고 자신의 교사로서의 능력에 대해 자부심을 갖도록 기회를 가지는 것이 매우 중요하다. 조형숙(1998)은 과학에 대한 흥미가 높고, 태도가 긍정적일수록 과학교수효능감이 높아진다고 하였다. 따라서 예비교사가 과학에 흥미를 가질 수 있는 과학수업이 중요하며, 여러 모의수업 경험을 통해 자부심을 높이도록 할 수 있다.

#### 셋째, 결과기대가 낮은 경우

결과기대는 교사의 과학수업에 대한 지지와 지원에 영향을 받기 때문에 교사가 자신의 신념에 따라 계획한 과학수업을 자유롭게 실천해 볼 수 있는 지지와 지원이 필요하다. 모의수업 상황에서도 예비교사가 생각한 바를 모두 실천해 볼 수 있는 지원이 필요하다고 할 수 있겠다.

### 사·후·실·습

나의 과학교수 불안, 과학교수효능감을 점검해 보세요. 그리고 점검 결과의 이유를 하나씩 생각해 보세요.

친구들과 점검 결과를 이야기해 보세요.

CHAPTER 3

# 과학교과교육학 지식

**사·전·실·습**

'과학교과교육학 지식'의 의미가 무엇일지 떠오르는 관련된 단어를 하나씩 말해 보세요.

친구들과 이야기 나누어요.

## 1. 정의

과학교과교육학 지식이란, 과학교과의 내용 지식과 교육학 지식 모두를 일컫는 것으로 교사가 영유아 과학교육을 지도할 때 과학교과 내용 지식을 해석하고, 적절한 교육학 지식을 적용하면서 과학교수 지식에 대한 질적 사고과정 변화를 겪으며 획득하는 교사 지식을 의미한다(김현진, 2007). 교과교육학 지식은 Shulman(1986)에 의해 소개된 이래로, 교육 분야에서 지금까지 꾸준히 관심받아 온 영역이다.

과학교과교육학 지식의 하위 요소는 교육과정에 대한 지식, 학습자에 대한 지식, 교수·학습방법에 대한 지식, 교과내용에 대한 지식, 교사의 전문성에 대한 지식으로 나누어진다(김현진, 2007).

## 2. 중요성

Abell(2008)은 교과교육학 지식이란 교과내용, 교수방법을 아는 것에서 그치지 않고 실제 수업과 관련된 모든 상황변인을 이해하고, 이를 종합하는 지식이라고 강조하였다. 과학교과교육학 지식 증진에 영향을 미치는 요인으로 교사양성과정이 중요하다고 할 수 있으며, 교사양성과정에서 교과교육학 내용에 대한 이해와 반성이 요구된다(Park & Oliver, 2008; Sperandeo-Mineo, Fazio, & Tarantino, 2005).

과학교과교육학 지식이 잘 형성된 교사는 자신이 무엇을 가르쳐야 하는지 잘 이해하고 있으며, 학습자에게 적절한 교수 재료를 선택할 수 있고, 가장 적절한 교수 전략을 사용할 수 있으며, 이를 토대로 학습자로 하여금 효과적 학습 경험을 통해 개념을 이해하도록 도울 수 있다. 즉, 질 높은 과학수업을 실천할 수 있다(Bausmith & Barry, 2011). 반대로 과학교과교육학 지식이 잘 형성되지 못한 교사는 학생이 가지는 배움의 기회를 박탈하거나 비생산적인 암기식 수업을 진행할 수 있다(Friedrichsen, et al., 2009). 이러한 이유에서 Berry, Loughran와 van Driel(2008), Nilsson과 Loughran(2012)도 실제 교사가 효과적으로 과학교육 수업을 하기 위해 필요한 소양으로 과학교과교육학 지식의 함양을 강조하였다. 따라서 교육 분야의 많은 연구자들은 교과교육학 지식을 교사에게 어떻게 인지시키고 증진시킬 수 있는지 탐구해 왔고, 특히 예비교사를 대상으로 강조해 왔다(Faikhamta & Clarke, 2013). 그 이유는 실제 현장의 교사가 교과교육학 지식을 스스로 구성하기에는 환경적 제약으로 인해 어렵기 때문이다(Nilsson & Loughran, 2012). 따라서 예비교사를 대상으로 교과교육학 지식을 전달하고, 이를 의미 있게 형성하도록 하는 노력이 중요하다.

## 3. 진단

과학교과교육학 지식 검사 도구는 김현진(2007)이 개발한 도구를 양수영(2014)이 예비유아교사를 대상으로 수정 · 보완한 것을 사용하였고, 다시 본 책에서 예비 영유아 교사를 대상으로 수정 · 보완하였다. 특히, 「2019 개정 누리과정」, 「제4차 표준보육과정」에 따라 '교육과정 지식'과 '교육내용 지식'을 알맞게 수정하였다.

과학교과교육학 지식 검사의 하위 영역은 교육과정 지식, 학습자에 대한 지식, 교수 · 학습방법 지식, 교과내용 지식, 교사 전문성에 대한 지식으로 나누어지며, 총 58문항으로 구성되어 있다.

### 1) 교육과정 지식

다음의 문항을 읽고, 자신의 생각을 가장 잘 나타낸다고 생각하는 곳에 'ㅇ' 체크하여 진단해 본다. 한 문항에 너무 오래 생각하지 말고 빠르게 답해 본다.

| | 문항 | 전혀 아니다 | 조금 아니다 | 보통이다 | 조금 그렇다 | 매우 그렇다 |
|---|---|---|---|---|---|---|
| 1 | 나는 영유아 과학교육이 교육과정의 5개 영역 중에서 자연탐구 영역임을 이해한다. | | | | | |
| 2 | 나는 자연탐구 영역이 영유아가 탐구하는 과정을 즐기고, 생활 속에서 탐구하며, 자연과 더불어 살아가는 태도를 가지도록 하는 영역임을 이해한다. | | | | | |
| 3 | 나는 과학교육과정의 내용인 탐구과정 즐기기, 생활 속에서 탐구하기, 자연과 더불어 살기가 서로 관련성을 가지고 있음을 이해한다. | | | | | |
| 4 | 나는 과학교육과정에서 나의 출생과 성장에 대한 내용이 신체운동 · 건강(신체운동) 영역과 관련성이 있음을 이해한다. (예: 신체 부위의 기능에 대한 이해) | | | | | |
| 5 | 나는 과학교육과정에서 도구와 기계를 통한 소리 전달의 내용이 의사소통 영역과 관련성이 있음을 이해한다. (예: 전화기를 통한 말소리의 전달) | | | | | |

| | 문항 | 전혀 아니다 | 조금 아니다 | 보통 이다 | 조금 그렇다 | 매우 그렇다 |
|---|---|---|---|---|---|---|
| 6 | 나는 과학교육과정에서 자연환경에 대한 내용이 사회관계 영역의 자연 가치 및 보호와 관련성이 있음을 이해한다. (예: 쓰레기 분리수거에 대한 이해) | | | | | |
| 7 | 나는 과학교육과정에서 물체의 변화에 대한 내용이 예술경험 영역의 다양한 재료를 활용한 미술활동과 관련성이 있음을 이해한다. (예: 점토, 물감놀이에 대한 경험) | | | | | |

## 2) 학습자에 대한 지식

다음의 문항을 읽고, 자신의 생각을 가장 잘 나타낸다고 생각하는 곳에 'o' 체크하여 진단해 본다. 한 문항에 너무 오래 생각하지 말고 빠르게 답해 본다.

| | 문항 | 전혀 아니다 | 조금 아니다 | 보통 이다 | 조금 그렇다 | 매우 그렇다 |
|---|---|---|---|---|---|---|
| 1 | 나는 영유아가 과학활동을 하는 동안 보이는 영유아의 과학에 대한 흥미와 욕구를 이해한다. | | | | | |
| 2 | 나는 과학활동과 영유아의 신체발달, 인지발달, 언어발달, 정서발달, 사회성발달 영역과의 관련성을 이해한다. | | | | | |
| 3 | 나는 과학활동에서 영유아가 가지고 있는 과학에 대한 사전지식을 이해한다. (예: '물'에 대한 주제를 전개할 때, 나는 영유아가 이미 물에 대한 다양한 경험과 지식이 있음을 이해한다.) | | | | | |
| 4 | 나는 과학활동에서 각 영유아가 무엇을 잘하는지에 대해 이해할 수 있다. | | | | | |
| 5 | 나는 과학활동에서 각 영유아가 무엇을 어려워하는지에 대해 이해할 수 있다. | | | | | |
| 6 | 나는 과학활동을 하는 동안 영유아의 인지적 시행착오를 이해할 수 있다. | | | | | |

### 3) 교수 · 학습방법 지식

다음의 문항을 읽고, 자신의 생각을 가장 잘 나타낸다고 생각하는 곳에 'ㅇ' 체크하여 진단해 본다. 한 문항에 너무 오래 생각하지 말고 빠르게 답해 본다.

| | 문항 | 전혀 아니다 | 조금 아니다 | 보통 이다 | 조금 그렇다 | 매우 그렇다 |
|---|---|---|---|---|---|---|
| 1 | 나는 과학내용에 적합한 교수 · 학습방법을 사용할 수 있다. | | | | | |
| 2 | 나는 영유아에게 제공되는 과학의 주제와 활동을 교수 상황에 따라 융통성 있게 운영할 수 있다. | | | | | |
| 3 | 나는 과학활동이 하루일과 중 어떤 시간에도 일어날 수 있도록 할 수 있다. | | | | | |
| 4 | 나는 실내외 흥미 영역에서 영유아의 과학적 탐구과정기술을 향상시키기 위해 다양한 활동을 마련할 수 있다. | | | | | |
| 5 | 나는 과학활동이 신체, 인지, 언어, 정서, 사회성발달과 통합될 수 있도록 할 수 있다. | | | | | |
| 6 | 나는 과학활동이 놀이를 통한 학습 경험이 되도록 격려할 수 있다. | | | | | |
| 7 | 나는 과학활동 중 영유아의 과학적 개념 발달을 도울 수 있는 활동을 제안할 수 있다. | | | | | |
| 8 | 나는 과학활동의 계획과정에 영유아를 참여시킬 수 있다. | | | | | |
| 9 | 나는 과학활동의 평가과정에 영유아를 참여시킬 수 있다. | | | | | |
| 10 | 나는 일상생활 속에서 영유아가 과학적 개념을 발견할 수 있는 분위기를 조성할 수 있다. | | | | | |
| 11 | 나는 과학활동에서 또래 간의 학습이 이루어지도록 격려할 수 있다. | | | | | |
| 12 | 나는 과학활동 중 영유아의 과학적 개념 발달을 도울 수 있는 적절한 질문을 할 수 있다. | | | | | |
| 13 | 나는 과학활동을 진행할 때 활동의 특성에 따라 다양한 집단 형태(개별집단, 소집단, 대집단)를 구성할 수 있다. | | | | | |

| | 문항 | 전혀 아니다 | 조금 아니다 | 보통 이다 | 조금 그렇다 | 매우 그렇다 |
|---|---|---|---|---|---|---|
| 14 | 나는 일상생활 속에서 영유아가 과학적 개념에 대한 의견과 생각을 교환할 수 있는 분위기를 조성할 수 있다. | | | | | |
| 15 | 나는 과학활동 시작 전에 영유아의 흥미와 관심, 사전지식, 동기 상태를 관찰하거나 조사할 수 있다. | | | | | |
| 16 | 나는 영유아의 과학활동 과정을 평가하기 위해 행동 관찰 목록표나 일화기록을 사용할 수 있다. | | | | | |
| 17 | 나는 영유아의 과학활동 결과를 평가하기 위해 면담을 통한 질문, 이야기나누기 관찰 기록, 활동결과물의 기록과 수집을 통한 정기적 평가를 실시할 수 있다. | | | | | |
| 18 | 나는 영유아의 발달 수준을 고려하여 과학활동에 필요한 교재교구를 제공할 수 있다. | | | | | |
| 19 | 나는 과학활동을 계획하고, 진행하는 데 지역사회와 협력할 수 있다. | | | | | |

### 4) 교과내용 지식

다음의 문항을 읽고, 자신의 생각을 가장 잘 나타낸다고 생각하는 곳에 'ㅇ' 체크하여 진단해 본다. 한 문항에 너무 오래 생각하지 말고 빠르게 답해 본다.

| | 문항 | 전혀 아니다 | 조금 아니다 | 보통 이다 | 조금 그렇다 | 매우 그렇다 |
|---|---|---|---|---|---|---|
| 1 | 나는 '생명과학'에 대한 교과내용을 이해한다. | | | | | |
| 2 | 나는 '물리'에 대한 교과내용을 이해한다. | | | | | |
| 3 | 나는 '지구과학'에 대한 교과내용을 이해한다. | | | | | |
| 4 | 나는 '화학'에 대한 교과내용을 이해한다. | | | | | |
| 5 | 나는 과학지식의 특성을 이해한다. | | | | | |
| 6 | 나는 과학 탐구과정인 '관찰하기'에 대해 이해한다. | | | | | |

| | 문항 | 전혀 아니다 | 조금 아니다 | 보통 이다 | 조금 그렇다 | 매우 그렇다 |
|---|---|---|---|---|---|---|
| 7 | 나는 과학 탐구과정인 '분류하기'에 대해 이해한다. | | | | | |
| 8 | 나는 과학 탐구과정인 '예측하기'에 대해 이해한다. | | | | | |
| 9 | 나는 과학 탐구과정인 '측정하기'에 대해 이해한다. | | | | | |
| 10 | 나는 과학 탐구과정인 '추론하기'에 대해 이해한다. | | | | | |
| 11 | 나는 과학 탐구과정인 '실험하기'에 대해 이해한다. | | | | | |
| 12 | 나는 과학 탐구과정인 '평가하기'에 대해 이해한다. | | | | | |
| 13 | 나는 과학적 태도인 '호기심'에 대해 이해한다. | | | | | |
| 14 | 나는 과학적 태도인 '적극성'에 대해 이해한다. | | | | | |
| 15 | 나는 과학적 태도인 '솔직성'에 대해 이해한다. | | | | | |
| 16 | 나는 과학적 태도인 '객관성'에 대해 이해한다. | | | | | |
| 17 | 나는 과학적 태도인 '개방성'에 대해 이해한다. | | | | | |
| 18 | 나는 과학적 태도인 '비판성'에 대해 이해한다. | | | | | |
| 19 | 나는 과학적 태도인 '판단유보'에 대해 이해한다. | | | | | |
| 20 | 나는 과학적 태도인 '협동성'에 대해 이해한다. | | | | | |
| 21 | 나는 과학적 태도인 '끈기성'에 대해 이해한다. | | | | | |

### 5) 교사 전문성에 대한 지식

다음의 문항을 읽고, 자신의 생각을 가장 잘 나타낸다고 생각하는 곳에 'ㅇ' 체크하여 진단해 본다. 한 문항에 너무 오래 생각하지 말고 빠르게 답해 본다.

| | 문항 | 전혀 아니다 | 조금 아니다 | 보통 이다 | 조금 그렇다 | 매우 그렇다 |
|---|---|---|---|---|---|---|
| 1 | 나는 과학교수활동을 향상시키기 위하여 동료 교사와 상호 연구하는 관계가 중요하다고 생각한다. | | | | | |
| 2 | 나는 과학교수활동을 향상시키기 위하여 과학교육에 관한 현장연구가 중요하다고 생각한다. | | | | | |
| 3 | 나는 과학교수활동을 향상시키기 위하여 워크샵 등의 재교육과정에 참여하는 것이 중요하다고 생각한다. | | | | | |
| 4 | 나는 과학교수활동을 향상시키기 위하여 과학교육 관련 서적과 인터넷 사이트의 탐색과 활용이 중요하다고 생각한다. | | | | | |
| 5 | 나는 나의 과학과목에 관한 선호도가 과학 교수·학습에 영향을 미친다고 생각한다. | | | | | |

## 4. 채점

모든 문항은 긍정문항으로 되어 있으므로 '전혀 아니다' 1점, '조금 아니다' 2점, '보통이다' 3점, '조금 그렇다' 4점, '매우 그렇다' 5점을 주어 채점한다. 점수가 높을수록 과학교과교육학 지식이 높음을 의미한다. 구체적으로 '교육과정 지식'은 21점 이상 28점 미만은 보통 수준이며, 28점 이상은 높다고 할 수 있다. '학습자에 대한 지식'은 18점 이상 24점 미만은 보통 수준이며, 24점 이상은 높다고 할 수 있다. '교수·학습방법에 대한 지식'은 57점 이상 76점 미만은 보통 수준이며, 76점 이상은 높다고 할 수 있다. '교과내용 지식'은 63점 이상 84점 미만은 보통 수준이며, 84점 이상은 높다고 할 수 있다. '교사전문성에 대한 지식'은 15점 이상 20점 미만은 보통 수준이며, 20점 이상은 높다고 할 수 있다. 자신이 과학교과교육학 지식 중 어느 영역에서 점수가 더 높은지 비교해 볼 수 있다.

## 5. 과학교과교육학 지식 증진방법

과학교과교육학 지식을 증진시키기 위한 방안은 다음의 2가지이다.

**첫째, 자신의 현재 수준 점검 및 노력**

자신의 과학교과교육학 지식의 현재 수준을 점검하고 인식하는 것만으로도 과학교과교육학 지식을 증진시키는 데 매우 중요하다. 이를 통해 과학활동에 임할 때 자신의 과학교과교육학 지식을 증진시키기 위한 적극적 노력을 할 수 있기 때문이다.

**둘째, 과학교육 학습 및 이해 증진**

과학교과교육학 지식은 말 그대로 지식이라고 할 수 있으므로 앞으로 학습하게 되는 '영유아 과학교육' 과목의 학습과 이해가 중요하다.

### 사·후·실·습

나의 과학교과교육학 지식을 점검해 보세요.

친구들과 점검결과를 이야기해 보세요.

# PART 3

# 영유아 과학교육 운영

영유아 과학교육 운영을 위한
과학교육 목적과 목표, 교육 내용, 교수 · 학습방법 및 환경구성에 대해
체계적으로 이해하고 실천력을 기르는 데 목적을 둔다.

CHAPTER 1

# 영유아 과학교육 목적

**사·전·실·습**

영유아 과학교육의 목적은 시대에 따라 변화하였다. 어떤 과학자를 기르는 것을 목적으로 변화하였을지 생각해 보세요.

친구들과 이야기 나누고, 공통점을 찾아보세요.

영유아 과학교육의 목적은 시대의 변화와 그에 따른 교육적 요구에 기초하여 변화해 왔다. 시대에 따른 과학교육의 목적은 다음과 같이 변화되어 왔다.

## 1. 과학교육의 시작(근대, 19세기 말~20세기 초)

고대에는 자연의 원리를 초자연적 힘에 의한 것이라고 여겨 자연의 섭리를 통해 인간 본성의 진리를 찾으려고 하였다. 따라서 자연을 대상으로 탐구를 시도하는 과학적 실험에 대해서는 적대적이었다. 중세에는 여전히 자연을 신의 존재와 활동에 대한 물리적 증거라고 여겨 과학적 실험에 대해 부정적이었고, 교리교육이 주를 이루면서 과학을 교육하는 것이 허용되지 않았다. 르네상스 운동이 일어나고 절대왕정 시대가 전개된 근세 시대에는 인간과 자연에 대한 이해를 강조하면서 레오나르도 다빈치, 코페르니쿠스 등의 활약으로 과학적 혁명이 일어났고, 자연을 경험하여 신의 섭리를 이해하도록 하는 데 목적을 둔 과학교육이 Comenius의 실물교육 원리에 따라 이루어졌다. 하지만 과학교육을 선동적 · 무신론적 특성을 지닌 것이라고 단정 지으며 절대왕권에 대한 도전이라고 여겨 과학교육에 대한 탄압이 있었고, 이에 따라 과학교육을 위한 체계적 교육과정이 형성되지는 못하였다 (Schoeler, 2014).

이후, 프랑스 시민혁명이 일어나고 개인의 권리와 자유가 강조되는 근대 시기에 와서는 산업혁명이 완성되던 19세기 말에 과학기술로 인해 경제적 발전이 이루어지고, 경쟁력의 중요 요인으로 인정받기 시작하면서 초중등학교의 정규과목으로 받아들여졌다. 산업혁명 이후 일반 대중도 과학적 지식을 알아야 했던 사회 경제적 이유 때문이라고 할 수 있다(Schoeler, 2014).

이 시기 초등 과학교육에 다음의 2가지 대립되는 교육철학이 있었다.

### 1) 자연연구운동(Nature-study movement)

Rousseau의 자연주의 교육철학과 Kant 철학에 영향을 받은 것으로 자연을 학습하는 것에 초점이 맞춰져 있으며, 과학적 개념을 학습하는 것이 아니라 자연의 실물을 직접 관찰하며 아동 중심으로 자연을 학습하는 방법을 강조하였다. 흥미, 비형식성 및 자발성이 교육의 특징이라고 할 수 있다(Jackman, 1891). 예를 들어, 식물을 학습하는 데 있어서 식물은 줄기, 잎, 뿌리로 구성되고, 광합성을 통해 양분을 합성하는 식의 개념을 학습하는 것이 아니라, 민들레, 단풍 등의 식물을 직접 관찰하고, 특징에 따라 분류함으로써 식물에 대한 나름의 새로운 개념을 만들어 가는 것을 의미한다. 자연연구운동의 교육목적은 자연을 대상으로 한 자기주도적 학습자 양성이라고 할 수 있으며, 자연과의 교감을 통한 인성교육의 목적도 포함하고 있다(박종석, 박상민, 2014).

❖ 자연연구운동에 기초한 과학교육

자연연구운동에 기초한 과학교육은 교실 밖 자연에서의 교육을 강조하였고, 아동 중심의 직접관찰, 실험을 통한 자연 이해 및 교감을 강조하였다.

이미지 출처: http://sallygregorykohlstedt.com/about-nature-study/

### 2) 초등과학운동(Elementary science movement)

계몽주의 교육철학에 영향을 받은 것으로 유치원에서 8학년까지 과학교육과정이 연계되어 만들어졌으며, 각 학년에서 중요하다고 생각되는 개념이나 원리가 포함되었다. 직접경험을 중시하는 자연연구운동에 비해 추상적인 내용의 학습을 다루어 암기 위주의 학습이 이루어졌다. 초등과학운동의 교육목적은 과학 개념의 이해 증진이라고 할 수 있다(Weller, 1933).

## 2. 진보주의 교육철학에 기초한 과학교육(1930~1950년대)

Dewey가 주장한 진보주의 교육철학에 영향을 받아 과학교육에 영향을 미친 2개의 보고서가 발간되었다.

첫째는 1932년 전국교육연구학회(National Society for the Study)의 '과학교수 프로그램(A Program for Science Teaching)' 보고서이다. 이 보고서에 담긴 주요 내용은 다음과 같다.

- 교육내용은 학습자의 일상생활 경험과 관련 있는 것이어야 함
- 교육효과를 평가할 때 학습자의 흥미에 기초하였는지 평가해야 함
- 과학교수는 학습자의 관찰, 실험 등의 과학과정기술 경험을 가능하게 해야 함

둘째는 1938년 진보주의 교육연합(Progressive Education Association)이 출판한 '일반 교육에서의 과학(Science in General Education)'이다. 이 보고서에서는 과학교육에서의 아동 흥미를 강조하였고, 과학이 일상생활 경험과 관련성이 많아야 함을 지적하였다. 그리고 다음의 과학교육 목적을 제시하였다.

- 과학을 단순히 수동적으로 받아들이는 정보와 구별하기
- 과학적 사고(문제해결)능력을 개발하기
- 과학적 문제해결에 필요한 태도를 기르기

진보주의 교육철학에 따라 수많은 실험학교가 생겨났으며, 아동중심 과학교육이 가능하게 되었다. 하지만 학습자의 경험에만 초점을 두어 교육이 이루어지면서 학습내용이 체계화되지 못한 채, 단편적인 경험의 축적에 그쳤던 것이 한계점으로 지적된다.

❖ 진보주의 교육철학에 기초한 과학교육

진보주의 교육철학에 기초한 과학교육의 모습이다. 학생들은 지형을 이해하기 위해 개별 모래박스를 앞에 두고, 각자의 생각대로 실험을 하며 나름의 지식을 형성하였다.

이미지 출처: https://www.lib.uchicago.edu/projects/centcat/fac/fac_img19.html

### 우리나라 제1차 유치원 교육과정

우리나라의 제1차 유치원 교육과정(1969)은 진보주의 교육철학에 영향을 받았으며, 과학교육은 '자연생활 영역'에서 다루어졌고, 그 교육목표는 다음과 같다.

- 동식물을 사랑하고 보호하는 마음씨와 태도를 기른다.
- 자연의 모습에 흥미와 관심을 가지게 하며, 스스로 보고, 생각하고 활용하는 능력과 태도를 기른다.
- 일상생활에 필요한 간단한 기능을 익혀 생활에 적응할 수 있도록 한다.

교육내용은 다음과 같다.

| 구분 | 교육 내용 |
|---|---|
| 자연생활 | • 동식물을 즐겨 기르고 가꾸기<br>• 동식물을 여러모로 관찰하기<br>• 자연의 여러 모습을 관찰하기<br>• 자연의 여러 사물(꽃, 나뭇잎, 돌 등)을 수집하여 정리하기<br>• 천체의 여러 모양을 관찰하기<br>• 계절의 변화에 대하여 알기 |
| 과학생활 | • 생활필수품의 성질과 용도를 알고 활용하기 |

주로 교육내용이 일상생활 경험과 관련하여 생물 분야가 많은 비중을 차지하고 있음을 알 수 있고, 교육방법에 있어서도 학습자의 직접경험이 가능하도록 하였음을 알 수 있다.

## 3. 학문중심 교육과정으로서의 과학교육(1950~1980년대)

1957년 세계 최초의 인공위성(스푸트니크호)이 소련에 의해 발사되었고, 이는 냉전 시대의 미국에 엄청난 충격을 주었다. 그리고 미국 내 과학교육에 대한 대대적인 반성의 기회를 갖게 하였다. 미국과학재단(NSF: National Science Foundation)은 과학교육이 과학기술의 변화에 적합하지 않음을 비판하였고, Dewey의 진보주의 교육철학은 비체계적이라는 비판을 받게 되었다. 이에 따라 Bruner, Gagné 등이 주장한 학문중심 교육으로의 개혁운동이 일어났다.

학문중심 교육과정은 학년별 학습해야 할 과학개념이 연계성 있게 정리되었고, 이를 이해하기 위한 직접적인 실험활동이 강조되었다. 또한, 실험을 위해 필요한 자료들을 과학 키트 형식으로 제공하였으며, 교사를 위해서는 상세한 활동방법과 구체적 교육지침을 제시하였다. 하지만 과학활동이 학생들의 발달에 적합하지 못하여 학생들의 직접적 실험이 이루어지지 못하였고, 교사 위주의 실험이 이루어졌으며, 학습자로 하여금 개념암기만을 강조하게 되었다.

❖ 학문중심 교육과정으로서의 과학교육

학문중심 교육과정으로서의 과학교육 중 하나인 Science Curriculum Improvement Study(SCIS) 프로그램에서는 구조화된 과학 개념의 이해를 강조하였고, Science-A Process Approach(SAPA) 프로그램에서는 학습자로 하여금 과학자가 실험하는 기술과 절차를 따라 하도록 함으로써 그 기술을 증진하는 데 목적을 두었다.

이미지 출처: Fraser-Abder, Douglass, Garcia, & Douglass(1997).

이로 인해 학생들의 성취도나 과학에 대한 태도가 향상되지 못하였고, 과학 내용은 시대에 뒤떨어진다는 비판과 함께 시민들의 과학적 소양을 키우는 데도 효과적이지 못하다는 한계점을 지적받게 되었다. 이에 따라 1983년 미국교육부에서는 'A Nation at Risk: Imperative for Educational Reform' 보고서를 발표하면서 과학교육의 근본적 개혁이 필요하다고 주장하였다.

### 우리나라 제2차 유치원 교육과정

우리나라 제2차 유치원 교육과정(1979)은 학문중심 교육과정에 영향을 받았으며, 과학교육은 '인지발달 영역'에서 다루어졌고, 그 교육목표는 다음과 같다.

- 사물, 자연 및 자연현상에 대해 직접적으로 활동하게 함으로써 이들에 대한 기본 개념의 형성을 촉진하도록 한다.

과학교육 내용 중 '자연현상'에 관한 교육내용을 제시하면 다음과 같다.

| 구분 | 교육 내용 |
|---|---|
| 자연현상에 관한 개념 | • 생물과 무생물 구별하기<br>• 동식물의 이름과 성질 알기<br>• 물체의 이름과 성질 알기<br>• 빛과 그림자 이해하기<br>• 밤과 낮 구별하기<br>• 날씨의 변화 관찰하기<br>• 계절의 변화 이해하기<br>• 지구, 해, 달 및 별에 관해 이해하기 |

주로 교육내용이 기본 개념 형성에 초점을 둔 것을 알 수 있으며, '생물과 무생물 구별하기'는 유아의 인지발달 특성인 물활론적 사고를 고려하지 못한 부적합한 교육내용으로 그 한계점을 지적할 수 있다. 또한, 교육방법에 있어서도 유아의 자발적 · 능동적 경험이라기보다는 이미 계획된 활동에 수동적 참여를 강조하고 있음을 알 수 있다.

### 우리나라 제3차 유치원 교육과정

우리나라의 제3차 유치원 교육과정(1981)도 여전히 학문중심 교육과정에 영향을 받았으며, 초중등 교육과정 개정에 맞추어 상호연계성 속에서 함께 개정되었다는 의미가 있다. 과학교육은 '인지발달 영역'에서 다루어졌고, 그 교육목표는 다음과 같다.

- 직접경험을 통하여 자연현상에 관한 기본 개념을 알게 한다.

교육내용을 제시하면 다음과 같다.

| 구분 | 교육 내용 |
|---|---|
| 자연현상에 관한 개념 | • 우리 몸 각 부분의 이름과 기능 알기<br>• 동식물의 이름과 특징 알기<br>• 생물과 무생물 구별하기<br>• 주변의 여러 가지 물체의 이름 알기<br>• 물체의 형태, 색깔, 질감 등의 성질 알기<br>• 물체의 운동 알기<br>• 빛과 그림자 알기<br>• 낮과 밤 구별하기<br>• 계절과 날씨 알기<br>• 해, 달, 별 알기<br>• 들, 산, 강, 바다 알기 |

교육내용으로 기본 개념 이해에 초점을 둔 것을 알 수 있으며, 유아의 발달에 부적합한 교육내용이 여전히 있는 것을 알 수 있다. 또한, 교육방법에 있어서도 유아의 자발적 · 능동적 경험이라기보다는 이미 계획된 활동에 수동적 참여를 강조하고 있음을 알 수 있다.

### 우리나라 제4차 유치원 교육과정

우리나라의 제4차 유치원 교육과정(1987)도 여전히 학문중심 교육과정에 영향을 받았으며, 주기적인 교육과정 개정의 필요성에 따라 개정되었다. 과학교육은 '인지발달 영역'에서 다루어졌고, 그 교육목표는 다음과 같다.

- 구체적 경험을 통하여 자연현상에 관한 기본 개념을 안다.

교육내용을 제시하면 다음과 같다.

| 구분 | 교육 내용 |
|---|---|
| 자연현상에 관한 개념 | • 우리 몸 각 부분의 기능 알기<br>• 동식물의 특징과 생활 알기<br>• 생물과 무생물 구별하기<br>• 주변의 여러 가지 물체의 성질 알기<br>• 자연현상을 관찰하고 그 변화 알기 |

교육내용으로 기본 개념 이해에 초점을 둔 것을 알 수 있으며, 유아의 발달에 부적합한 교육내용이 여전히 있는 것을 알 수 있다. 또한, 교육방법에 있어서도 여전히 유아의 자발적 · 능동적 경험이라기보다는 이미 계획된 활동에 수동적 참여를 강조하고 있음을 알 수 있다.

## 4. 대중을 위한 과학교육(1980년대~현재)

사회적 흐름에 따라 국립과학위원회(NSB: National Science Board)는 '21세기를 대비하여 모든 미국인 교육하기(Educating Americans for the 21st Century)' 보고서를 발간하였다. 이 보고서에는 비형식적 과학교육을 장려하고 있으며, 과학박물관 참여 등을 권장하고 있다. 하지만 정규교육에서의 과학교육을 간과하고 있다는 한계점이 있다.

1985년 미국 과학진흥위원회(AAAS: American Association for the Advancement of Science)가 'Project 2061'을 시작하였다. Project 2061은 공전주기가 76년인 핼리혜성이 지구를 통과한 1985년을 기념하여 프로젝트가 시작되었음을 의미

하며, 핼리혜성이 지구를 통과하게 될 2061년에 프로젝트의 목적을 이루겠다는 염원을 담아서 명명하게 되었다. 즉, 프로젝트의 목적은 오늘날의 어린이가 미래 21세기 과학기술시대에서 질적 수준이 높은 삶을 영위할 수 있도록 양질의 과학교육을 통해 과학적 소양을 증진하도록 하는 것이며, 결국 모든 사람의 과학적 소양 함양을 목적으로 한다.

### 1) 기본 철학

Project 2061의 기본 철학은 다음과 같다(과학문화연구소, 2008).

첫째, 모든 학생은 재미있고 생산적인 삶을 영위하는 데 필요한 과학에 대한 기본교육이 필요하고 또 받아야 한다.

둘째, 세계 기초교육 기준은 과학지식과 기술의 힘이 빠른 속도로 성장함에 따라 근본적으로 바뀐다.

셋째, 학교는 학생들이 미래의 과학기술 사회를 위하여 중요한 역할을 할 수 있도록 도와야 한다.

넷째, 영유아부터 고등학생까지 전체 교육체계의 변화가 필요한 것은 전체 미국인의 과학기술 소양 함양과 과학문맹 퇴치를 위해서이다.

다섯째, 과학교육의 체계적인 교육개혁을 위해 필요한 우선적인 것은 과학적 소양이 무엇인가에 대한 명확한 이해와 합의에 도달하는 것이다.

### 2) 기본 방향

프로젝트의 기본 방향(이기현, 2010)은 다음과 같다.

첫째, 과학교육은 과학기술의 본질에 대한 이해를 기초로 이루어져야 한다. 과학기술의 본질에 대한 이해란 과학적 탐구와 실용적 요구에 의해 만들어진 것으로 모든 과학기술은 부작용을 수반할 수 있고, 사회와 서로 영향을 주는 관계임을 인식해야 한다.

### ❖ 대중을 위한 과학교육

「신기한 스쿨버스™」 개정판 © 2018, ㈜비룡소

「Why?™」, 예림당

모든 사람이 과학적 소양을 지닐 수 있도록 일상생활 속에서 궁금한 것들을 과학 지식과 연계하여, 쉽고 재미있게 이해할 수 있도록 함

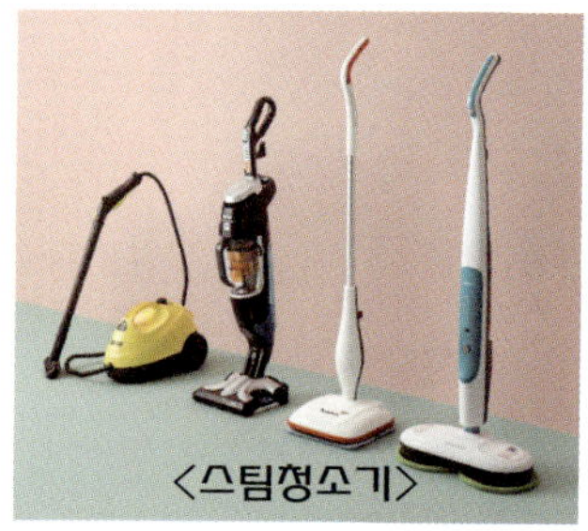


일상생활 속 불편함을 찾아보고, 이를 해결하기 위한 과학적 탐구과정을 통해 문제를 해결하는 경험의 기회를 가짐

범세계적인 환경문제 등에 관심을 가지고,
이를 해결하기 위한 과학적 탐구과정의 기회를 가짐

둘째, 효과적인 과학교수법은 영유아의 질문을 기본으로 교사가 그 질문의 핵심을 이해하고, 함께 탐구하면서 공동으로 문제를 해결해 가는 것이다. 따라서 과학의 결과보다는 과정을 중시한다.

셋째, 모든 사람은 과학적 소양을 가져야 한다는 교육목적에 부합하기 위해서 여성과 영유아를 대상으로 한 과학교육의 필요성을 강조한다.

넷째, 사회문제 해결력을 증진하기 위해 통합적 접근을 통한 과학교육 운영을 중시한다. 예를 들어, 미세먼지 해결을 위해서는 미세먼지를 이해하는 과학과 미세먼지 측정을 위한 수학, 미세먼지를 줄이는 기계 개발을 위한 예술공학 등의 통합적 접근이 필요하므로 과학활동과 수학활동, 예술활동 등의 통합활동 운영이 필요하다.

다섯째, 일상생활을 편리하게 돕기 위한 실용 과학교육을 강조한다.

### 우리나라 제5차 유치원 교육과정

우리나라의 제5차 유치원 교육과정(1993)은 사회적 변화와 요구가 많이 반영된 특징이 있다. 과학교육은 '탐구생활 영역'에서 다루어졌고, 탐구생활 영역은 '과학적 사고'와 '논리 수학적 사고', '창의적 사고' 등의 하위 영역으로 구성되었다. 과학적 사고의 교육목표는 다음과 같다.

- 주변 환경과 자연현상에 대한 과학적 사고의 기초능력과 태도를 기르게 한다.

교육내용을 제시하면 다음과 같다.

| 구분 | 교육 내용 |
|---|---|
| 과학적 사고 | 물체의 성질 탐색하기 |
| | 물질의 변화 과정 관찰하기 |
| | 물체의 움직임 관찰하기 |
| | 우리 몸에 대해 관심 가지기 |
| | 생물에 대해 관심 가지기 |
| | 주변 환경에 대해 관심 가지기 |
| | 자연현상 관찰하기 |

주로 교육내용이 기본 개념 이해보다는 탐구능력 증진에 초점을 두고 있음을 알 수 있고, 교육방법도 학습자의 과학적 탐구 경험이 가능하도록 하였음을 알 수 있다.

### 우리나라 제6차 유치원 교육과정

우리나라의 제6차 유치원 교육과정(1998)은 '탐구생활 영역'의 '과학적 사고'가 '과학적 탐구'로 명칭이 변경되면서 유아의 능동적 탐구과정을 더욱 강조하였다. 과학적 탐구의 교육목표는 다음과 같다.

- 일상생활에서 부딪히는 문제를 창의적으로 탐구하고 다양한 방법으로 해결하려는 태도를 기른다.

교육내용을 제시하면 다음과 같다.

| 구분 | 교육 내용 |
|---|---|
| 과학적 탐구 | 우리 몸에 대하여 알아보기 |
| | 생물에 대하여 관심 가지기 |
| | 자연현상에 대하여 알아보기 |
| | 물체와 물질 탐색하기 |
| | 도구와 기계에 관심 가지기 |

과학적 탐구의 대상이 보다 일상생활 문제로 확대되었고, 탐구과정 자체가 중요한 교육내용이 되었다고 할 수 있다.

### 우리나라 제7차 유치원 교육과정

우리나라의 제7차 유치원 교육과정(2007)은 과학적 소양에 대해 자연을 소중하게 여기며, 창의적으로 탐구하고 논리적으로 문제를 해결하는 능력으로 정의하고, 이를 기르는 데 중점을 두었다. '탐구생활 영역'의 '과학적 탐구'를 '과학적 기초능력 기르기'로 변경하였고, '탐구하는 태도 기르기'를 하나의 영역으로 분리하여 탐구능력 증진을 강조하였다. '탐구하는 태도 기르기'와 '과학적 기초능력 기르기'의 교육목표는 다음과 같다.

- 사물과 자연현상에 대해 호기심을 가지고 지속적으로 탐구하는 태도를 기른다.
- 사물과 자연현상에 대한 기초 지식을 이해하고 탐구하는 능력을 기른다.

'탐구하는 태도 기르기'와 '과학적 기초능력 기르기'의 교육내용을 제시하면 다음과 같다.

| 구분 | 교육 내용 |
|---|---|
| 탐구하는 태도 기르기 | 사물과 현상에 지속적인 관심 가지기 |
| | 탐구과정 즐기기 |
| 과학적 기초능력 기르기 | 물체와 물질에 대해 알아보기 |
| | 생명체와 자연환경 소중하게 여기기 |
| | 자연현상에 대해 알아보기 |
| | 간단한 도구와 기계 활용하기 |

탐구능력과 탐구태도 기르기가 보다 강조되었고, 자연을 단순히 탐구의 대상으로 생각하는 것을 넘어서 자연과 인간의 공존을 위한 태도와 소양을 기르는 데 중점을 두었으며, 과학 · 기술 · 사회의 관계를 이해하도록 도구와 기계의 이로움뿐만 아니라 역기능에 대한 이해도 추가되었다.

## 우리나라 제1차 표준보육과정

우리나라의 제1차 표준보육과정(2010)은 과학교육 대상에 영아를 포함한 것으로 영유아가 주변의 사물과 자연현상에 대하여 관심을 가지고 보고 듣고 느끼고 궁금해 하며, 끊임없이 알아가고자 하는 태도와 기초기술을 습득하도록 하였으며, 능동적 · 적극적으로 탐색하는 과정에서 과학적 기초지식을 습득하도록 강조하였다. 기존 제7차 유치원 교육과정의 '탐구생활 영역'이 '자연탐구 영역'으로 변경되었으며, '탐구하는 태도 기르기'가 '탐구적 태도'로 변경되었고, '과학적 기초능력 기르기'가 '과학적 탐구'로 변경되었다.

연령별 교육목표와 교육내용은 다음과 같다.

| 연령 | 교육목표와 내용 | | |
|---|---|---|---|
| 만 2세 미만 | 교육목표 | 주변 사물과 자연현상에 대하여 관심을 가지고 보고 듣고 만지고 느끼는 등 다양한 감각과 조작으로 지각하고 반복하여 탐색한다.<br>① 주변의 사물과 자연현상에 관심을 가진다.<br>② 주변의 사물과 자연현상을 감각적으로 지각하고 탐색한다. | |
| | 교육내용 | **내용범주** | **내용** |
| | | **탐구적 태도** | 주변의 사물과 자연현상에 관심 가지기 |
| | | | 탐색 반복하기 |
| | | **과학적 탐구** | 주변의 사물 지각하기 |
| | | | 주변의 생명체에 관심 가지기 |
| | | | 자연현상 지각하기 |
| 만 2세 | 교육목표 | 주변의 사물과 자연현상에 호기심을 가지고 여러 가지 방법으로 탐색하며 일상생활에서 충분히 수학적 · 과학적 경험을 한다.<br>① 주변의 사물과 자연환경에 호기심을 가진다.<br>② 주변의 사물과 자연현상을 여러 가지 방법으로 탐색한다. | |
| | 교육내용 | **내용범주** | **내용** |
| | | **탐구적 태도** | 주변의 사물과 자연현상에 호기심 가지기 |
| | | | 반복적인 탐색 즐기기 |
| | | | 문제해결에 관심 가지기 |
| | | **과학적 탐구** | 물체와 물질의 특성 탐색하기 |
| | | | 주변 생명체의 외적 특성 알기 |
| | | | 자연현상 인식하기 |
| | | | 생활도구에 관심 가지기 |
| 만 3~5세 | 교육목표 | 사물과 자연환경에 대해 지속적으로 탐구하려는 마음과 탐구과정을 즐기는 태도를 기르고, 기초 탐구 기술과 과학적 기초지식을 확장하고, 자연을 사랑하는 마음을 가진다.<br>① 주변의 사물과 자연현상에 대해 호기심을 가지고 지속적으로 탐구하는 버릇을 들인다.<br>② 주변의 사물과 자연현상에 대해 기초지식과 탐구능력을 기르고 자연을 사랑하는 마음을 키운다. | |

| 연령 | 교육목표와 내용 | | |
|---|---|---|---|
| | | 내용범주 | 내용 |
| 만 3~5세 | 교육 내용 | 탐구적 태도 | 주변의 사물과 환경에 지속적으로 호기심 가지기 |
| | | | 탐구과정 즐기기 |
| | | | 기초 탐구기술 활용하기 |
| | | 과학적 탐구 | 물체와 물질의 기본 특성 알기 |
| | | | 생명체와 환경의 관계 알기 |
| | | | 자연현상 이해하기 |
| | | | 도구와 기계 활용하기 |

모든 사람에 대한 과학적 소양 증진을 위해 유아뿐만 아니라 영아를 대상으로 한 과학교육의 목표와 내용을 개발하였다.

### 5세 누리과정

5세 누리과정(2012)은 취학전 교육과 보육에 대한 책임을 강화하기 위한 것으로 만 5세를 대상으로 보육 · 교육과정을 통합한 것이다. 「제1차 표준보육과정」과 같이 '탐구생활 영역'이 '자연탐구 영역'으로 명칭이 변화하였고, 「제7차 유치원 교육과정」의 '과학적 기초능력 기르기'가 '과학적 탐구하기'로 변경되었다. 자연탐구 영역의 교육목표는 다음과 같다.

- 호기심을 가지고 주변 세계를 탐구하며, 일상생활에서 과학적 문제해결능력을 기른다.

'탐구하는 태도 기르기'와 '과학적 탐구하기'의 교육내용은 다음과 같다.

| 구분 | 내용 |
|---|---|
| 탐구하는 태도 기르기 | 호기심을 유지하고 확장하기 |
| | 탐구과정 즐기기 |
| | 탐구기술 활용하기 |
| 과학적 탐구하기 | 물체와 물질 알아보기 |
| | 생명체와 자연환경 알아보기 |
| | 자연현상 알아보기 |
| | 간단한 도구와 기계 활용하기 |

만 5세를 대상으로 과학적 탐구의 실천을 강조하고, 일상생활 속 문제해결능력을 기르는 데 중점을 두었다. 과학 · 기술 · 사회의 관계를 이해하도록 도구와 기계의 이로움뿐만 아니라 역기능에 대한 이해도 포함되었다.

## 우리나라 제2차 표준보육과정

우리나라의 제2차 표준보육과정(2012)은 「5세 누리과정」이 시행되면서 5세를 제외한 만 4세까지의 보육과정을 개정한 것으로 일상생활에서 탐구 능력을 기르고 과학적 탐구를 위해 필요한 지식과 이해를 스스로 구성하도록 주변 사물과 자연환경에 대해 지각하고 호기심을 가지며, 과학적 문제 해결을 위해 기초 기술을 사용하여 탐구 능력을 기르도록 하였으며, 자연세계에 대한 기초 지식을 구성하도록 하였다.

연령별 교육목표와 교육내용은 다음과 같다.

<table>
<tr><th>연령</th><th colspan="3">교육목표와 내용</th></tr>
<tr><td rowspan="7">만 2세 미만</td><td>교육 목표</td><td colspan="2">주변 사물과 자연세계에 대하여 지각하고, 다양한 감각과 조작으로 반복하여 탐색한다.<br>① 주변 세계를 지각하고 탐색한다.<br>② 감각과 조작을 통하여 주변 사물과 자연환경에 대해 지각한다.</td></tr>
<tr><td rowspan="6">교육 내용</td><th>내용범주</th><th>내용</th></tr>
<tr><td rowspan="2">탐구하기</td><td>주변 세계 지각하기</td></tr>
<tr><td>반복하여 탐색하기</td></tr>
<tr><td rowspan="3">과학적 탐구</td><td>주변의 사물 지각하기</td></tr>
<tr><td>주변 생명체 지각하기</td></tr>
<tr><td>자연현상 지각하기</td></tr>
<tr><td rowspan="9">만 2세</td><td>교육 목표</td><td colspan="2">주변의 사물, 사람, 사건, 자연 현상에 호기심을 가지고 탐색하여 일상생활에서 수학적 · 과학적 경험을 한다.<br>① 호기심을 가지고 주변 세계에 대해 다양하게 탐색한다.<br>② 다양한 탐색을 통하여 주변 사물과 자연환경을 인식한다.</td></tr>
<tr><td rowspan="8">교육 내용</td><th>내용범주</th><th>내용</th></tr>
<tr><td rowspan="3">탐구하기</td><td>주변의 사물과 자연세계에 호기심을 갖기</td></tr>
<tr><td>반복적인 탐색 즐기기</td></tr>
<tr><td>문제해결을 시도하기</td></tr>
<tr><td rowspan="4">과학적 탐구</td><td>물체와 물질의 특성 탐색하기</td></tr>
<tr><td>주변 생명체의 외적 특성 알기</td></tr>
<tr><td>자연현상 인식하기</td></tr>
<tr><td>생활 도구 사용하기</td></tr>
</table>

<table>
<tr><th>연령</th><th colspan="3">교육목표와 내용</th></tr>
<tr><td rowspan="9">만<br>3~5세</td><td>교육<br>목표</td><td colspan="2">주변 세계를 능동적으로 탐구하여 수학적 · 과학적 경험을 하고 지식을 스스로 구성한다.<br>① 주변의 사물과 자연 세계에 대해 알고자 탐구한다.<br>② 과학 경험을 통하여 주변의 사물, 생명체, 자연현상에 대한 기초 지식을 구성한다.</td></tr>
<tr><td rowspan="8">교육<br>내용</td><th>내용범주</th><th>내용</th></tr>
<tr><td rowspan="3">탐구하기</td><td>주변의 사물과 자연세계에 호기심을 유지하고 확장하기</td></tr>
<tr><td>탐구 과정 즐기기</td></tr>
<tr><td>탐구기술 활용하기</td></tr>
<tr><td rowspan="4">과학적 탐구</td><td>물체와 물질 알아보기</td></tr>
<tr><td>생명체와 자연환경 알아보기</td></tr>
<tr><td>자연현상 알아보기</td></tr>
<tr><td>간단한 도구와 기계 활용하기</td></tr>
</table>

만 5세를 제외한 만 4세까지의 과학교육 목표와 내용을 제시하였고, 「5세 누리과정」과 관련성을 가지고 있다.

### 3~5세 누리과정

3~5세 누리과정(2013)은 취학 전 교육과 보육에 대한 국가의 책임을 더욱 강화하기 위한 것으로 '자연탐구 영역'의 교육목표는 다음과 같다.

- 호기심을 가지고 주변 세계를 탐구하며, 일상생활에서 과학적으로 생각하는 능력과 태도를 기른다.

'탐구하는 태도 기르기'와 '과학적 탐구하기'의 교육목표는 다음과 같다.

- 주변의 사물과 자연 세계에 대해 알고자 하는 호기심을 가지고 탐구하는 태도를 기른다.
- 주변의 관심 있는 사물과 생명체 및 자연현상을 탐구하기 위한 기초능력을 기른다.

'탐구하는 태도 기르기'와 '과학적 탐구하기'의 교육내용을 제시하면 다음과 같다.

| 구분 | 내용 |
|---|---|
| 탐구하는 태도 기르기 | 호기심을 유지하고 확장하기 |
| | 탐구과정 즐기기 |
| | 탐구기술 활용하기 |
| 과학적 탐구하기 | 물체와 물질 알아보기 |
| | 생명체와 자연환경 알아보기 |
| | 자연현상 알아보기 |
| | 간단한 도구와 기계 활용하기 |

과학적 문제해결능력에 목적을 둔 것에서 일상에서의 과학적 사고의 실천을 목적으로 하였다. 또한, 과학 · 기술 · 사회와의 관계에 대한 이해를 교육내용으로 포함하여 범세계적 환경문제 등에 관심을 기울일 수 있도록 하였다.

## 우리나라 제3차 표준보육과정

우리나라의 제3차 표준보육과정(2013)은 「3~5세 누리과정」이 시행되면서 영아용 보육과정을 개정한 것으로 0~1세, 2세로 구분하여 개정되었고, 0~1세는 보고, 듣고, 만지면서 주변 환경에 관심을 가지도록 하는 것에 중점을 두었고, 2세는 주변 환경에 호기심을 갖고 탐색하기를 즐기도록 하는 것에 중점을 두었다.

연령별 교육목표와 교육내용은 다음과 같다.

| 연령 | 교육목표와 내용 | | |
| --- | --- | --- | --- |
| 만 0~1세 | 교육목표 | 보고, 듣고, 만지면서 주변 환경에 관심을 가진다.<br>① 주변 사물에 대한 탐색을 시도한다.<br>② 감각과 조작을 통하여 주변 사물과 자연환경에 대해 지각한다. | |
| | 교육내용 | **내용범주** | **내용** |
| | | 탐구하는 태도 기르기 | 사물에 관심 가지기 |
| | | | 탐색 시도하기 |
| | | 과학적 탐구하기 | 물체와 물질 탐색하기 |
| | | | 주변 동식물에 관심 가지기 |
| | | | 주변 자연에 관심 가지기 |
| | | | 생활도구 탐색하기 |
| 만 2세 | 교육목표 | 주변 환경에 호기심을 갖고 탐색하기를 즐긴다.<br>① 호기심을 가지고 주변 세계에 대해 다양하게 탐색한다.<br>② 다양한 탐색을 통하여 주변 사물과 자연환경을 인식한다. | |
| | 교육내용 | **내용범주** | **내용** |
| | | 탐구하는 태도 기르기 | 호기심 가지기 |
| | | | 반복적 탐색 즐기기 |
| | | 과학적 탐구하기 | 물체와 물질 탐색하기 |
| | | | 주변 동식물에 관심 가지기 |
| | | | 자연을 탐색하기 |
| | | | 생활도구 사용하기 |

영아만을 대상으로 과학교육 목표와 내용을 제시하였으며, 「3~5세 누리과정」과 관련성을 가지고 있다.

## 2019 개정 누리과정

2019 개정 누리과정(2019)은 유아의 자유놀이를 중심으로 아동중심 교육을 추진하고자 한 것으로 교육내용을 최소한으로 구성하여 현장의 자율성을 강조하였다. '자연탐구 영역'의 교육목표는 다음과 같다.

- 일상에서 호기심을 가지고 탐구하는 과정을 즐긴다.
- 생활 속의 문제를 과학적으로 탐구한다.
- 생명과 자연을 존중한다.

내용범주도 기존의 '탐구하는 태도 기르기', '과학적 탐구하기'에서 '탐구과정 즐기기', '생활 속에서 탐구하기', '자연과 더불어 살기'로 변경되었다.

교육내용을 제시하면 다음과 같다.

| 내용범주 | 내용 |
|---|---|
| 탐구과정 즐기기 | 주변 세계와 자연에 대해 지속적으로 호기심을 가진다. |
| | 궁금한 것을 탐구하는 과정에 적극적으로 참여한다. |
| | 탐구과정에서 서로 다른 생각에 관심을 갖는다. |
| 생활 속에서 탐구하기 | 물체의 특성과 변화를 여러 가지 방법으로 탐색한다. |
| | 물체를 세어 수량을 안다. |
| | 물체의 위치와 방향, 모양을 알고 구별한다. |
| | 일상에서 길이, 무게 등의 속성을 비교한다. |
| | 주변에서 반복되는 규칙을 찾는다. |
| | 일상에서 모은 자료를 기준에 따라 분류한다. |
| | 도구와 기계에 대해 관심을 가진다. |
| 자연과 더불어 살기 | 주변의 동식물에 관심을 가진다. |
| | 생명과 자연환경을 소중히 여긴다. |
| | 날씨와 계절의 변화를 생활과 관련짓는다. |

과학적 소양을 증진하기 위한 탐구과정 즐기기에 중점을 두었고, 과학의 대상이 일상생활 전반으로 확대되었으며, 자연과의 공존에 대한 관심을 기울일 수 있도록 하였다.

## 우리나라 제4차 표준보육과정

우리나라의 제4차 표준보육과정(2020)은 「2019 개정 누리과정」이 시행되면서 이와 연계하여 영유아의 경험 간 연결, 발달 연계, 안정적 현장 적용을 돕기 위해 영아용 보육과정을 개정한 것으로 사람과 자연을 존중하고 소통하는 데 관심을 가지도록 하는 것에 중점을 두었다.

연령별 교육목표와 교육내용은 다음과 같다.

<table>
<tr><th>연령</th><th colspan="3">교육목표와 내용</th></tr>
<tr><td rowspan="10">만 0~1세</td><td>교육목표</td><td colspan="2">주변 환경과 자연에 관심을 가진다.<br>① 일상에서 탐색을 즐긴다.<br>② 주변 환경을 탐색한다.<br>③ 생명과 자연에 관심을 가진다.</td></tr>
<tr><td rowspan="9">교육내용</td><td>내용범주</td><td>내용</td></tr>
<tr><td rowspan="2">탐구 과정 즐기기</td><td>주변 세계와 자연에 대해 호기심을 가진다.</td></tr>
<tr><td>사물과 자연 탐색하기를 즐긴다.</td></tr>
<tr><td rowspan="4">생활 속에서 탐구하기</td><td>친숙한 물체를 감각으로 탐색한다.</td></tr>
<tr><td>물체의 수량에 관심을 가진다.</td></tr>
<tr><td>주변 공간과 모양을 탐색한다.</td></tr>
<tr><td>규칙성을 경험한다.</td></tr>
<tr><td rowspan="2">자연과 더불어 살기</td><td>주변의 동식물에 관심을 가진다.</td></tr>
<tr><td>날씨의 변화를 감각으로 느낀다.</td></tr>
<tr><td>만 2세</td><td>교육목표</td><td colspan="2">주변 환경과 자연을 탐색하는 과정을 즐긴다.<br>① 일상에서 탐색하는 과정을 즐긴다.<br>② 주변 환경에 관심을 가지고 탐색한다.<br>③ 생명과 자연에 관심을 가진다.</td></tr>
</table>

| 연령 | 교육목표와 내용 | | |
|---|---|---|---|
| | | 내용범주 | 내용 |
| 만 2세 | 교육 내용 | 탐구 과정 즐기기 | 주변 세계와 자연에 대해 호기심을 가진다. |
| | | | 사물과 자연 탐색하기를 즐긴다. |
| | | 생활 속에서 탐구하기 | 친숙한 물체를 감각으로 탐색한다. |
| | | | 물체의 수량에 관심을 가진다. |
| | | | 주변 공간과 모양을 탐색한다. |
| | | | 규칙성을 경험한다. |
| | | 자연과 더불어 살기 | 주변의 동식물에 관심을 가진다. |
| | | | 날씨의 변화를 감각으로 느낀다. |

「2019 개정 누리과정」과 관련성을 가지고 영아를 대상으로 자연과의 공존에 대한 관심을 가질 수 있도록 하였다.

**사·후·실·습**

각 시대별 영유아 과학교육 목적과 관련한 과학활동을 하나씩 생각해 보세요.

친구들과 생각을 이야기 나누고, 공통점을 찾아보세요.

CHAPTER 2

# 영유아 과학교육 목표

## 사·전·실·습

다음은 현대의 '대중을 위한 과학교육' 시대 과학교육 목적과 관련된 'Project 2061'의 기본 방향이다.

> 첫째, 과학교육은 과학기술의 본질에 대한 이해를 기초로 이루어져야 한다. 과학기술의 본질에 대한 이해란 과학적 탐구와 실용적 요구에 의해 만들어진 것으로 모든 과학기술은 부작용을 수반할 수 있고, 사회와 서로 영향을 주는 관계임을 인식해야 한다.
>
> 둘째, 효과적인 과학교수법은 영유아의 질문을 기본으로 교사가 그 질문의 핵심을 이해하고, 함께 탐구하면서 공동으로 문제를 해결해 가는 것이다. 따라서 과학의 결과보다는 과정을 중시한다.
>
> 셋째, 모든 사람은 과학적 소양을 가져야 한다는 교육목적에 부합하기 위해서 여성과 영유아를 대상으로 한 과학교육의 필요성을 강조한다.
>
> 넷째, 사회문제 해결력을 증진하기 위해 통합적 접근을 통한 과학교육 운영을 중시한다.
>
> 다섯째, 일상생활을 편리하게 돕기 위한 실용 과학교육을 강조한다.

이러한 영유아 과학교육의 목적에 근거한 구체적 과학교육의 목표를 생각해 보세요.

친구들과 이야기 나누고, 공통점을 찾아보세요.

교육과정의 기본 원리를 언급한 Tyler(1949)에 의하면, 교육목표는 교육목적에 기반하여 구체적으로 설정되는 것으로 학습자가 경험해야 하는 내용과 그에 따라 기대되는 학습자의 성취 행동으로 구성된다. 이렇게 설정된 교육목표에 따라 교육 내용과 교수 · 학습 방법이 정해진다.

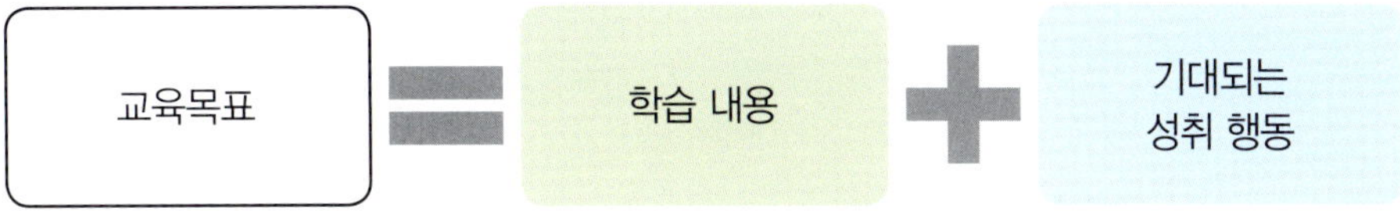


[그림 3-1] 교육목표 구성

현대사회의 과학교육 목적은 '대중을 위한 과학교육'이므로 이에 맞게 교육목표가 설정되어야 한다. 따라서 교육목표 하위 요소의 '학습 내용'으로서 사회변화에 따른 사회적 요구가 반영된 탐구대상이 내용범주로 체계화될 필요가 있으며, 체계화된 내용범주 내에서 영유아의 일상생활 호기심에 기초한 것으로 구성되어야 한다. 또 다른 하위 요소인 '기대되는 성취 행동'으로는 과학적 탐구능력의 증진을 목표로 구분해야 한다. 교육목표의 하위 요소별로 그 의미를 구체적으로 살펴보면 다음과 같다.

## 1. 과학적 탐구능력 증진(기대되는 성취 행동)

현대의 과학교육은 대중을 위한 과학교육 시기로서 과학의 결과보다는 과학의 과정을 강조하고, 이를 통해 과학적 소양을 증진하는 데 목적을 둔다. 즉, 누군가가 발견하고 밝혀낸 과학적 지식을 암기하는 것이 아닌, 자기 스스로 나름의 지식을 생산해 내는 과정을 강조한다. 따라서 이러한 목적에 적합한 과학교육의 목표에서 학습자에게 기대되는 성취 행동은 과학적 탐구능력 증진이라고 할 수 있다.

Worth(2010)는 영유아의 과학적 탐구과정을 다음과 같이 제시하였고, 이러한 탐구과정에서 사용되는 각각의 능력을 영유아가 경험하도록 함으로써 증진시켜야 한다고 주장하였다.

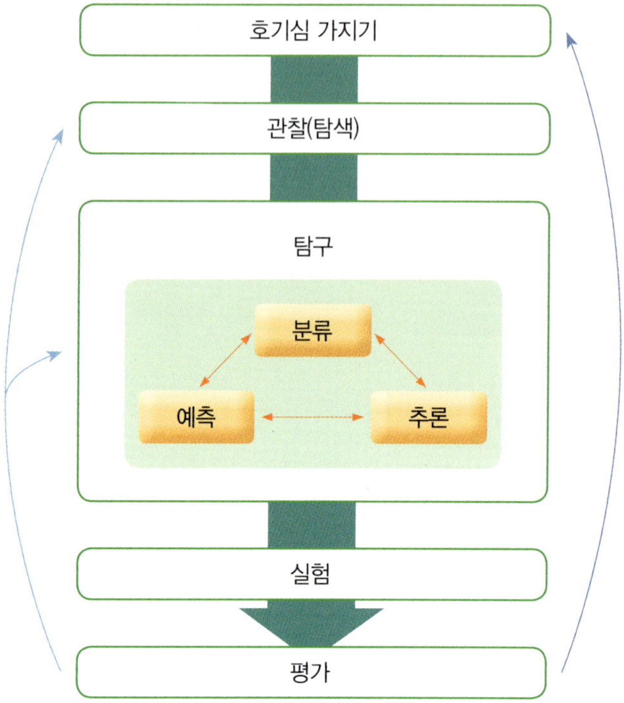


※ 제시된 탐구과정은 일반적인 과정일 뿐, 선형적이거나 고정적이지 않음

[그림 3-2] 영유아의 과학적 탐구과정

참고: Worth(2010).

이를 수준에 따라 다음의 3가지로 목표를 구분할 수 있다.

### 1) 관찰(탐색)능력 기르기

과학 탐구의 시작이라고 할 수 있는 목표로서 영유아가 호기심을 가진 대상에 대해 찰나의 감정이 아닌, 지속적인 관심(關心)으로 변화시키는 데 목표를 둔다. 호기심을 관심으로 바꾸기 위해서 우선 요구되는 것이 바로 관찰(탐색)의 과정이다. 따라서 영유아가 호기심이 생긴 대상에 대해 지속적인 관심을 가지도록 다양한 방법으로 관찰(탐색)할 수 있는 기회를 제공해야 하며, 관찰한 결과도 말이나 그림 등 다양한 방식으로 설명할 수 있도록 해야 한다.

재미있는 그림자

활동목표 그림자에 대해 관심을 가진다.

활동자료 OHP, 스크린, 다양한 물건

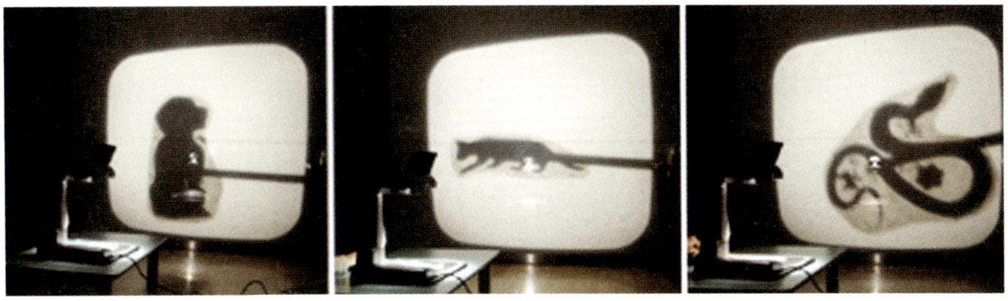

활동방법

① 스크린에 비친 물건의 그림자에 호기심을 가진다.
② 다양한 물건의 그림자를 관찰한다.
③ 한 개의 물건에서 다양한 각도와 위치로 비치는 그림자를 관찰한다.
④ 관찰한 결과를 이야기 나눈다.
⑤ 그림자를 관찰할 수 있는 또 다른 방법을 생각해 본다.
⑥ 생각한 결과를 토대로 그림자를 관찰해 본다.

따라서 관련된 목표를 진술할 때는 '~에 관심을 갖는다', '~을(를) 탐색한다', '~을(를) 관찰한다' 등으로 구분할 수 있다.

### 2) 탐구능력 기르기

탐구하기는 탐색하기와 구분되는 것으로 탐색(探索)은 감각기관을 활용하여 관찰 등의 방법으로 무언가의 특성을 살펴보는 것이며, 탐구(探究)는 탐색의 과정에 더해 논리적 사고과정을 포함한다. 즉, 관찰한 결과에 대해 분류, 측정, 예측, 추론의 과정을 포함한다.

예를 들어, 영유아가 관찰한 결과를 바탕으로 관련된 과거 유사한 경험을 떠올려 비교해 보도록 할 수 있고 경험들 간의 관련성을 찾아 원인과 결과를 논리적으로 찾아보도록 하며, 이후 인과관계를 예측해 보도록 할 수 있다.

재활용품으로 만드는 우산

활동목표 물에 젖지 않는 사물의 특성에 대해 탐구한다.

활동자료 다양한 재활용품, 우산

| 종이류 | 병류 | 깡통류 |
| --- | --- | --- |
|  |  |  |

활동방법

① 재활용품으로 우산을 만든다면 어떻게 만들 수 있을지 호기심을 가진다.

② 우산과 재활용품의 특성을 오감각을 활용해 탐색해 본다.

③ 어떤 재활용품이 적절한 재료가 될 수 있는지 생각해 본다.

④ 관련된 이전 경험이나 기존 지식을 떠올려 선택한 재활용품이 적절한 이유를 설명해 본다.

⑤ 선택한 재활용품으로 우산을 만들었을 때의 결과를 예측해 본다.

따라서 관련된 목표를 진술할 때는 궁금증을 해결하기 위한 논리적 사고 증진을 중점으로 하기 때문에 '~에 대해 탐구한다', '~을(를) 추론한다', '~을(를) 예측한다' 등으로 구분할 수 있다.

### 3) 실험 및 평가능력 기르기

과학 탐구과정을 통해 경험적 지식을 생산해 내기까지 전체를 포함하는 목표로서 영유아가 호기심과 관찰(탐색), 탐구, 추론, 예측, 실험, 평가의 과정을 경험하고, 그 능력을 증진시키는 데 목표를 둔다. 예를 들어, 영유아가 어떤 대상에 대해 궁금증을 가지고 이를 해결하기 위해 관찰 및 논리적 사고를 거친 후, 직접 실험을 계획하여 실험을 해 보고, 그 결과를 타인과 공유함으로써 자신만의 경험적 지식을 도출해 내도록 할 수 있다.

기름에 더러워진 손

활동목표 물과 기름이 섞이지 않는 성질에 대해 알아본다.
활동자료 물, 기름

활동방법
① 기름 묻은 손이 물로 닦이지 않는 것에 호기심을 가진다.
② 기름, 물을 관찰한다.
③ 관찰한 결과를 토대로 기름 묻은 손이 물에 닦이지 않는 이유와 깨끗이 닦는 방법을 예측해 본다.
④ 관련된 이전 경험이나 기존 지식을 떠올려 이유를 설명해 본다.
⑤ 예측한 것이 맞는지 알아보는 실험방법을 계획해 본다.
⑥ 생각한 방법대로 실험해 본다.
⑦ 실험한 결과를 친구들과 이야기 나눈다.

따라서 관련된 목표를 진술할 때는 궁금증을 해결하기 위한 논리적 사고를 바탕으로 직접 실험하고, 지식을 생산 및 구성하는 데 중점을 두기 때문에 '~을(를) 알아본다', '~을(를) 실험해 본다', '~을(를) 이해한다' 등으로 구분할 수 있다.

또한, 영유아가 다양한 발명을 해 보는 것도 이 목표에 속하는 것으로 '~을(를) 발명해 본다'를 이에 대한 목표로 사용할 수 있다.

## 2. 사회적 요구가 반영된 탐구대상(학습 내용)

과학교육 목적은 그 시대와 사회의 특성을 반영한다. 따라서 사회가 요구하는 과학적 탐구대상도 시대에 따라 변화한다. 과거에는 과학기술의 활용이나 발전을 위한 목적으로 편리한 도구나 기계에 대한 탐구나 이해가 중요하였지만, 현대사회는 환경오염의 심각성으로 인해 지속가능한 발전이 중요해져 더불어 사는 자연과 과학기술의 문제점 및 보완에 대한 이해가 보다 중요해졌다. 또한, 실용 과학교육으로서 일상생활에서 호기심을 가질 수 있고, 적용 가치가 있는 것이 중요하다. 영유아 발달에 적합한 탐구대상은 영유아 대상 교육과정에서 다음의 5가지로 찾아볼 수 있다.

### 1) 물체의 특성과 변화

교육과정에서는 물체의 특성과 변화를 탐색하는 것을 제시하고 있다. 즉, 일상생활에서 경험하는 다양한 물체와 물질의 특성과 변화를 감각적으로 탐색하고 이해하여 창의적 활용능력을 기르도록 하는 데 있다.

| 물체 | 유리컵 | 가위 | 신발 | 옷 | 지우개 |
|---|---|---|---|---|---|
| 물질 | 유리 | 철, 플라스틱 | 고무, 플라스틱 등 | 옷감 | 고무 |

[그림 3-3] 물체와 물질

예를 들어, 비가 오는 날 사용하는 우산의 특성을 파악하고, 우산이 없을 때 젖지 않는 물질의 특성을 활용하여 우산을 대신할 수 있는 물질이 포함된 물체를 찾아 대체해 보도록 할 수 있다. 또한, 일상생활에서 자주 사용되는 식재료의 특성을 활용하여 다양한 음식을 창의적으로 만들어 내도록 할 수 있다.

### 종이나라

활동목표 **종이의 변화**를 탐구한다.

활동자료 종이로 만든 다양한 물건 사진, 종이로 만든 물건

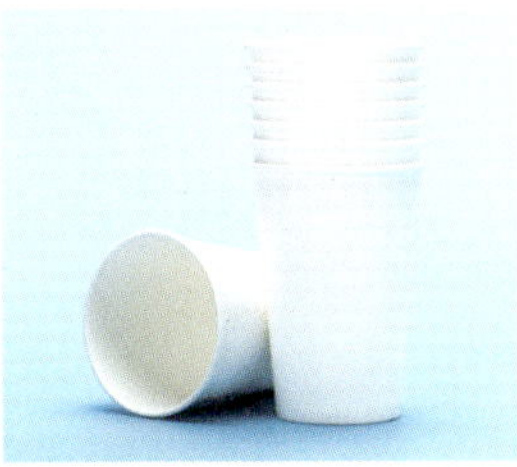

컵

우산

빨대

활동방법

① 종이로 만든 다양한 물건 사진을 보고, 어떻게 만들어졌을지 호기심을 가진다.

② 종이로 만든 물건을 관찰한다.

③ 관찰한 결과를 바탕으로 종이로 어떻게 만들어졌는지 생각해 본다.

④ 관련된 이전 경험을 떠올려 생각의 이유를 말해 본다.

⑤ 종이로 만들 수 있는 새로운 물건을 예측해 본다.

### 토마토로 요리해요

활동목표 **토마토를 활용한 요리**를 실험해 본다.

활동자료 토마토를 활용한 음식 사진, 계란, 프라이팬, 냄비, 요리도구와 재료

샐러드

주스

스파게티

활동방법

① 토마토로 만든 다양한 음식 사진을 보고, 토마토로 만드는 요리에 호기심을 가진다.
② 토마토로 만든 다양한 음식 사진, 준비된 요리도구와 재료를 관찰한다.
③ 관찰한 결과를 토대로 새롭게 토마토로 어떤 요리를 만들 수 있는지 이야기해 본다.
④ 관련된 기존 경험을 떠올려 생각의 이유를 말해 본다.
⑤ 요리도구와 재료가 어떤 역할을 할지 이야기해 본다.
⑥ 요리 계획을 세워 본다.
⑦ 각자 생각한 방법으로 요리를 해 본다.
⑧ 토마토로 만든 요리 결과를 친구들에게 소개하고, 결과를 이야기 나눈다.

### 2) 도구와 기계

교육과정에서는 도구와 기계에 대해 관심을 가지는 것을 제시하고 있다. 영유아가 생활 속 경험하는 다양한 도구와 기계에 호기심을 가지고, 그 특성과 용도, 활용방법을 알아보는 것뿐만 아니라 과학기술의 문제점에 대해 알아볼 수 있도록 활용의 긍정적 측면과 부정적 측면, 보완방법 등을 탐색하도록 하고, 이를 기존 지식 등과 비교해 감으로써 나름의 논리적 사고를 통해 지식을 생산해 보도록 하는 데 목표를 둔다.

도구 기계

[그림 3-4] 도구와 기계

예를 들어, 스마트폰의 부정적인 측면과 관련하여 늦은 밤 스마트폰을 봐야 할 때 화면 밝기로 인해 눈이 부셔 수면에 장애를 주었다는 부정적 측면을 탐색하고, 이를 해결하기 위해 스마트폰의 조명 밝기가 주변 환경의 밝기에 따라 자동 조절되도록 보완된 것을 생각해 보도록 할 수 있다.

### 신기한 가위

활동목표 다양한 **가위의 특성과 용도**를 탐구한다.
활동자료 다양한 가위, 종이

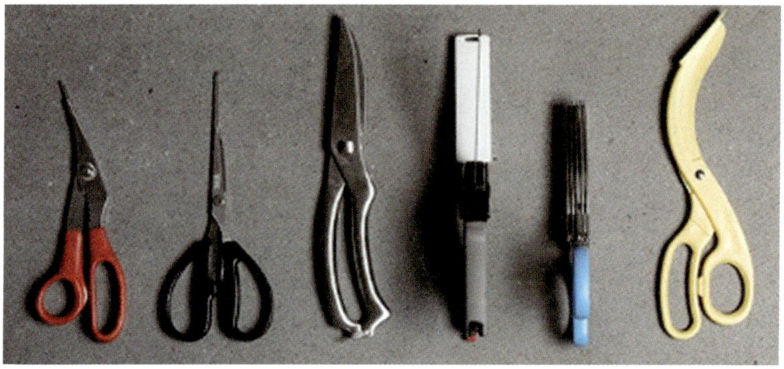

활동방법
① 다양한 가위를 보고, 특성과 용도에 대해 호기심을 가진다.
② 다양한 가위를 관찰한다.
③ 관찰결과를 토대로 가위별로 어떤 특성이 있고, 어떤 용도일지 생각해 본다.
④ 관련된 이전 경험을 떠올려 생각의 이유를 말해 본다.
⑤ 활용의 긍정적 측면과 부정적 측면에 대해 생각해 본다.
⑥ 부정적 측면을 보완할 수 있는 방법을 생각해 본다.
⑦ 생각한 이유도 이야기 나눈다.

### 나만의 선풍기를 만들어요

활동목표 **수동 미니선풍기의 특성**을 활용해 나만의 선풍기를 발명해 본다.

활동자료 수동 미니선풍기, 종이, 연필

활동방법

① 수동 미니선풍기를 보며, 특성과 활용방법에 대해 호기심을 가진다.

② 수동 미니선풍기를 관찰한다.

③ 관찰결과를 토대로 선풍기의 어떤 특성 때문에 활용이 가능한 것인지 이야기 나눈다.

④ 관련된 이전 경험을 떠올려 이유를 말해 본다.

⑤ 활용의 긍정적 측면과 부정적 측면을 생각해 본다.

⑥ 부정적 측면을 어떻게 보완할 수 있을지 생각해 본다.

⑦ 생각한 이유를 말해 본다.

⑧ 부정적 측면을 보완한 나만의 선풍기를 설계해 본다.

⑨ 각자 생각한 방법으로 종이에 연필로 설계 그림을 그려 본다.

⑩ 설계한 그림을 친구들에게 소개하고 이야기 나눈다.

### 3) 동식물

교육과정에서는 주변의 동식물에 관심을 가지는 것을 제시하고 있다. 따라서 영유아가 주변에서 공존하는 여러 동식물에 대해 호기심을 가지고, 다양하게 탐색하여 그 특성을 찾아볼 수 있도록 함으로써 지속적인 관심을 가지도록 하는 데 목표를 둔다.

예를 들어, 집에서 고양이를 키울 때 고양이의 생활 특성을 파악하여 고양이가 살기 좋은 환경을 만들어 주기 위해 캣타워를 마련해 줄 수 있다.

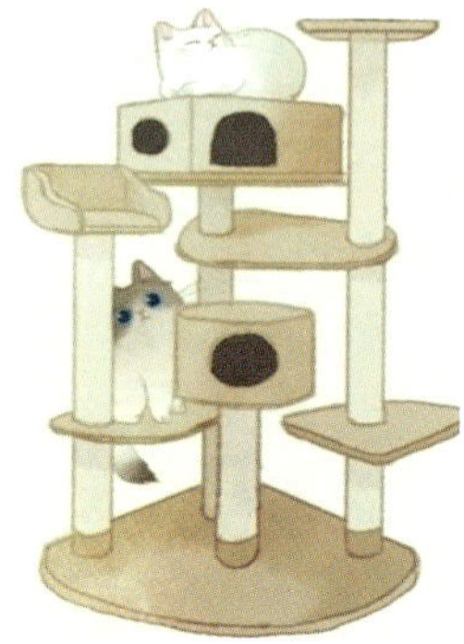

[그림 3-5] 고양이를 위한 캣타워

**개미친구**

활동목표 **개미의 특성**에 관심을 가진다.

활동자료 개미 관련 동화책

-동화 「개미와 베짱이」 한 장면-

활동방법

① 개미 관련 동화를 듣는다.

② 동화 속 개미를 관찰한다.

③ 관찰한 결과, 개미의 특성에 대해 이야기 나눈다.

### 4) 생명과 자연환경

교육과정에서는 자연에 호기심을 가지고, 생명과 자연환경을 소중히 여기는 것을 제시하고 있다. 따라서 우리가 살아가기 좋은 환경에 대해 호기심을 가지고, 다양하게 탐색하여 그 특성을 찾아볼 수 있도록 하며, 지속적인 궁금증을 가지고 논리적 사고를 통해 답을 찾아보고, 실험을 통해 지식을 알아내고 실천해 보도록 하는 데 목표를 둔다.

예를 들어, 쓰레기가 많은 환경이 우리 몸에 미치는 영향을 이해해 보고, 우리 몸의 특성을 파악하여 우리가 살아가기 좋은 환경을 생각해 볼 수 있다.

**쓰레기가 모이면**

활동목표 **쓰레기의 위험성과 줄이는 방법**을 탐구한다.

활동자료 이집트의 쓰레기 마을 사진 자료

이미지 출처: (좌) https://qu2ik.tistory.com/399,
(우) https://blog.naver.com/kbjvv/221295999445

활동방법

① 쓰레기가 계속 쌓이면 생길 수 있는 문제점에 대해 호기심을 가진다.
② 사진을 보며 쓰레기의 위험성을 탐색해 본다.
③ 왜 위험한지 이유를 예측해 본다.
④ 관련 경험을 떠올려 이유를 생각해 본다.
⑤ 살기 좋은 환경이 되기 위한 방법을 생각해 본다.
⑥ 관련 경험을 떠올려 이유를 말해 본다.

### 5) 날씨와 계절변화

교육과정에서는 날씨와 계절의 변화를 감각으로 느끼고, 이를 생활과 관련짓는 것을 제시하고 있다. 따라서 영유아가 날씨와 계절 변화를 느끼고, 자기 삶의 행태가 자연현상과 어떤 관련성이 있는지에 대해 호기심을 가지며, 다양하게 탐색하여 그 특성을 찾아볼 수 있도록 하고 지속적인 궁금증과 논리적 사고를 통해 답을 찾아보고, 실험을 통해 지식을 알아내고 실천해 보도록 하는 데 목표를 둔다.

예를 들어, 미세먼지의 특성을 이해하고, 우리 삶에 어떠한 영향을 미치는지 알아보며, 미세먼지 원인과 대책을 알아볼 수 있다.

**모래바람**

활동목표 **모래바람의 위험성**을 알아본다.

활동자료 투명한 사각 용기, 모래, 미니선풍기, 흰 종이인형

활동방법

① 황사 바람에 호기심을 가진다.

② 황사 바람 영상을 관찰하고, 바람의 특성에 대해 이야기 나눈다.

③ 관찰 결과를 토대로 우리 몸에 미치는 영향을 예측해 본다.

④ 기존 관련 경험을 떠올려 생각한 이유를 말해 본다.

⑤ 예측이 맞는지 알아보기 위해 준비된 자료를 보며, 실험 계획을 세워 본다.

⑥ 계획한 대로 실험을 해 본다.

⑦ 실험결과를 이야기 나눈다.

### 사·후·실·습

'PART 5 영유아 과학교육 실제'에 있는 과학활동을 영유아 과학교육의 목표에 근거하여 분류해 보고, 어떤 목표에 적합한 활동인지 검토해 보세요.

친구들과 이야기 나누어요.

CHAPTER 3

# 영유아 과학교육 내용

**사·전·실·습**

영유아 과학교육의 목표에 근거한 과학교육의 내용을 생각해 보세요.
(교육내용 3요소인 지식, 기술, 태도 측면에 기초하여 생각해 보세요.)

친구들과 이야기 나누어요.

과학교육 내용은 과학교육 목표에 근거하여 정해지며, 교육내용 3요소인 지식, 기술, 태도에 따라 다음과 같이 구분할 수 있다.

## 1. 과학지식

### 1) 지식유형

Piaget는 지식을 다음의 3가지 유형으로 구분하였다(Cousins, 2010).

### (1) 물리적 지식

물리적 지식은 물체나 자연현상에 관한 사실들을 수집하는 지식이다. 즉, 관찰을 통해 획득되는 지식이라고 할 수 있으며, 물리적 지식의 근원은 물체나 자연현상 등 외부에 존재하고, 영유아는 이러한 외부의 지식을 탐색하고 발견함으로써 하나씩 알아낼 수 있다. 물리적 지식을 획득하도록 하기 위해서는 영유아로 하여금 주변의 물체와 자연현상에 대해 관심을 가지고 직접 탐색하고, 직접 실험하면서 사실들을 수집할 수 있는 다양한 행동적 기회가 제공되어야 한다.

물리적 지식의 특성은 다음과 같다.

- 영유아의 행위를 통해 특성을 파악할 수 있다.
- 영유아의 행위를 통해 물리적 변화가 가능하고 변화를 파악할 수 있다.
- 영유아의 행위를 통해 나타나는 물리적 반응은 즉각적이고 관찰 가능하다.

**물리적 지식**

활 동 명 물에 뜨는 것과 뜨지 않는 것

활동목표 물에 뜨는 것과 뜨지 않는 것의 특성을 알아본다.

활동자료 투명 플라스틱 수조, 다양한 물체

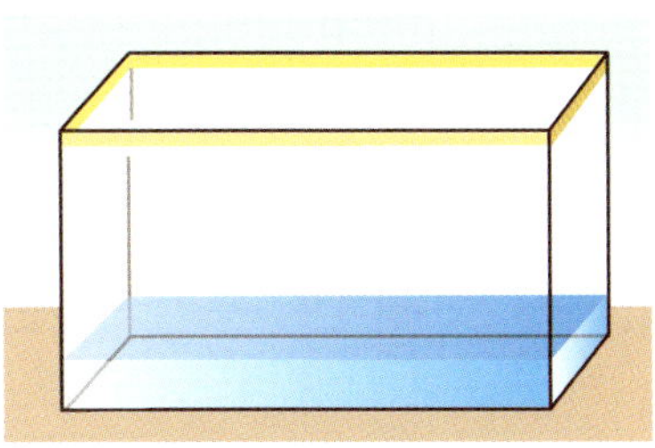

빈 수조에 물을 조금 부어
물에 뜨는지 뜨지 않는지 관찰이 어려움

**적절하지 않은 활동 계획**

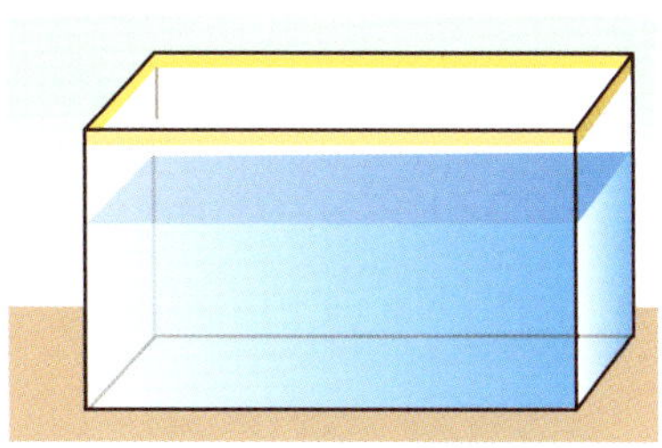

빈 수조에 물을 많이 부어
물에 뜨는지 뜨지 않는지 관찰이 쉬움

**적절한 활동 계획**

### (2) 논리 수학적 지식

논리 수학적 지식은 관찰된 사실들을 조직하여 관계성을 형성한 후 나름의 법칙을 만들어 내는 지식으로, 외부로부터 발견한 물리적 지식을 토대로 개인의 머릿속에서 정신적 활동을 거쳐 만들어진다. 단지, 외부 사실들을 발견해 내는 행동을 통해 만들어지는 물리적 지식과 비교된다고 할 수 있다. 즉, 논리 수학적 지식은 외부로부터 발견된 사실들 간의 비교, 이전 관련된 경험과의 비교를 통해 지식이 구성된다고 할 수 있다(신은수, 김현진, 이선영, 2014).

논리 수학적 지식의 특성은 다음과 같다.

- 영유아가 관찰한 것들에 대해 다양한 관계 짓기가 가능해야 한다.
- 영유아가 관찰한 것과 관련된 이전 경험과의 관계 짓기가 가능해야 한다.
- 개인마다 논리 수학적 지식은 다르게 형성될 수 있다.

#### 논리 수학적 지식

**활 동 명** 물에 뜨는 것과 뜨지 않는 것
**활동목표** 물에 뜨는 것과 뜨지 않는 것의 특성을 알아본다.
**활동자료** 투명 플라스틱 수조, 다양한 물체

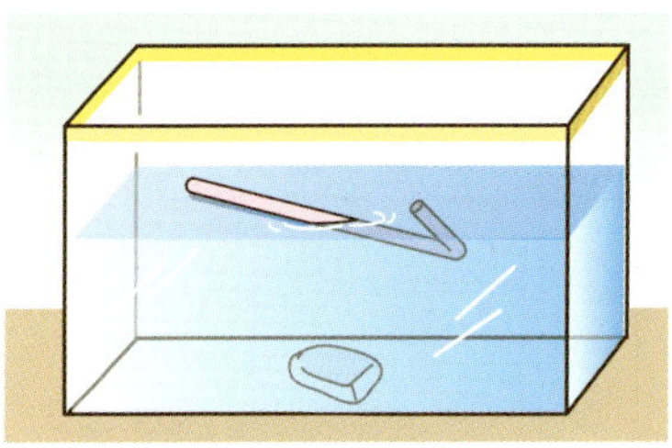

물체를 하나씩 수조에 넣어 보고
어떤 것이 물에 뜨는지, 안 뜨는지 알아봄

**적절하지 않은 활동 계획**

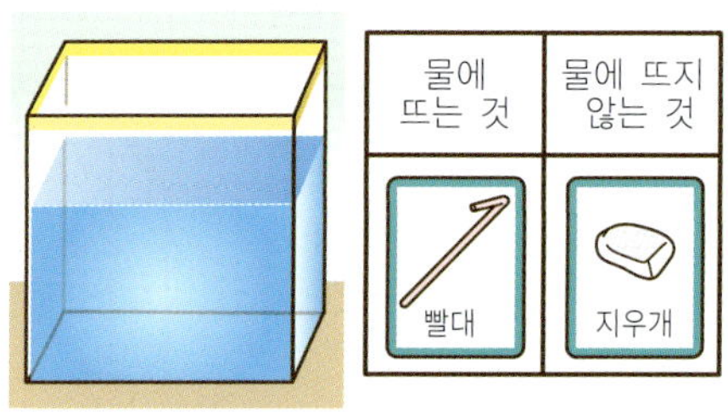


'구분 판'과 '물체 그림자료'를 추가 준비함.
활동 후, 물에 뜨는 것과
물에 뜨지 않는 물체의 그림자료를
구분판에 붙여 분류할 수 있도록 함.
구분된 물체들 간의 관계 짓기가 수월함

**적절한 활동 계획**

### (3) 사회적 지식

사회적 지식은 사람들이 사회적 존재로 살아가기 위해 만든 지식이다. 개념, 규칙, 상징체계에 대한 지식이 이에 포함된다. 예를 들어, 신호등의 빨간색이 '멈춤'을 의미함을 아는 것은 사회적 지식이다.

사회적 지식의 특성은 다음과 같다.

- 사람들 간의 약속으로 이루어진 지식이므로 논리적으로 설명하기 어렵다.
- 관찰을 통해 생성되거나 논리적 과정을 통해 형성된 것이 아니다.
- 사회적 전달과정을 통해 획득되는 것이다.
- 자칫 강제적 주입이 될 수 있으므로 영유아를 존중하는 태도로 전달하는 노력이 필요하다.
- 과학교육에서 다루는 과학지식이라고 할 수 없다.

**지식의 유형을 포함한 과학활동**

다음 과학활동 중 지식의 유형과 관련한 교사의 발문을 찾아보시오.

활 동 명 자석에 붙는 것과 붙지 않는 것
활동목표 자석에 붙는 것과 붙지 않는 것의 특성을 알아본다.
활동자료 자석, 다양한 물체

T: 오늘 특별한 물건을 가지고 왔어요. 어떻게 생겼나요?
C: ① 길어요. 빨갛고 파란색이 있어요.
T: 누가 나와서 만져 보고 느낌도 이야기해 줄까요?
C: ② (만져본 후) 딱딱해요. 무거워요.
T: 이 물건에는 또 특별한 특성이 있대요. 어떤 특성이 있는지 알아보기 위해 여러분에게 하나씩 나눠 줄 거예요. 어떻게 특성을 알아보고 싶나요?
C: 블록 쌓기를 해 볼래요.
T: 왜 그렇게 생각했나요?
C: 블록처럼 네모나니까요.

T: 그렇구나. 그럼 시곗바늘이 약속된 숫자에 갈 때까지 각자 이 물건을 가지고 어떤 특성이 있는지 알아보기로 해요. 다시 만나서 알게 된 것을 이야기해요.

(각자 자석을 가지고 다양한 놀이를 하며 특성을 탐색한다.)

T: 약속된 시간이 되었어요. 정리하고 자리로 앉을까요?
어떤 특성을 발견하였나요?

C: 어떤 물건에 붙고, 어떤 물건에는 붙지 않았어요.

T: 그럼, 붙은 물건들이 무엇인지 이야기해 볼까요?

C: 가위, 문, 철사… (선생님은 칠판에 받아 적는다.)

T: 그럼 붙지 않은 물건들이 무엇인지도 이야기해 볼까요?

C: 나무블록, 크레파스… (선생님은 칠판에 받아 적는다.)

T: 여기 붙은 물건과 붙지 않은 물건을 구분해서 적어 보았어요.
<u>③ 붙은 물건과 붙지 않은 물건의 차이점은 무엇일까요?</u>
<u>④ 붙은 물건들의 공통점은 무엇일까요?</u>

C: 붙은 물건은 모두 쇠로 되어 있어요.

T: 그렇구나. 쇠로 되어 있네요. 그럼 이 물건의 특성은 무엇이라고 할 수 있을까요?

C: 이 물건의 특성은 쇠가 붙는 물건이에요.

T: 그래요. <u>⑤ 여러분이 발견한 특성을 지닌 물건의 이름은 자석이라고 한대요.</u> 자석이 우리가 말한 대로 쇠로 된 것들에만 붙는지 놀이시간에 더 알아보기로 해요.

- 물리적 지식: ①, ②
- 논리 수학적 지식: ③, ④
- 사회적 지식: ⑤

### 2) 지식의 요소

지식은 다음의 요소로 구성된다(Machado, 2000).

#### (1) 사실

사실은 앞서 언급한 물리적 지식과 관련한 것으로 관찰, 실험 등을 통해 수집한 정보이다. 따라서 구체적이고 객관적인 특성을 지니고 있다.

#### (2) 법칙

법칙은 앞서 언급한 논리 수학적 지식과 관련한 것으로 사실들을 수집하여 사실들 간의 규칙성과 관계성을 발견하고, 나름의 법칙을 만들어 낸 것이다. 따라서 발견하는 객관적 사실의 양과 질에 따라 개개인이 만들어 내는 법칙은 차이가 있을 수 있다. 또한, 법칙은 관찰된 사실에 대한 정확한 원인을 설명하지는 못한다.

#### (3) 개념

개념은 앞서 언급한 사회적 지식과 관련한 것으로 인지적 표상을 위한 합의된 어휘로 용어나 부호로 나타낸다.

#### (4) 이론

이론은 법칙에 대한 대다수의 합의가 있고, 관찰된 사실에 대한 원인을 설명할 수 있다. 따라서 반복적으로 법칙을 증명하는 노력이 필요하다.

### 지식의 요소

다음 과학활동 중 지식의 요소와 관련한 영유아의 발문을 찾아보시오.

활 동 명 자석에 붙는 것과 붙지 않는 것

활동목표 자석에 붙는 것과 붙지 않는 것의 특성을 알아본다.

활동자료 자석, 다양한 물체

T: 오늘 특별한 물건을 가지고 왔어요. 어떻게 생겼나요?

C: ① 길어요. 빨갛고 파란색이 있어요.

T: 누가 나와서 만져 보고 느낌도 이야기해 줄까요?

C: ② (만져 본 후) 딱딱해요. 무거워요.

T: 이 물건에는 또 특별한 특성이 있대요. 어떤 특성이 있는지 알아보기 위해 여러분에게 하나씩 나눠 줄 거예요. 어떻게 특성을 알아보고 싶나요?

C: 블록 쌓기를 해 볼래요.

T: 왜 그렇게 생각했나요?

C: 블록처럼 네모나니까요.

T: 그렇구나. 그럼 시곗바늘이 약속된 숫자에 갈 때까지 각자 이 물건을 가지고 어떤 특성이 있는지 알아보기로 해요. 다시 만나서 알게 된 것을 이야기해요.

(각자 자석을 가지고 다양한 놀이를 하며 특성을 탐색한다.)

T: 약속된 시간이 되었어요. 정리하고 자리로 앉을까요?
어떤 특성을 발견하였나요?

C: 어떤 물건에 붙고, 어떤 물건에는 붙지 않았어요.

T: 그럼, 붙은 물건들이 무엇인지 이야기해 볼까요?

C: 가위, 문, 철사... (선생님은 칠판에 받아 적는다.)

T: 그럼 붙지 않은 물건들이 무엇인지도 이야기해 볼까요?

C: 나무블록, 크레파스... (선생님은 칠판에 받아 적는다.)

T: 여기 붙은 물건과 붙지 않은 물건을 구분해서 적어 보았어요.
붙은 물건과 붙지 않은 물건의 차이점은 무엇일까요?
붙은 물건들의 공통점은 무엇일까요?

C: ③ 붙은 물건은 모두 쇠로 되어 있어요.

T: 그렇구나. 쇠로 되어 있네요. 여러분이 발견한 특성을 지닌 물건의 이름은 자석이라고 한대요.

C: ④ 아.. 자석이구나. ⑤ 선생님, 자석이 우리가 말한 대로 쇠로 된 것들만 붙는지 놀이시간에 더 알아볼래요. 그리고 과학책도 같이 찾아볼래요. 자석이 왜 쇠에만 붙는지 알아보고 싶어요.

- 사실: ①, ②
- 법칙: ③
- 개념: ④
- 이론: ⑤(현재는 이론이라고 할 수 없지만, 이론을 형성하는 과정을 실천 중임)

### 3) 영유아 발달에 적합한 과학지식

영유아 발달에 적합한 과학지식을 설명하기 위해서는 다음의 2가지 지식으로 구분할 수 있다.

#### (1) 보편적 지식

보편적 지식은 기존의 과학자들이 밝혀 놓은 개념과 이론에 해당하는 지식이다. 과학지식을 보편적 지식으로만 여기는 대부분의 교사는 과학활동을 통해 자신이 영유아에게 가르쳐야 하는 내용으로 오해하고, 과학활동 자체를 어려워한다. 예를 들어, 하늘이 왜 파랗게 보이는지 호기심을 가진 영유아가 있을 때, 만약 교사가 영유아에게 보편적 지식인 빛의 산란현상을 설명한다면 영유아의 반응은 어떨까 생각해 보는 것이 필요하다.

❖ '보편적 지식'으로 과학지식을 이해하는 교사

C: 선생님, 하늘은 왜 파랗게 보여요?

T: 하늘이 파랗게 보이는 이유는 빛의 산란현상 때문이에요. 우리 눈은 태양 빛 중에서 가시광선 영역만을 볼 수 있어요. 가시광선은 대기를 통과하면서 대기 중의 질소, 산소분자 등에 의해 산란이 되지요. '산란'이란, 대기 중의 작은 알갱이들이 빛을 흡수하여 사방으로 다시 방출하는 현상을 말해요. 대기의 산란 정도는 빛의 파장에 따라 그 정도가 달라져요. 여기서 파장이란 파동의 마루와 마루 사이의 거리를 말하는데, 우리가 흔히 말하는 붉은색 빛의 파장이 가장 길고, 주황색, 노란색, 초록색, 파란색, 남색, 보라색 순으로 갈수록 짧아져요. 파장이 짧을수록 산란이 강하게 일어나므로(레일리산란) 낮에 파장이 짧은 청색 빛이 산란이 일어나 대기는 청색 산란광이 지표에 가장 많이 도달하는 두께를 갖고 있는 셈이지요. 그래서 지금처럼 낮에는 파랗게 보인답니다. 하지만 대기의 광학적 두께가 깊어지는 아침과 저녁에는 파장이 짧은 영역의 청색 빛은 대부분 산란되어 버리고 장파장 영역의 빛이 지표에 많이 도달하게 되는데, 이것이 바로 아침노을 및 저녁노을이에요.

교사가 보편적 과학지식을 많이 알고 있어도 영유아에게 그대로 전달하는 것은 발달에 적합하지 않다. 영유아가 학습한 후 이해한 것을 스스로 설명하기 어렵기 때문이다. 또한, 만약 어떤 영유아가 사전지식으로 빛의 산란현상을 이미 알고 있다고 하더라도 직접 수행하는 탐구활동을 통해 경험적 지식으로 재구성하도록 기회를 제공해야 한다.

### (2) 탐구활동을 통해 생성된 지식

탐구활동을 통해 생성된 지식은 관찰을 통해 검증 가능한 지식으로 영유아가 직접 탐구활동을 거쳐 나름의 지식을 생산한 것을 의미한다. 영유아 발달에 적합한 과학지식이라고 할 수 있다. 과학지식을 탐구활동을 통해 생성된 지식이라고 인식한 교사는 다음과 같이 활동을 이끌 수 있다.

❖ '탐구활동을 통해 생성된 지식'으로 과학지식을 이해하는 교사

C: 선생님, 하늘은 왜 파랗게 보여요?

T: 하늘이 파랗게 보인다고 생각하는군요. 하늘이 항상 파랗게 보였나요?

C: 아니요. 까맣거나 회색일 때도 있어요. 빨갛게 보였을 때도 있고요.

T: 그럼, 언제 각각 다른 색으로 보였나요?

C: 날씨에 따라, 시간에 따라 다르게 보였던 것 같아요.

T: 왜 날씨나 시간에 따라 다르게 보일까요?

C: 해 때문일 것 같아요.

T: 왜 그렇게 생각했나요?

C: 해님의 색은 날씨나 시간에 따라 달라지잖아요.

T: 그렇군요. 그럼 과학(탐색)영역에 해의 다양한 색을 대신할 자료들이 없을까요?

C: 손전등과 색 셀로판지를 가지고 알아보면 좋을 것 같아요.

T: 그래요. 함께 알아보기로 해요.

교사가 탐구활동을 이끌어 가면서 영유아가 자기 나름의 과학지식을 생성해 내도록 하는 것이 영유아 발달에 적합하다.

### 4) 과학지식의 특성

과학 특성에 따른 과학지식의 특성은 다음과 같다.

#### (1) 경험성(empirical)

과학지식은 감각적으로 지각할 수 있어야 한다. 즉, 관찰 가능한 것이어야 한다. 따라서 교사의 주입식 전달이 아닌, 영유아의 경험적 행위를 통해 과학지식을 획득하도록 활동을 계획하여 지원해야 한다.

#### (2) 객관성(objectivity)

동일한 실험과정을 어느 누가 되풀이해도 동일한 결과를 얻을 가능성이 있어야 한다. 따라서 자신의 실험과정을 기억해 타인에게 설명할 수 있도록 해야 하며, 과

학활동이 한 번의 활동으로 끝나기보다는 놀이시간 등을 활용해 지속적으로 반복되고, 동일한 결과가 나타나는지 확인하도록 하는 것이 필요하다. 또한, 객관성을 확보하기 위해 결과 확인방법을 서로 합의하는 것이 필요하다.

#### (3) 가변성(variability)

과학지식은 새로운 사실이 등장하면 끊임없이 변화되고 수정된다. 따라서 교사가 알고 있는 지식을 영유아에게 그대로 받아들이도록 전달하는 것은 과학지식 특성을 잘못 이해하는 것이다.

#### (4) 합리성(rationality)

과학지식은 탐구과정을 토대로 논리적으로 설명될 수 있어야 한다.

## 2. 과학과정기술

과학과정기술은 우리가 궁금증이 생겼을 때 행하는 사고과정인 과학 탐구과정에서 사용된다(Ngoh, 2008). 이는 과학 탐구과정을 효과적으로 수행하기 위해 교육하는 사고기술로서 하나씩 익히고 경험하는 교육이 필요하다(Malhi, 2017; Mutlu & Termiz, 2013). 과학 탐구의 과정은 본성적으로 자연스럽게 발생하므로 무의식적으로 어떤 탐구과정이 간과되거나 소홀히 되는 경우가 많다. 따라서 최근에 과학 탐구과정의 효과적 교육을 위해 메타 인지적 접근이 강조되었다(Gomaa, 2016). 즉, 과학 탐구과정을 하나씩 분해하여 영유아가 사고과정을 이해하고 완전하게 활용하도록 교육한다(Gomaa, 2016). 이러한 접근은 미국과학교사협회(NSTA)에서도 과학 교육방법으로 제시하고 있다(Vitti & Torres, 2006). 따라서 과학 탐구과정에 대한 이해와 더불어 과학과정기술에 대한 이해가 요구된다.

NSTA 등에서 공통적으로 언급하는 기초적인 과학과정기술에는 관찰, 측정, 분류, 추론, 예측, 의사소통이 포함된다(Karamustafaoglu, 2011; Vitti & Torres,

2006). 이는 영유아 과학교육에서도 일반적으로 많이 언급된다(Martin, 1997). 따라서 교사는 이러한 과학과정기술을 영유아가 이해하여, 과학 탐구과정에서 경험하도록 발문을 통해 이끌어야 할 것이다.

### 1) 관찰하기

과학적 탐구의 시작은 호기심이며, 호기심은 과학 탐구과정을 수행하는 데 원동력이 된다. 일반적으로 영유아기는 호기심이 왕성하므로 영유아의 자발적 호기심을 충족시켜 주는 방향으로 과학활동을 실행할 수 있다. 하지만 집단활동의 경우에는 교사가 계획한 활동에 영유아가 호기심을 갖도록 하는 '도입' 과정이 필요하다. 그리고 관심(關心)으로 발전되도록 주의를 기울이는 노력이 포함된다. 따라서 과학 탐구기술인 관찰하기를 통해 호기심을 관심으로 변화시켜, 궁금증을 보다 구체화시킬 수 있다.

관찰하기를 위한 방법은 다음과 같다.

- 돋보기, 라이트테이블 등의 다양한 관찰도구를 활용하도록 할 수 있다.
- 대상의 세부사항을 세밀하게 관찰해 보는 기회를 제공할 수 있다.
- 대상에게 변화를 주고, 변화를 관찰하도록 할 수 있다.
- 관찰된 내용을 그림이나 글 등으로 설명하도록 할 수 있다.

❖ 관찰하기

| 다양한 관찰도구 활용 | 세밀한 관찰기회 | 변화 관찰기회 |
|---|---|---|
|  |  |  |
| 라이트테이블을 활용해 빛에 비치는 나뭇잎 관찰 | 나뭇잎의 앞면뿐만 아니라 뒷면도 관찰 | 책갈피에 끼워 넣은 후 나뭇잎의 변화 관찰 |

### 2) 측정하기

측정하기를 통해 보다 정확한 탐구과정을 실천할 수 있다. 물리적 특성 중 수나 양, 크기 등을 파악할 수 있으며, 비교를 함으로써 정량적 관계를 파악할 수 있다. 영유아 수준에서는 표준측정단위보다는 임의측정단위를 사용하여 측정을 하는 것이 적절하다.

측정하기를 위한 방법은 다음과 같다.

- 길이, 크기, 무게, 부피, 넓이, 시간 등을 측정하도록 할 수 있다.
- 측정 대상의 속성에 적절한 측정도구를 선택할 수 있다.
- 자신의 신체(손 뼘 등)나 다양한 크기와 길이의 막대, 끈 등을 활용할 수 있다.
- 측정 결과에 대해 '~보다 더', '가장 ~한' 등과 같은 측정 관련 용어를 사용하여 말하도록 할 수 있다.
- 측정 결과에 대해 적절한 측정단위를 선택하여 말하도록 할 수 있다.
- 반복되는 패턴을 인식하도록 할 수 있다.

❖ 측정하기

**임의단위를 활용한 측정**

가지와 오이 길이를 측정하기 위해
일정한 길이의 다양한 색종이를 활용해 어림하기 측정을 할 수 있다.
"오이가 가지보다 빨간 종이만큼 더 길다."라고 말해 보도록 할 수 있다.

### 3) 분류하기

분류하기를 통해 관찰된 사실들 간의 여러 아이디어를 연결시켜 논리적 관계를 형성하거나, 관찰한 사실과 기존 경험들과의 비교를 통해 공통점과 차이점을 생각해 봄으로써 논리적 관련을 지어 볼 수 있다. 따라서 분류하기는 발견된 사실이나 여러 아이디어 간의 관계성을 파악하기 위한 것으로 각각의 속성에 대한 이해를 바탕으로 공통점과 차이점을 파악할 수 있다.

분류하기를 위한 방법은 다음과 같다.

- 공통된 특성을 한 가지에서 여러 가지로 확장하여 찾아보도록 할 수 있다.
- 분류의 기준을 한 가지에서 여러 가지로 하여 구분해 보도록 할 수 있다.
- 구분된 것들을 보고, 어떤 기준으로 구분된 것인지 준거를 찾아보도록 할 수 있다.
- 자신의 분류한 결과를 설명해 보도록 할 수 있다.

❖ 분류하기

| 단순분류 | 복합분류 | 유목포함 관계 |
|---|---|---|
| 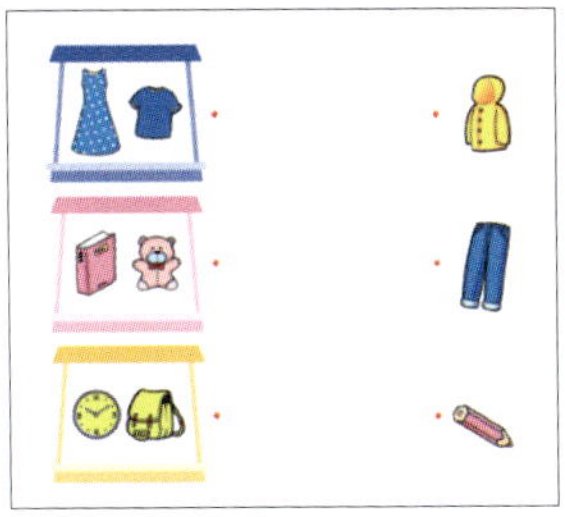 | 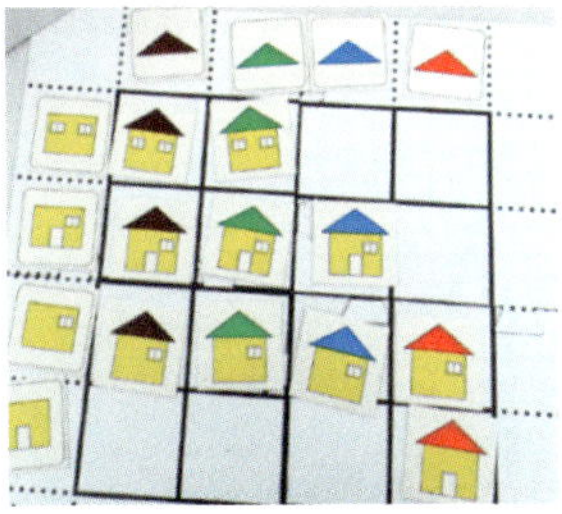 |  |
| 한 가지 속성(색깔)에 따라 분류하기 | 두 가지 이상의 속성 (창문 모양, 지붕 색깔)을 고려하여 분류하기<br>한 사물이 여러 가지 속성을 가질 수 있음을 이해하는 것 | 전체(종이블록)와 부분(다양한 크기와 색깔의 블록들) 간의 관계를 이해하는 것 |

### 4) 추론하기

추론하기는 관찰과 탐구한 결과를 토대로 원인과 결과를 논리적으로 정리해 보는 것으로 "...이기 때문에 ~이다."라고 정리할 수 있다. 관찰한 사실과 과거의 다수 경험이 잘 관련지어질 때 추론에 대해 더욱 확신할 수 있다. 즉, 호기심을 가진 대상의 구체적 속성에 대한 이유를 설명할 수 있게 된다.

추론하기를 위한 방법은 다음과 같다.

- 영유아가 관찰과 탐구를 토대로 발견한 공통점과 차이점을 근거로 결론짓도록 할 수 있다.
- 교사는 영유아가 말한 원인과 결과를 정리하여 논리적 문장으로 정리하여 들려줄 수 있다. 예를 들어, "...이니까 ~라고 생각하는구나."라고 논리적 문장으로 들려줄 수 있다.

❖ 추론하기

| 연역적 추론 | 귀납적 추론 |
|---|---|
| • 일반적으로 사실이라고 여기는 것에 대한 근거를 찾는 논리<br>예: 회색빛의 단단한 쇠의 특성을 지닌 물체는 모두 자석에 붙는다. 가위는 쇠의 특성을 지녔다. 그러므로 가위는 자석에 붙는다. | • 여러 사실로부터 법칙을 만들어 내는 논리<br>예: 가위는 자석에 붙었다. 철사도 자석에 붙었다. 가위나 철사처럼 회색빛의 단단한 쇠의 특성을 지닌 물체는 모두 자석에 붙는다. |

### 5) 예측하기

예측하기는 미래 사건에 대한 추측을 의미하며, 가설설정하기라고도 한다. 즉, 추론한 결과를 토대로 호기심을 가진 대상에 임의로 어떤 조작을 하면 어떤 결과가 일어날 것이라고 짐작해 보는 기술이다. 이를 통해 실험의 구체적 방향이 정해진다.

예측하기를 위한 방법은 다음과 같다.

- 추론한 결과를 활용해 미래 사건을 추측해 보도록 할 수 있다.
- 변인을 조작하고 그에 따라 일어날 수 있는 결과를 짐작해 보도록 할 수 있다.

❖ 예측하기

| 호기심 대상 | 과학적 탐구과정 결과 | |
|---|---|---|
| 아래 물건이 작동하려면,<br>2명 이상이 필요합니다.<br>이것은 어떻게 작동하는 것일까요?<br>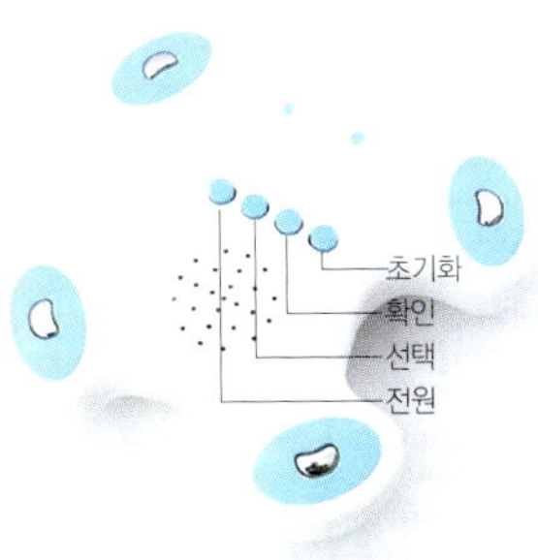<br> | 관찰 | • 곰돌이 모양처럼 생김<br>• 배에는 여러 개의 작은 구멍이 뚫림<br>• 손과 발 쪽 4곳에는 회색의 미끄러운 쇠 재질이 있음<br>• 4개의 버튼(전원, 선택, 확인, 초기화)이 있음 |
| | 측정 | • 손바닥 만한 크기이고 손바닥 두께 정도임 |
| | 분류 & 추론 | • 배에 있는 구멍은 카세트 구멍이나 전화기 구멍과 비슷하니까 소리가 나오는 곳이라고 생각함<br>• '선택'과 '확인' 버튼은 리모컨의 경우와도 비슷하니까 여러 종류가 나오면 '확인' 버튼으로 선택하는 것이라고 생각함<br>• 손과 발에 있는 회색의 미끄러운 쇠 재질은 손 터치 센서로 작동하는 전등과 비슷하니까 손 터치 센서처럼 작동하는 것이라고 생각함 |
| | 예측 | • 만약, '선택' 버튼을 누르면 어떤 소리가 나올 것이고, '확인' 버튼으로 소리를 선택할 것 같고, 배 구멍으로 소리를 들을 수 있을 것임<br>• 4개의 센서를 활용해 친구나 가족이 손을 대고 있으면 소리를 계속 진행할 수 있을 것임. 만약, 손을 떼면 소리가 중단될 것임 |

### 6) 실험하기

실험하기는 예측한 것을 확인하기 위해 영유아가 직접 실험계획부터 세워 보도록 할 수 있다. 영유아가 계획한 실험의 변인 설정이 적절히 이루어졌는지, 계획이 윤리적이고 도덕적인지, 안전한 것인지 판단해 보도록 할 수 있다. 예를 들어, 나무가 어떤 환경에서 잘 자라는지 실험하기 위해서 나무가 자라는 환경을 다양하게 계획한다고 나무에 염산을 뿌리는 등의 실험을 계획하도록 해서는 안 된다.

Piaget는 실험이 단순히 어떤 절차를 그대로 따라 해 보는 것과 다르다고 지적하면서 진정한 실험은 영유아가 계획에서부터 실험 진행까지 자기 생각대로 주도하는 것을 의미한다고 주장하였다. 따라서 영유아가 직접 실험방법을 계획해 보도록 하고, 실험결과를 어떻게 객관적으로 확인할 수 있는지도 계획해 보도록 해야 한다.

실험하기를 위한 방법은 다음과 같다.

- 조작변인, 통제변인을 설정해 보도록 할 수 있다.
- 실험방법을 계획해 보도록 할 수 있다.
- 실험방법이 윤리적인지, 안전한지 검토해 보도록 할 수 있다.

❖ 실험하기

| 예측 결과 | 회색빛의 단단한 쇠의 특성을 지닌 물체는 모두 자석에 붙을 것이다. |
|---|---|
| 변인설정 | 실험계획 검토 |
| • 조작변인은 의도적으로 변화시키는 변인이며, 통제변인은 동일하게 유지해야 하는 변인이다.<br>• 위 실험을 위한 변인 설정은 다음과 같이 할 수 있다.<br>– 조작변인: 자석에 붙여 보는 물체의 종류<br>– 통제변인: 동일한 자석 | • 만약, 날카로운 칼을 자석에 대 보는 실험계획을 세운다면, 안전상 위험할 수 있으므로 실험계획에서 제외시키도록 하는 것이 필요하다.<br>• 또한, 친구들의 몸에 있는 물건에 마구잡이로 자석을 대보는 것도 도덕적으로 적절하지 않으므로 실험계획에서 제외시키도록 하는 것이 필요하다. |

### 7) 평가하기

평가하기는 과학 탐구과정을 통해 알게 된 것이나 탐구과정을 타인에게 설명하는 것이다. 이를 통해, 친구들과 다양한 의견을 공유하고, 보다 발전적 탐구 방향을 모색해 볼 수 있다. 따라서 타인에게 설명하고, 다른 사람과 생각을 공유하기 위해 말로 설명하기, 글로 쓰기, 그림 그리기 등의 다양한 방식으로 의사소통이 가능하다. 이 과정을 통해 자신의 생각이나 자신이 행한 과학 탐구과정의 문제점을 발견할 수도 있고, 보완점을 찾아낼 수도 있다.

평가하기를 위한 방법은 다음과 같다.

- 영유아 발달 수준에 적합한 방식으로 의사소통하도록 할 수 있다.
- 다른 영유아의 의견을 경청하고 존중하도록 할 수 있다.
- 다른 영유아의 의견에 궁금한 점을 질문하도록 할 수 있다.

이상에서 본 7가지 과학과정기술은 과학 탐구과정에서 사용되며, 선형적으로 탐구과정에 따라 하나씩 일대일로 매칭되어 사용되기보다는 복합적으로 사용된다. 예를 들어, '탐색'의 탐구과정에서 관찰하기, 측정하기가 함께 사용되거나 '실험'의 탐구과정에서 측정하기와 실험하기가 함께 사용될 수도 있다. 다만, 영유아가 과학적 탐구과정과 탐구기술을 빠짐없이 고루 학습하고 경험하여 마스터하도록 교육하는 것이 중요하다(Miller, 2017).

## 3. 과학적 태도

과학적 태도는 과학능력을 발전시키고 성장시키는 데 매우 중요한 역할을 한다. 또한, 과학은 양면성을 지니기 때문에 올바른 과학적 태도를 함양하는 것은 인류의 지속가능한 발전과도 매우 관련이 있다.

### ❖ 과학의 양면성과 과학적 태도

1. 노벨(Nobel)이 발명한 다이너마이트

다이너마이트는 토목이나 건설, 광산에 산업용으로 쓰이면서 큰 경제적 이익을 주었지만, 군사용으로 쓰이면서 인류에게 큰 해가 되는 대량 살상무기가 되었다.

2. 인공지능

인공지능은 인간의 위험하거나 힘든 업무를 대신할 수 있어 편리성을 주었지만, 일자리 감소의 문제를 가져오면서 인간의 기본 생존 권리가 침해받게 되었다.

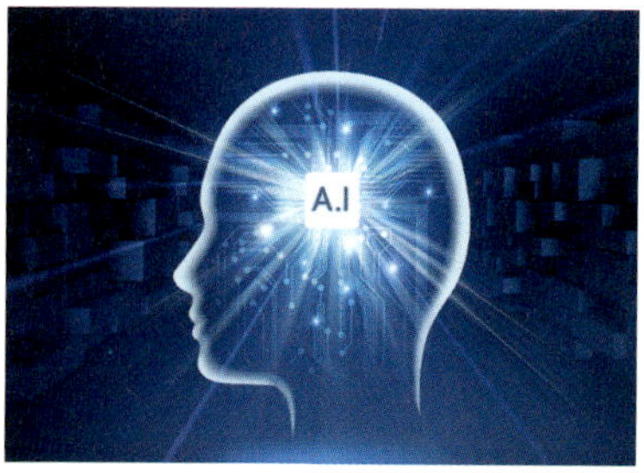


만약, 과학자들이 여러 분야의 사람들과 협동하고, 일어날 수 있는 결과에 대해 대중의 의견을 묻고, 부정적 측면을 고려하였다면, 그리고 결과를 만들어 내는 데 급급하지 않고 신중했다면 과연 어떤 결과가 있었을까?

과학적 태도는 과학에 대한 접근, 마음가짐이라고 할 수 있다. 하지만 과학교육 실태는 과학적 태도보다는 과학적 지식에 중점을 두고 이루어지고 있다고 할 수 있다. 이로 인해 학생들은 과학을 재미없는 것으로 인식하고, 단순히 학업성취도를 높이기 위한 지식 암기에 열중하도록 하였다. 이러한 교육의 결과는 국제교육성취도평가협회(IEA)가 실시하는 TIMSS 평가결과에서도 나타나 과학 학업성취도는 상위권이지만, 과학에 대한 태도는 반대로 가장 하위권을 차지하고 있다(IEA, 2016). 하지만, 과학 태도는 과학 학업성취도를 장기적으로 유지 및 발전시키는 데 매우 중요한 요인이 된다(Hacieminoglu, 2016). 이러한 과학적 태도는 영유아기 과학적 본성을 바탕으로 한 양질의 과학경험이 중요한 영향을 미친다(Milne & Edwards, 2013). 따라서 다음의 과학적 태도(Harlan & Rivkin, 2004)를 고려한 교사의 발문과 활동 운영이 필요하다.

### 1) 호기심(curiosity)

호기심은 주변 물체나 현상에 대해 새롭거나 신기한 것을 좋아하는 인간의 본성이며, 과학의 첫 시작이자 과학과정기술을 수행하는 데 원동력이 된다. 호기심을 길러 주기 위해서는 다양한 탐색의 기회가 제공되어야 하며, 이를 통해 보다 지속적인 관심으로 변화시켜야 한다. 하지만 호기심은 심리적 불안이나 두려움이 있는 경우 감소되는 것으로 나타났으므로 호기심을 이끄는 환경이 중요하다고 할 수 있다(Jirout & Klahr, 2012).

따라서 과학활동에서 교사는 영유아의 호기심을 존중하고, 배려하는 심리적 환경을 제공해야 할 것이다.

### ❖ 호기심

아래 교사 중 영유아의 호기심을 이끄는 교사는 누구일까요?

영유아: 선생님! 왜 ○○ 해요?
A 교사: 정말 선생님도 궁금하군요~
왜 ○○한지 같이 알아봐요.

영유아: 선생님! 왜 ○○ 해요?
B 교사: 지금 활동과 관련이 없는 것 같군요.

영유아: (뒤에 있는 벌레를 보며), 우와 이건 뭐지?
A 교사: (하던 말을 중단하며) ○○가 신기한 것을 발견했나 봐요. 무엇을 발견했는지 친구들에게 이야기해 줄래요?

영유아: (뒤에 있는 벌레를 보며), 우와 이건 뭐지?
B 교사: (하던 말을 중단하며), 선생님 말을 듣지 않는 사람이 있네요. 모두 선생님을 보세요.

A 교사가 영유아의 호기심과 질문을 존중하며, 함께 호기심을 가지고 과학탐구를 수행하고 있다.

호기심을 증진시키기 위해서는 다음의 역할이 중요하다.

- 언어적 · 비언어적 반응으로 영유아의 호기심을 존중한다.
- 영유아의 질문을 존중하며, 함께 호기심을 가지고 과학탐구를 수행한다.
- 호기심은 언제 어디서나 나타나므로 항상 영유아의 호기심을 배려하는 태도를 가진다.

### 2) 적극성(active participation)

적극성은 과학활동 과정에 능동적으로 참여하고, 주도적으로 활동하려는 태도이다. 교사가 수행하는 과학실험을 영유아가 수동적으로 바라만 보게 하는 과학활동으로는 길러지기 어렵고, 영유아가 직접 과학탐구를 수행하도록 해야 한다.

따라서 적극성을 길러 주기 위해서는 과학활동이 영유아 일상생활과 밀접하게 관련이 있어 동기 유발이 가능해야 하며, 영유아 발달 수준에 적합하여 손쉽게 다룰 수 있는 활동자료가 제공되어야 할 것이다.

❖ 적극성

아래 활동 중 적극성이 길러질 수 있는 활동은 무엇인가요?

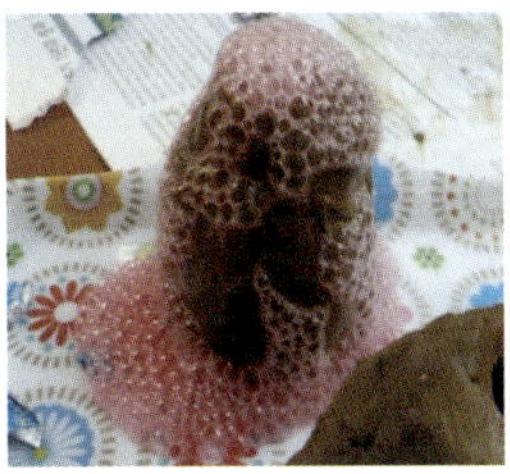

〈과학활동 A〉

활동명: 화산폭발실험

활동자료: 식초, 베이킹소다, 물감, 찰흙

〈과학활동 B〉

활동명: 돋보기로 보면 다르게 보여요.

활동자료: 돋보기

과학활동 A는 활동이 영유아에게 생소하고 활동자료가 영유아가 다루기에 발달에 적합하지 않으므로 영유아가 적극적으로 자유롭게 과학 탐구를 하기 어렵다. 하지만 과학활동 B는 활동이 영유아에게 친숙하고 활동자료를 다루기에 발달에 적합하므로 영유아의 적극적 참여를 기대할 수 있다.

적극성을 증진시키기 위해서는 다음의 역할이 중요하다.

- 과학활동이 영유아의 일상생활과 관련한 것인지 검토가 필요하다.
- 활동자료가 영유아 발달에 적합하여 스스로 손쉽게 다룰 수 있는지 검토가 필요하다.

- 영유아가 자유롭게 다양한 방법으로 실험해 볼 수 있도록 격려하는 것이 필요하다.

### 3) 솔직성(honesty)

솔직성은 자신이 과학활동 중 경험한 것을 솔직하게 표현하는 것으로 다른 사람들과 다른 결과가 나타나는 것이나 실패를 두려워하지 않도록 하는 것이 중요하다. 정답이 있는 과학활동은 영유아의 솔직성을 기대하기 어렵다.

따라서 솔직성을 길러 주기 위해서는 과학활동 전반에 대해 교사가 열린 태도로 활동에 임해야 하며, 예외적인 결과에 대해 두려움보다는 또 다른 호기심을 갖도록 하는 자세가 필요하다.

❖ 솔직성

아래 교사 중 솔직성이 길러질 수 있도록 돕는 교사는 누구인가요?

A 교사: 자석은 쇠로 된 물건이 달라붙는 특성이 있어요. 그럼 자석으로 여러 물건을 실험해 보기로 해요.

B 교사: 자석은 특별한 특성이 있대요. 어떤 특징이 있는지 자석으로 놀이하면서 발견한 것들을 이야기해 보기로 해요.

B 교사는 A 교사와 달리 자석의 특성에 대한 답을 제시하지 않았다. 따라서 영유아가 자석의 특별한 특성을 자유롭게 찾아보고, 솔직하게 자신의 탐구 결과를 이야기할 수 있다. 하지만 A 교사는 자석의 특성에 대한 자신만의 답을 제시하였으므로 영유아는 실험과정에서 자신이 생각한 쇠로 된 특성의 물건이 자석에 붙지 않을 경우, 이를 숨기거나 솔직하게 이야기하지 않을 가능성이 있다.

솔직성을 증진시키기 위해서는 다음의 역할이 중요하다.

- 과학활동에 임하는 교사는 열린 태도와 발문이 중요하다.
- 과학활동의 결과를 미리 정하지 않고, 다양한 결과를 수용하는 자세가 필요하다.

### 4) 객관성(objective)

객관성은 자신이 수행한 실험과정을 다른 사람도 똑같이 해 볼 수 있도록 구체적 설명이 가능해야 하며, 다른 사람이 자신과 똑같은 과정으로 수행했을 때 똑같은 결과가 반복적으로 나와야 함을 아는 것이다. 즉, 자신의 실험결과가 객관성을 갖도록 실험과정을 구체화하고, 반복 실험을 통해 똑같은 결과가 나오는지 살펴보는 태도를 의미한다. 이를 위해 일회성에 그치는 활동으로는 객관성이 길러지기 어렵다.

따라서 객관성을 길러 주기 위해서는 집단활동으로써 과학활동뿐만 아니라 이후 놀이시간에 과학활동이 지속되도록 과학(탐색)영역에 관련 활동 자료를 마련해 두고, 영유아가 자신의 생각을 반복적으로 실험해 보도록 하는 것이 필요하다. 또한, 과학활동이 지속적으로 이루어지도록 과정과 결과를 기록할 수 있는 필기도구와 보관함 등이 마련되어야 한다.

### ❖ 객관성

아래 교사 중 객관성이 길러질 수 있도록 돕는 교사는 누구인가요?

A 교사: 선생님과 오늘 그림자 활동을 해 보니 즐거웠나요? 그럼 화장실에 다녀오고 자유선택놀이를 시작해요.

B 교사: 선생님과 오늘 그림자 활동을 해 보니 즐거웠나요? 과학(탐색)영역에 오늘 사용한 손전등과 종이, 연필을 둘테니 여러분이 생각한 다양한 그림자 활동을 해 보세요. 그리고 알게 된 결과를 어떻게 알게 되었는지 방법과 함께 기록해서 나중에 친구들과 선생님에게도 소개해 주기로 해요.

B 교사는 A 교사와 달리 과학활동 이후 놀이시간에도 지속적으로 개별적인 과학활동이 이루어질 수 있도록 하고 있으며, 과학활동 결과와 함께 그 탐구과정도 기록하도록 하고 있다. 일회성에 그친 A 교사와 달리 영유아들의 객관성을 길러 줄 수 있다.

객관성을 증진시키기 위해서는 다음의 역할이 중요하다.

- 과학활동이 지속되도록 관련된 확장활동에 대한 계획 및 지원이 필요하다.
- 영유아가 스스로 행한 과학활동이 지속되도록 결과를 기록할 수 있는 필기도구와 보관함 등이 마련되어져야 한다.
- 개별 과학활동을 통해 발견된 사실과 탐구과정을 친구들 앞에서 소개하는 시간을 가지는 것도 필요하다.

### 5) 개방성(open-mindedness)

개방성은 자신이 수행한 실험과정이나 생각, 실험결과에 대해 가능한 다른 의견을 구하고, 존중하고, 수용하려는 태도이다. 교사는 흔히 과학활동에서 영유아가 내는 의견이나 생각에 대해 무분별하게 긍정적으로만 반응하고 그대로 끝내는 경우가 많다. 또한, 실험결과에 대해서도 긍정적인 반응으로만 정리하는 경우가 많다. 이런 경우 영유아의 개방성이 길러지기 어렵다.

따라서 개방성을 길러 주기 위해서는 영유아가 내는 의견이나 실험결과에 대해 다른 영유아는 어떤 의견이 있는지 물어 자신의 생각에 대한 다른 사람의 의견을 듣고, 존중하는 태도를 가지도록 해야 할 것이다.

❖ 개방성

아래 교사 중 개방성이 길러질 수 있도록 돕는 교사는 누구인가요?

A 교사: ~에 대해 말해 줄 수 있는 사람 있나요? ○○가 말해 볼까요?
영유아: 저는 …라고 생각해요.
A 교사: 그렇군요. 좋은 생각이에요.

B 교사: ~에 대해 말해 줄 수 있는 사람 있나요? ○○가 말해 볼까요?
영유아: 저는 …라고 생각해요.
B 교사: 그렇군요. ○○와 다른 생각을 가진 사람 있나요?

B 교사는 A 교사와 달리 의견을 낸 영유아와 다른 생각을 가진 사람이 있는지를 질문함으로써 영유아로 하여금 자신과 다른 의견이 있음을 당연시 여기도록 하고, 열린 마음으로 다른 의견을 수용할 수 있도록 돕고 있다. 하지만 A 교사는 의견을 낸 영유아에게 긍정적으로만 답을 하고 마무리 지음으로써 자칫 영유아로 하여금 자신의 의견이 항상 옳을 수 있다는 잘못된 생각을 갖도록 할 수 있다.

개방성을 증진시키기 위해서는 다음의 역할이 중요하다.

- 영유아의 생각이나 실험과정 및 결과에 대해 다른 영유아의 다양한 의견을 들을 수 있도록 해야 한다.
- 자신의 생각과 다른 의견을 존중하는 태도를 갖도록 해야 한다.

### 6) 비판성(checking evidence critically)

비판성은 자신의 생각이나 자신이 수행한 실험과정과 실험결과에 합리적 근거를 밝히고, 타인의 생각이나 실험과정과 실험결과에 합리적 근거를 요구하는 태도를 의미한다. 개방성과 마찬가지로 비판성이 길러지기 위해서는 교사의 역할이 매우 중요하다. 즉, 영유아가 내는 의견이나 생각, 실험결과에 대해 무분별하게 긍정적으로만 반응하고 그대로 끝내는 경우에는 영유아의 비판성이 길러지기 어렵다.

따라서 비판성을 길러 주기 위해서는 영유아가 내는 의견이나 실험결과에 대해 그 합리적 근거를 함께 말해 볼 수 있도록 기회를 제공하는 것이 필요하며, 이러한 교사의 비판적 태도를 모델링하여 영유아는 자신뿐만 아니라 타인에게도 적용함으로써 합리적 근거를 요구할 수 있는 비판적 태도를 기를 수 있다.

❖ 비판성

아래 교사 중 비판성이 길러질 수 있도록 돕는 교사는 누구인가요?

A 교사: ~에 대해 말해 줄 수 있는 사람 있나요? ○○가 말해 볼까요?
영유아: 저는 …라고 생각해요.
A 교사: 그렇군요. 좋은 생각이에요.

B 교사: ~에 대해 말해 줄 수 있는 사람 있나요? ○○가 말해 볼까요?
영유아: 저는 …라고 생각해요.
B 교사: 그렇군요. 왜 그렇게 생각했나요?

B 교사는 영유아의 의견에 대해 왜 그렇게 생각하는지 근거를 질문함으로써 영유아의 비판성을 길러 주고 있다. 이를 통해 영유아는 어떤 주장을 하기 위해서는 이를 위한 합리적 근거가 필요하다는 신념을 형성하게 된다. 하지만 A 교사는 근거를 들어 보지도 않고, 긍정적으로 평가함으로써 영유아로 하여금 합리적 근거보다는 주장이 중요할 수 있다는 잘못된 신념을 길러 줄 수 있다.

비판성을 증진시키기 위해서는 다음의 역할이 중요하다.

- 영유아의 생각이나 실험과정 및 결과에 대해 합리적 근거를 말할 수 있도록 해야 한다. 다만, 영아의 경우에는 근거를 대답하지 못하더라도 생각의 기회를 주는 것만으로도 비판성을 기를 수 있다.
- 타인에게 의견이나 실험과정 및 결과에 대해 합리적 근거를 요구할 수 있는 태도를 기르도록 해야 한다.

### 7) 판단유보(judgement reservation)

판단유보 태도는 자신의 실험결과를 섣불리 결론 내리지 않고, 충분한 증거를 모아 이를 토대로 다수에 의해 지지될 수 있을 때까지 결론 내리는 것을 신중히 하는 태도이다. 실험결과의 객관성을 확보하는 것뿐만 아니라 실험결과에 대한 개방성과 비판성을 토대로 부정적 측면을 보완하는 것까지 포함한다. 즉, 실험결과의 보다 나은 방향으로의 발전을 도모하기 위한 과정이라고 할 수 있다.

### ❖ 판단유보

아래 교사 중 판단유보 태도가 길러질 수 있도록 돕는 교사는 누구인가요?

A 교사: 오늘 활동을 계속 과학영역에서 실험하며 알아보기로 해요.
(개별 활동 후)
A 교사: ○○가 했던 과학실험 결과를 이야기해 줄래요?
유　아: (과학실험 결과 발표)
A 교사: 아주 잘했어요.

B 교사: 오늘 활동을 계속 과학영역에서 실험하며 알아보기로 해요.
(개별 활동 후)
B 교사: ○○가 했던 과학실험 결과를 이야기해줄래요?
유　아: (과학실험 결과 발표)
B 교사: ○○의 실험결과를 듣고, 좋은 점이나 걱정되는 점을 이야기해 주고 싶은 사람 있나요?
유　아: (의견 발표)
B 교사: 왜 그렇게 생각했나요?
유　아: (근거 발표)
B 교사: 그럼 ○○의 생각을 보완할 수 있는 방법이 무엇인지 한번 더 생각해 보면 좋을 것 같아요.

B 교사는 A 교사에 비해 유아가 실험결과를 마무리하도록 하지 않고, 친구들의 의견을 구하게 한다거나 보완점을 생각해 보도록 하여 지속적 실험의 기회를 제시하고 있다. 이를 통해 유아로 하여금 실험결과에 대한 결론을 내리는 데 있어 충분한 시간을 갖도록 하고 있다.

판단유보를 증진시키기 위해서는 다음의 역할이 중요하다.

- 판단유보는 활발한 상호작용을 통해 자신의 입장을 검토하고 수정 · 보완해 나가는 것이므로 영아보다는 유아에게 더욱 적합하다.
- 실험을 일회성에 그치지 않고, 지속적으로 반복해 보도록 해야 한다.
- 유아의 실험결과에 대해 다양한 의견을 수렴하도록 해야 한다.
- 문제점이 있는 경우, 그 보완점까지 생각해 보도록 해야 한다.

### 8) 협동성(cooperation with others)

협동성은 두 명 이상이 함께 활동을 하면서 서로 간의 의견을 합의하고, 우수한 또래의 사고과정을 학습하며, 아이디어를 발전시키는 태도를 의미한다. 협동성은 혼자 하는 활동이나 교사 주도로 이루어지는 활동에서는 길러지기 어렵다. 따라서 과학활동은 교사 주도가 아닌, 여러 명이 의견을 나눌 수 있는 활동으로 이루어지는 것이 중요하다.

이로 인해 과학활동은 소집단 활동으로 이루어지는 것이 좋다. 하지만 교육현장에서는 소집단 활동이 효과적으로 이루어지지 못하고 있음이 밝혀져 왔다(정문성, 2002; 지옥정, 최일선, 2005). 즉, 영유아기는 작업을 협업할 수 있는 친사회적 기술이나 의사소통기술이 아직 부족하기 때문에 소집단 활동이 효과적으로 이루어지지 못한다. 특히, 영아의 경우에는 소집단 활동을 계획하는 것이 발달 특성상 부적절하다. 유아들을 대상으로 한 소집단 활동의 문제점으로는 한 명의 유아가 활동을 주도하거나, 이를 통해 나머지 유아들의 자아존중감이 감소하는 등의 문제가 발생하며, 유아들의 소집단 활동이 효과적으로 이루어지지 않기 때문에 교사가 주도하는 경우가 발생한다는 것이다(정문성, 2002; 지옥정, 최일선, 2005). 문제의 원인은 여러 가지가 있으나, 우선은 유아들이 의견을 서로 나누고 합의하는 방식을 학습하도록 하는 노력이 필요하며, 친사회적 기술을 배려하여 소집단 활동을 시작하기 전에 활동 방법을 세밀하게 계획하는 지원이 필요하다.

따라서 협동성을 길러 주기 위해서는 대집단 활동을 통해 개방성 · 비판성 · 판단유보 등의 태도를 학습한 후, 이러한 태도가 어느 정도 길러지면 소집단 활동이 이루어지도록 하는 것이 적절할 것이며, 소집단 활동에 대한 교사와의 세밀한 계획으로 유아들이 역할 나누기나 실험도구와 재료 공유 등이 이루어질 수 있도록 해야 할 것이다.

### ❖ 협동성

아래 교사 중 협동성이 길러질 수 있도록 돕는 교사는 누구인가요?

A 교사: (소집단 구성 후) 모인 친구들과 함께 과학실험을 해 보기로 해요.

B 교사: (대집단 활동 마무리에서) 그럼 과학 영역에서 친구들과 관련된 과학활동을 계속해서 해 보기로 해요.
친구들과 어떤 과학활동을 더 해 보고 싶나요? ㅇㅇ가 말해 볼까요?
유 아: 저는 ㅁㅁ활동을 더 해 보고 싶어요.
B 교사: 그럼 ㅁㅁ활동을 함께해 보고 싶은 사람은 손을 들어 볼까요?
어떤 역할들을 하면 좋을까요?
재료와 도구가 몇 개밖에 없는데
어떻게 실험하면 좋을까요?
(소집단 활동 실시)

B 교사는 유아들이 소집단 활동을 보다 계획적으로 실천할 수 있도록 돕고 있다. 이를 통해 유아들은 점차 소집단 활동에서 역할 나누기나 자료 공유 등을 원만하게 실천할 수 있을 것이다.

협동성을 증진시키기 위해서는 다음의 역할이 중요하다.

- 영유아 발달에 적절한 협업을 위해서는 과학적 태도를 대집단 활동을 통해 먼저 길러 주는 노력이 필요하다.
- 일상 활동에서도 친사회적 행동, 의사소통능력을 길러 줄 수 있다.
- 소집단 활동 전 원만한 협업이 이루어지도록 구체적 활동 계획을 함께하는 것이 필요하다.

### 9) 끈기성(perseverance)

끈기성은 활동 과정 중 포기하지 않고, 끝까지 해결하기 위해 노력하는 태도를 의미한다. 또한, 실험결과가 의도한 대로 나타나지 않더라도 실패를 이겨내는 태도를 포함한다. 교육현장은 일과시간표에 따라 활동이 진행되기 때문에 영유아가 활동의 결과를 내지 못하고 중간에 끝내야 하는 경우가 많다. 이러한 경우 끈기성이 길러지기 어렵다.

따라서 끈기성을 길러 주기 위해서는 영유아가 오늘 한 활동을 보관함에 보관하였다가 시간이 날 때 지속할 수 있도록 하는 배려가 필요하며, 결과를 낸 영유아에게는 만족감을 느끼도록 결과물을 전시하거나 결과물을 친구들 앞에서 소개하는 시간을 갖도록 하는 것이 필요하다.

### ❖ 끈기성

아래 교사 중 끈기성이 길러질 수 있도록 돕는 교사는 누구인가요?

A 교사: 놀이시간이 끝났으니 모두 정리하세요.

B 교사: 놀이시간이 끝났으니 모두 정리하세요. 혹시, 하던 것을 못 끝낸 친구들은 보관함에 보관하였다가 다음 놀이시간에 계속해서 활동하기로 해요.

A 교사는 활동을 중단시킨 반면, B 교사는 중단된 활동을 지속할 수 있도록 활동 보관함을 마련해 두었고, 지속하기를 제안하고 있다. 따라서 A 교사보다는 B 교사가 영유아들의 끈기성을 증진시키는 데 도움을 주고 있다.

끈기성을 증진시키기 위해서는 다음의 역할이 중요하다.

- 영유아의 활동이 교사로 인해 중단되지 않는지 점검이 필요하다.
- 영유아의 활동을 보관할 수 있도록 보관함이 마련되어야 한다.
- 영유아가 만든 결과에 대해 성취감과 만족감을 느끼도록 하는 환경구성과 친구나 교사에게 소개하는 시간을 계획하는 지원이 필요하다.

# 4. 교육과정에 나타난 영유아 과학개념

## 1) 「2019 개정 누리과정」의 자연탐구 영역

### (1) 목표

탐구하는 과정을 즐기고, 자연과 더불어 살아가는 태도를 가진다.

- 일상에서 호기심을 가지고 탐구하는 과정을 즐긴다.
- 생활 속의 문제를 수학적 · 과학적으로 탐구한다.
- 생명과 자연을 존중한다.

### (2) 내용

| 내용범주 | 내용 |
|---|---|
| 탐구과정 즐기기 | 주변 세계와 자연에 대해 지속적으로 호기심을 가진다. |
| | 궁금한 것을 탐구하는 과정에 적극적으로 참여한다. |
| | 탐구과정에서 서로 다른 생각에 관심을 갖는다. |
| 생활 속에서 탐구하기 | 물체의 특성과 변화를 여러 가지 방법으로 탐색한다. |
| | *물체를 세어 수량을 알아본다.* |
| | *물체의 위치와 방향, 모양을 알고 구별한다.* |
| | *일상에서 길이, 무게 등의 속성을 비교한다.* |
| | *주변에서 반복되는 규칙을 찾는다.* |
| | *일상에서 모은 자료를 기준에 따라 분류한다.* |
| | 도구와 기계에 대해 관심을 가진다. |
| 자연과 더불어 살기 | 주변의 동식물에 관심을 가진다. |
| | 생명과 자연환경을 소중히 여긴다. |
| | 날씨와 계절의 변화를 생활과 관련짓는다. |

## 2)「제4차 표준보육과정」의 자연탐구 영역

### (1) 목표

| 연령 | 목표 |
|---|---|
| 만 0~1세 | • 주변 환경과 자연에 관심을 가진다.<br>– 일상에서 탐색을 즐긴다.<br>– 주변 환경을 탐색한다.<br>– 생명과 자연에 관심을 가진다. |
| 만 2세 | • 주변 환경과 자연을 탐색하는 과정을 즐긴다.<br>– 일상에서 탐색하는 과정을 즐긴다.<br>– 주변 환경에 관심을 가지고 탐색한다.<br>– 생명과 자연에 관심을 가진다. |

### (2) 내용

<table>
<tr><th>연령</th><th>내용범주</th><th>내용</th></tr>
<tr><td rowspan="3">만 0~1세</td><td>탐구과정 즐기기</td><td>• 주변 세계와 자연에 대해 호기심을 가진다.<br>• 사물과 자연 탐색하기를 즐긴다.</td></tr>
<tr><td>생활 속에서 탐구하기</td><td>• 친숙한 물체를 감각으로 탐색한다.<br>• 물체의 수량에 관심을 가진다.<br>• 주변 공간과 모양을 탐색한다.<br>• 규칙성을 경험한다.</td></tr>
<tr><td>자연과 더불어 살기</td><td>• 주변의 동식물에 관심을 가진다.<br>• 날씨의 변화를 감각으로 느낀다.</td></tr>
<tr><td rowspan="3">만 2세</td><td>탐구과정 즐기기</td><td>• 주변 세계와 자연에 대해 호기심을 가진다.<br>• 사물과 자연을 반복하여 탐색하기를 즐긴다.</td></tr>
<tr><td>생활 속에서 탐구하기</td><td>• 친숙한 물체의 특성과 변화를 감각으로 탐색한다.<br>• 물체의 수량에 관심을 가진다.<br>• 주변 공간과 모양을 탐색한다.<br>• 규칙성에 관심을 가진다.<br>• 주변 사물을 같고 다름에 따라 구분한다.<br>• 생활 도구에 관심을 가진다.</td></tr>
<tr><td>자연과 더불어 살기</td><td>• 주변의 동식물에 관심을 가진다.<br>• 날씨와 계절의 변화를 감각으로 느낀다.</td></tr>
</table>

### 3) 교육과정의 자연탐구 영역에 나타난 과학개념

앞서 '영유아 과학교육 목표'에서 학습한 것 중 '사회적 요구가 반영된 탐구대상'에 속하는 것이라고 할 수 있다. 교육과정에 제시된 탐구대상을 보편적 과학지식 분류인 물리, 화학, 생명과학, 지구과학에 따라 구분하면 다음과 같다.

#### (1) 물리

물리에는 교육과정에 제시된 물질과 물체에 대한 이해가 포함된다. 물질과 물체는 다음과 같이 구분할 수 있다.

| 구분 | 의미 | 예 |
|---|---|---|
| 물질 | 물체를 이루는 본바탕 | 유리, 나무, 철 |
| 물체 | 물질로 이루어진 것 | 창문, 책상, 가위 |

또한, 영유아가 일상생활에서 사용되는 물체로서 도구와 기계에 대한 구체적 이해가 포함된다. 도구와 기계는 다음과 같이 구분할 수 있다.

| 구분 | 의미 | 예 |
|---|---|---|
| 도구 | 일의 능률을 높여 주는 단일 물체 | 강판, 부채 |
| 기계 | 외부 에너지인 동력을 활용해 움직이는 장치 | 믹서, 선풍기 |

물리적 측면에서 영유아의 과학적 탐구대상은 다음과 같다.

- 물체와 물질의 특성
- 물체의 다양한 변화
- 도구와 기계의 특성, 활용원리와 방법
- 도구와 기계 활용의 긍정적인 측면과 부정적인 측면
- 도구와 기계의 부정적인 측면 보완방법

### (2) 화학

화학에는 물질의 다양한 성질 변화에 대한 이해가 포함된다. 물질의 성질을 변화시키기 위해서는 주로 열이 많이 사용된다. 따라서 열에 의해 물질이 어떻게 변화하는지에 대한 이해가 포함된다.

화학적 측면에서 영유아의 과학적 탐구대상은 다음과 같다.

- 물질의 다양한 변화

### (3) 생명과학

생명과학에는 생명체(인간을 포함한 동식물)와 생명체가 살아가는 자연환경에 대한 이해가 포함된다. 생명체는 다음과 같이 구분할 수 있다.

| 구분 | | 의미 | 예 |
|---|---|---|---|
| 생명체 | 동물 | 운동, 감각, 신경이 발달함 | 인간, 벌, 토끼, 물고기, 새 |
| | 식물 | 운동, 감각, 신경이 없음 | 꽃, 나무, 과일 |

생명과학 측면에서 영유아의 과학적 탐구대상은 다음과 같다.

- 생명의 독특한 특성(탄생과 성장)
- 생명이 살아가는 자연환경의 특성
- 생명의 존엄성 및 경이로움
- 공존의 중요성

### (4) 지구과학

지구과학에는 땅, 대기, 바다, 우주의 특성과 변화, 각각에서 일어나는 현상에 대한 이해가 포함된다.

지구과학 측면에서 영유아의 과학적 탐구대상은 다음과 같다.

- 자연현상의 특성(규칙성)
- 자연현상의 변화에 대처하는 생활모습

**사·후·실·습**

'PART 5. 영유아 과학교육 실제'에 있는 과학활동을 하나 선택하여 지식, 기술, 태도 측면에서 어떤 교육내용이 포함되었는지 검토해 보세요.

친구들과 이야기 나누어요.

CHAPTER 4

# 영유아 과학교육 교수·학습방법

사·전·실·습

영유아 과학교육 장면을 그림으로 그려 보고, 어떻게 수업이 이루어지고 있는지 수업 방법에 대해 이야기해 보세요.

친구들과 이야기 나누어요.

## 1. 교수 · 학습 원리

교수란 좁은 의미로 가르치는 기술을 나타내는 기능적인 측면과 포괄적 의미로는 이와 더불어 인성적인 측면의 가르침까지 모두 포함하는 것이다. 학습이란 경험의 결과로 인해 어떤 개인의 지식, 행동, 태도가 비교적 지속적으로 변화되는 것을 의미한다. 즉, 교수 · 학습은 하나의 교육 상황에서 인과관계로 나타난다고 할 수 있다. 따라서 교수와 학습을 분리하지 않고, 교수 · 학습이라고 표현한다. 또한, 교육의 과정에서 '어떻게'에 해당하는 것이라고 할 수 있다.

영유아 발달에 적합한 교수 · 학습 원리는 다음의 7가지이다. 이는 교육과정 개발의 기초원리를 언급한 Tyler(1949)의 학습경험 선정 및 조직 원리와 학습자의 탐구과정을 중요시한 Bruner(1962)의 지식 형성 구조를 바탕으로 종합한 것이다.

### 1) 기회의 원리

기회의 원리란, 학습자가 교육목표를 달성하도록 관련된 행동의 실천 기회를 제공해야 한다는 원리이다. 즉, 수업목표가 되는 행동을 영유아가 실제로 실천해 볼 수 있는 기회가 주어져야 한다. 왜냐하면, 영유아기는 구체적으로 경험하고 느껴야만 진정으로 학습할 수 있는 시기이기 때문이다. 따라서 과학 탐구과정과 같은 중요 학습 과정을 영유아가 직접 체험을 통해 경험할 수 있도록 하는 기회 제공이 필요하다.

### 2) 놀이중심의 원리

놀이중심의 원리란, 학습자의 흥미와 관심을 지속적으로 고려해야 하는 것으로 영유아 발달에 적합하게 놀이처럼 교수학습 과정이 이루어져야 한다는 원리이다. 즉, 과학활동이 놀이처럼 흥미로워야 한다는 것으로 영유아는 놀이를 하면서 학습하므로 놀이처럼 흥미롭다면 영유아의 몰입도는 커지고, 그 속에서 과학활동의 목표도 자연스럽게 달성하게 된다. 따라서 교사는 활동목표에 적합하면서도 영유아가 흥미롭게 놀이처럼 참여할 수 있는 과학활동을 흥미로운 자료와 함께 제시해야 한다. 흥미로운 탐색 및 실험자료 등을 제공함으로써 영유아는 과학활동에 흥미를 갖고 몰입할 수 있다.

### 3) 생활의 원리

생활의 원리란, 생활 자체가 바로 교육의 중심이 되어야 한다는 원리로 영유아의 일상생활 경험에 기초하여 과학적 지식과 태도, 다양한 기술을 학습하도록 해야 한다는 것이다. 영유아의 실제 생활에서 일어나는 흥미와 관심, 요구, 질문 등이 교육의 시작이 되는 것이므로 영유아의 동기유발, 학습과정으로의 몰입에 효과가 크다고 할 수 있다. 따라서 영유아 주변에서 일어나는 일, 사건 등과 관련된 과학활동을 계획하여 지원하는 것이 중요하며, 과학활동이 영유아 생활과 관련성이 있음을 알도록 하는 동기 유발 과정도 필요하다.

### 4) 구체성의 원리

구체성이란, 학습자가 무엇인가를 이해하기 위해 발달 수준에 적합한 형태를 갖추고 있는 정도를 의미한다. 예를 들어, 눈사람을 이해하도록 하기 위해서는 영유아에게 단어 카드보다는 그림이 구체적이라고 할 수 있다. 또한, 나뭇잎을 이해하도록 하기 위해서 그림으로 보기보다는 실제 나뭇잎을 만져 보는 체험이 더 구체적이라고 할 수 있다. Dale의 경험의 원추에 따르면 영유아교육에서는 구체적 활동 경험에서 점차 추상적 활동경험으로 나아가는 것이 효과적이라고 언급하고 있다. 미국유아교육협회(NAEYC: National Association for the Education of Young Children)에서도 워크북 형식의 활동지나 성인의 결과물을 모방하게 하는 것 등은 6세 이전의 영유아에게는 적합하지 않다고 지적한다. 따라서 과학활동에 제공되는 자료는 영유아 발달에 적합한 구체성이 있어야 하며, 과학활동은 영유아에게 구체적 경험이 되도록 해야 할 것이다.

### 5) 개별화의 원리

개별화의 원리란, 영유아의 발달 속도나 흥미 등에 있어서 차이가 있기 때문에 이러한 차이를 고려하여 다양성을 적용하는 원리이다. 즉, 다양한 능력과 흥미를 가지는 영유아의 개인차에 부응해야 한다. 이를 위해 대집단 활동의 경우, 교수·학습 자료에 있어서도 난이도를 고려하여 제공할 수 있다. 예를 들어, 활동자료에 글자만 있는 것보다는 그림과 함께 글자를 제시한다거나 숫자를 기호와 함께 그 수 만큼 점을 찍어 표시된 것을 함께 제시할 수 있다. 자유놀이의 경우에도 과학(탐색)영역에서 영유아가 자신의 발달에 적합하게 선택할 수 있도록 다양한 활동과 자료가 구비된 환경구성이 되어야 한다. 또한, 대집단 활동 이후에는 관련된 활동을 과학(탐색)영역에 연계활동으로 제시함으로써 영유아가 자신의 발달에 맞춰 다시 경험하면서 이해하도록 도와야 한다.

### 6) 탐구의 원리

탐구의 원리란, 인간은 본능적으로 탐구하는 존재로서 학습자가 스스로 탐색하고, 이에 대해 사고함으로써 지식을 발견해내도록 지원해야 한다는 원리이다. 실제로 영유아는 자신의 감각을 통하여 스스로 탐색한 사물이나 현상에 대해서만 물리적 지식과 논리 수학적 지식을 얻게 된다. 즉, 스스로 탐구하는 과정을 통하여 학습이 이루어진다. 탐구학습의 중요한 점은 영유아가 스스로 발견하는 과정을 통하여 여러 가지 문제해결의 기술도 학습할 수 있으며, 독립적인 학습 태도를 기를 수 있다는 것이다. 탐구능력을 가진 영유아는 주변에 성인이 없어도 스스로 학습할 수 있게 된다. 이러한 영유아는 혼자 어떠한 것을 알아내면 기분 좋게 느끼고, 더욱 탐구하고 싶은 동기를 가지게 된다. 즉, 탐구과정을 통한 발견 자체가 내적 보상이 되며, 이를 통해 영유아는 질문하는 능력, 자료와 정보를 분석하는 능력, 문제의 해결을 위해 스스로 해결 방법을 찾아내는 능력 등이 발달하게 된다. 따라서, 영유아의 탐구학습을 돕기 위해서 교사는 영유아가 다양한 탐구 경험을 하도록 풍부한 기회를 제공하고 영유아가 관찰하고 실험해 보도록 격려하며, 자신의 생각이나 호기심을 창의적으로 확장해 나가도록 도와주어야 한다. 또한, 영유아가 탐구과정을 통해 결국에 지식을 발견하지 못하더라도 탐구과정 자체를 실천하는 것에 의의를 두도록 격려해 주어야 하며, 영유아 발달에 적합한 탐구과정을 수행할 수 있도록 교사가 발문을 통해 도우며, 이끄는 것도 중요하다.

### 7) 통합의 원리

통합의 원리란, 모든 지식과 경험을 서로 연결지음으로써 전인발달이 가능하도록 돕고, 종합적 지식을 형성하여 일상 문제에 대한 지식 전이 및 적용을 효과적으로 하도록 돕는 원리이다. 특히 교육의 대상이 되는 영유아 개개인은 전인적 인격체로, 사회성발달, 신체발달, 언어발달, 정서발달, 인지발달이 통합적으로 이루어져야 한다. 따라서 전인발달을 고려하여 교수 · 학습이 이루어져야 한다. 이를 위해 활동목표를 선정할 때도 지식 · 기술 · 태도가 모두 포함되도록 선정할 필요가 있으며, 교육과정 5~6개 영역을 고루 고려하는 것이 필요하다. 또한, 여러 교과 활동이 통합되도록 해야 하며, 자유놀이 시 다양한 영역구성을 통해 통합적 원리를 구현할 수 있어야 한다.

### ❖ '통합의 원리'로서 STEAM 교육

● **STEAM이란?**

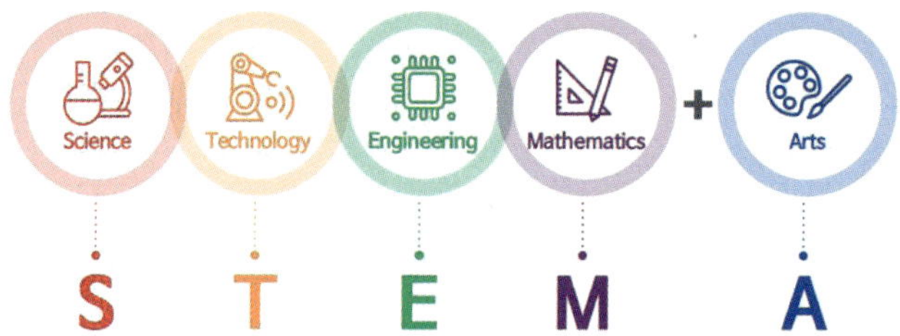


과학(Science), 기술(Technology), 공학(Engineering), 예술(Art), 수학(Mathematics)의 첫 글자를 딴 합성어로, 창의적 융합 인재를 양성하기 위한 과학교육 모델을 뜻함

● **영유아 대상 STEAM 교육 사례**

영유아 대상으로 놀이주제를 중심으로 과학교육을 통합적으로 실천할 수 있음

| 놀이주제 | 재활용품 놀이 | | | |
|---|---|---|---|---|
| STEAM 활동 과정 | 탐색 | • 다 마신 우유갑을 씻어서 말린 후 제공하기<br>• 우유갑으로 자유롭게 놀이해 보며, 우유갑 특성 탐색하기 | | |
| | 탐구 실험 발견 | 우유갑 속에 무언가를 숨길 수 있음 | 우유갑이 적당히 가벼워 원하는 곳으로 던질 수 있음 | 우유갑이 종이라 접어지는 특성이 있음 |
| | 평가 | • 발견한 것을 서로 공유하기<br>• 발견한 것을 토대로 우유갑을 활용한 새로운 놀이 창안하기 | | |
| | 통합적 활동구성 | 수수께끼 놀이 | 농구놀이 | 우유갑과 미술재료를 활용한 만들기 놀이 |

## 2. 교수 · 학습 접근법

과학교육에서 주로 활용하는 교수 · 학습 접근법은 다음과 같다. 모두 영유아의 자발적 놀이 속에서 영유아의 흥미와 호기심을 발견하여 이를 기초로 탐구능력과 과학적 문제해결력능력을 기를 수 있도록 놀이를 지원하는 과학교육 실시에 중점을 둔다. 놀이 지원의 범위와 방법과 목표에 따라 다음과 같이 구분할 수 있다.

〈표 3-1〉 과학교육의 교수 · 학습 접근법

| 접근법 | 학습자 역할 | 교수자 역할 | 교육목표 |
|---|---|---|---|
| 프로젝트 접근법 | • 학습자의 흥미로부터 교육 출발<br>• 흥미를 갖는 대상에 대해 구체적 질문목록을 생각해 봄<br>• 흥미를 갖는 대상은 다양하며, 모두 교육의 대상이 될 수 있음 | • 학습자의 흥미에 따른 구체적 질문해결을 위한 다양하고 심화된 활동들을 계획하고 지원함<br>• 학습자의 심화 · 발전되는 이해과정을 기록하여 다음 활동을 지원함<br>• 장기적 지원 | • 학습자가 흥미를 갖는 대상에 대해 이해를 증진하고 심화 · 확장하는 것에 목표를 둠 |
| 과학사적 접근법 | • 학습자의 흥미로부터 교육 출발<br>• 흥미를 갖는 대상 중 과학적 개념을 포함하고 있는 것만 교육의 대상이 됨 | • 학습자의 흥미 중 과학적 개념 도출<br>• 과학적 개념이해를 위한 탐구활동을 계획하고 지원함 | • 학습자가 흥미를 갖는 대상과 관련한 과학적 개념 이해 증진에 목표를 둠 |
| 탐구기반 접근법 | • 학습자의 흥미로부터 교육 출발<br>• 학습자의 흥미를 지원하는 교수자의 계획된 활동에 참여<br>• 교수자의 지원에 따라 체계적 탐구과정 경험 | • 학습자의 흥미를 지원할 수 있는 탐구활동 계획 및 실행(문학, 요리, 예술, 생태활동 등)<br>• 활동 중 학습자의 탐구과정 지원 | • 학습자 흥미와 관련한 교육적으로 유의미한 활동을 통해 학습자가 흥미를 가지고 탐구과정에 적극적으로 참여함으로써 탐구기술 증진에 목표를 둠 |
| 비형식적 접근법 | • 학습자의 호기심에 기초한 일상의 질문으로부터 교육 출발<br>• 호기심과 질문을 갖는 대상은 다양하며, 모두 교육의 대상이 될 수 있음 | • 학습자의 호기심과 질문을 해결할 수 있도록 상호작용<br>• 교사 및 또래들과 상호작용 기회 제공<br>• 시간과 장소의 구애 없이 즉각적으로 지원이 이루어짐 | • 학습자가 일상생활 속에서 호기심을 가지고 질문하는 태도를 기르며, 교사 및 또래와의 상호작용을 통해 해결해 보는 기회를 갖는 데 목표를 둠 |

위 교수 · 학습 접근법은 영유아 과학교육을 운영하는 데 있어서 서로 구분되어 진행된다기보다는 서로 연관되어 유연하게 활용된다.

각각의 교수 · 학습 접근법을 구체적으로 살펴보고자 한다.

### 1) 프로젝트 접근법(project approach)

영유아의 흥미에 기초하여 구체적 질문을 생각해 보게 하고, 이러한 질문을 해결할 수 있도록 체계적 경험을 제공함으로써 다양하고 심화된 경험을 통해 흥미를 가진 대상에 대한 이해의 심화 · 확장이 이루어지도록 하는 접근법이다. 따라서 영유아의 흥미를 발견하고 이와 관련된 질문목록을 구성해 관련된 활동을 계획하여 통합적으로 장기간에 걸쳐 경험하도록 지원하는 접근법이다.

예를 들어, 영유아가 '나무'에 흥미를 보일 때, 나무에 대한 질문목록을 구성하고 질문을 해결해 감으로써 이해 증진 및 확장을 할 수 있도록 관련된 다양하고 심화된 활동을 계획하고, 장기간 지원하는 것이라고 할 수 있다.

❖ 영유아 흥미에 기초한 프로젝트 접근 예

활동 1: 이야기나누기(나무가 잘 자라려면)

T: 나무가 잘 자라기 위해서는 무엇이 필요할까요?
C: 물이요.
T: 왜 물이라고 생각했나요?
C: 우리도 물이 없으면 살 수가 없으니까요.
T: 또 무엇이 필요할까요?
C: 땅이요.
T: 왜 땅이라고 생각했나요?
C: 우리가 음식을 먹는 것처럼, 땅속의 영양분을 먹어야 하니까요.
T: 모든 나무에게 똑같은 물과 땅속 영양분을 주면 똑같이 자랄까요?
C: 선생님, 나무마다 다르지 않을까요?
T: 모두 같은지, 다른지 어떻게 알아보면 좋을까요?

(…하략…)

### 활동 2: 신체표현(씨앗의 성장)

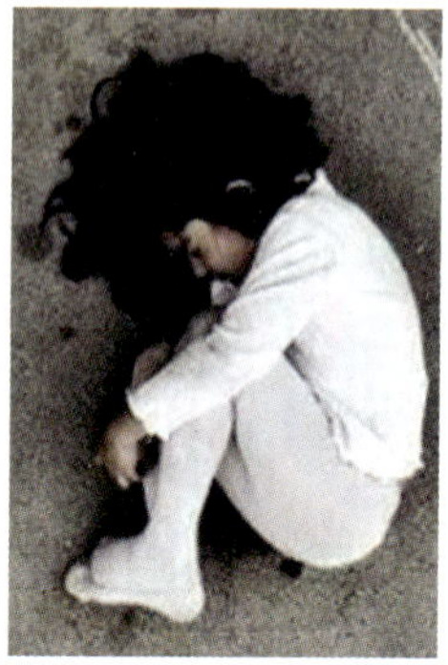

T: 선생님이 다양한 나무의 씨앗을 가져왔어요.
씨앗을 관찰해 보고, 특징을 찾아봐요.
C: 씨앗은 서로 크기도 다르고, 만져 본 느낌도 달라요.
T: 이 씨앗 중 나무로 자라려면 물이 많이 필요할 것 같은 씨앗은 무엇인가요?
C: 크고 딱딱한 씨앗이요.
T: 왜 그렇게 생각했나요?
C: 크니까 물이 많이 필요할 것 같고, 딱딱하니까 물이 없어서 굳은 것 같아요.
T: 그럼, 가장 크게/작게 자랄 것 같은 씨앗은 무엇인가요?
작은 씨앗의 성장을 우리 몸으로 어떻게 표현할 수 있을까요?
C: (작은 씨앗의 성장을 표현한다.)
T: 그럼, 큰 씨앗의 성장을 표현해 볼까요?
C: (큰 씨앗의 성장을 표현한다.)
T: 씨앗의 성장을 표현한 차이점은 무엇인가요?

(…하략…)

### 활동 3: 과학(나무 관찰하기)

T: 나무가 서로 어떻게 다른지 구체적으로 살펴보기로 해요.
나무의 줄기 부분을 만져 보았나요? 만져 보면 느낌이 어떤가요?
C: 거칠거칠한 게 있고, 부드러운 것도 있어요.
T: 혹시 나무의 뿌리를 보았나요?
C: 이 나무는 뿌리가 튀어나와 있어요.
T: 뿌리는 생김새가 어떻게 다른가요? 만져 보면 느낌은 어떻게 다른가요?
C: 이 나무의 뿌리는 덜 거칠어요. 이 나무의 뿌리는 얇아요.
T: 그럼, 나뭇가지는 어떤가요? 생김새와 만져 본 느낌은 어떤가요?

(…중략…)

T: 나무의 줄기, 뿌리, 나뭇잎의 같은 점도 있나요?
C: 있는 위치가 같아요.
T: 그럼, 나무의 줄기, 뿌리, 나뭇잎은 서로 어떻게 다른가요?

(…하략…)

### 활동 4: 미술(잎맥 프로타주)

T: 선생님이 나뭇잎들을 가져왔어요. 어떤 다른 점이 있나요?
C: 모양이랑 색이 다르고, 나뭇잎 안에 볼록한 선도 달라요.
T: 그래요. 나뭇잎에는 작은 선들이 있어요.
그런데 선들이 잘 보이지 않아서 선의 모양을 잘 보려고 재료들을 준비해 왔어요.
여기 있는 재료와 나뭇잎으로 어떤 미술활동을 할 수 있을까요?

(…중략…)

T: 나뭇잎이 종이에 더 잘 그려지려면 어떤 재료를 바꾸어 보면 좋을까요?
C: 더 얇은 종이로 바꿔 봐요.
T: 왜 그렇게 생각했나요?
C: 종이가 두꺼우면 잘 나타나지 않잖아요.
T: 그럼, 어떤 얇은 종이를 활용해 실험해 보면 좋을까요?
C: 한지요.
T: 그럼, 한지랑 비교해서 더 잘 그려졌는지 어떻게 확인하면 알 수 있을까요?
똑같은 나뭇잎을 사용해서 그려 보고 돋보기로 비교해요.

(…하략…)

활동 5: 동화(아낌없이 주는 나무)

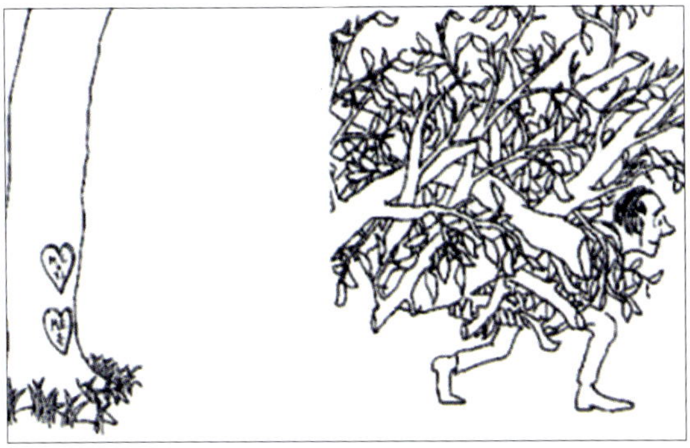

『아낌없이 주는 나무』
쉘 실버스타인 글 · 그림 / 이재명 역 / 시공주니어 / 2000

T: 오늘은 나무가 우리에게 어떻게 사용되는지 동화를 보면서 알아보기로 해요.
(한 장면을 보며) 이 사람은 나뭇가지들을 가지고 가서 어떻게 사용할까요?
C: 집을 만들 것 같아요.
T: 왜 그렇게 생각했나요?
C: 나뭇가지를 쌓으면 집이 되잖아요.
T: 또 다르게 생각한 사람 있나요?
C: 저는 이불을 만들 것 같아요.
T: 왜 그렇게 생각했나요?
C: 나뭇잎들을 떼어서 붙이면 이불이 될 것 같아요.
그럼, 이 나무는 소나무는 아니겠어요.
T: 왜 그렇게 생각했나요?
C: 나뭇잎이 뾰족하니까요. 나무마다 다르게 사용될 것 같아요.
T: 좋은 생각이네요. 다음 시간에 관련해서 계속 알아보기로 해요.
그럼, 다음 장면을 보고, 이 사람은 어떻게 사용했는지 다 같이 보기로 해요.

(…하략…)

### 활동 6: 새노래(꿀밤나무 밑에서)

## 꿀밤나무 밑에서

미국민요

T: 노래를 듣고, 꿀밤나무는 우리에게 어떻게 사용되었나요?

C: 친구랑 이야기하는 장소가 되어 주었어요.

T: 꿀밤나무가 어떤 모습일지 추측해 볼 수 있을까요?

C: 잎 부분이 아주 클 것 같아요.

T: 왜 그렇게 생각했나요?

C: 나무 밑에서 친구들이 놀기 위해서는 그늘이 필요하니까, 잎이 커서 그늘이 되어 줄 것 같아요.

T: 꿀밤나무의 잎이 커서 큰 그늘을 만들어 주는지 확인해 보려면 어떻게 해야 할까요?

(…하략…)

활동 7: 요리(다양한 꽃 차)

T: 나무에 열린 꽃들 중에서 우리가 차로 마실 수 있는 것이 있대요.
꽃 차를 먹어 본 사람이 있나요?

(…중략…)

T: 오늘은 다양한 꽃잎들로 차를 만들어 마시려고 해요.
어떤 도구들이 필요할까요?

C: 물이랑 주전자, 가스레인지요.

T: 왜 그렇게 생각했나요?

C: 차를 끓이려면 물에 넣어 뜨겁게 끓여야 하니까요.

T: 만약, 물에 넣어 끓이면 꽃잎들이 어떻게 변화할까요?
어떻게 하면 우리가 변화를 확인해 볼 수 있을까요?

(…하략…)

## 2) 과학사적 접근법(HPS: history and philosophy of science)

과학사적 접근법은 과학성과 역사성을 포함한 과학교육을 의미한다. 즉, 과학활동에서 과학성을 포함하기 위해서는 과학적 개념을 다루어야 하며, 역사성을 포함하기 위해서는 과학자들이 행한 과학과정기술이 가능하도록 계획되어야 한다. 과학사적 접근에는 흥미에 기초한 발명활동도 포함된다. 따라서 영유아가 흥미를 보이는 대상 중에서 과학적 개념을 포함하고 있는 것만 교육의 대상이 되며, 영유아의 과학적 개념에 대한 이해 증진이 가능하도록 지원하는 접근법이다.

예를 들어, 영유아가 '나무'에 흥미를 보일 때, 나무와 관련한 과학적 개념을 포함하고 있는 활동을 계획하여 지원하는 것이라고 할 수 있다.

**활동 1: 과학 (나무 관찰하기)**

과학개념: 나이테의 원리

T: 나무 중 나이가 가장 많고, 가장 나이 어린 나무를 구분할 수 있을까요?
C: 나이테로 알 수 있어요.
T: 나이테가 무엇인지 설명할 수 있나요?
C: 줄기를 자르면, 나이테가 동글동글 보여요. 나이테가 많으면 나이가 많은 거래요.
T: 나이테는 어떻게 해가 지날수록 많아질까요?
C: 저는 줄기 부분이 커지면서 나무속이 벌어지고, 그 안으로 공기가 들어가 건조해지면서 나이테 줄이 생기는 것 같아요.
T: 왜 그렇게 생각했나요?
C: 우리 몸도 건조해지면 주름이 생기잖아요.
T: 우리의 예측이 맞는지 확인하려면 어떻게 하면 좋을까요?

(…하략…)

### 활동 2: 과학 (나무로 만들어요)

과학개념: 나무를 활용한 발명

T: (파피루스를 보며) 이것은 무엇일까요?
C: 편지예요.
T: 그래요, 옛날 편지래요. 무엇으로 만들어진 것 같나요?
C: 종이요.
T: 종이는 또 무엇으로 만들어졌을까요?
C: 종이는 나무로 만들어졌대요.
T: 어떻게 나무로 종이를 만들 수 있을까요?
C: 나무를 얇게 깎아서 만들어요.
T: 왜 그렇게 생각했어요?
C: 감자나 고구마도 얇게 자른 건 종이 같았어요.

(…중략…)

T: 그럼, 나무로 또 무엇을 만들어 보고 싶나요?
나무의 어떤 부위를 어떻게 활용해서 만들어 보고 싶나요?
종이와 연필로 계획을 그림으로 그려 보고 친구들에게 소개해 주기로 해요.

### 3) 탐구기반 접근법(inquiry-based science education)

탐구기반 접근법은 교수자가 영유아의 놀이를 통해 흥미를 갖는 대상을 파악하고 영유아 수준에 적합하고 교육적으로 의미 있는 과학활동을 계획하여 실행함으로써 활동에 참여한 영유아가 탐구기술을 경험하고 증진하도록 하는 접근법이다. 이때, 교사는 영유아가 보이는 흥미 있는 경험에 대한 심도 깊은 탐구가 일어나도록 지원하고, 영유아가 탐구과정에 적극적으로 참여하여 탐구기술을 증진하도록 지원해야 한다.

예를 들어, 교사는 영유아들의 놀이관찰 후, 영유아 흥미와 관련한 문학, 예술, 요리, 생태활동 등의 과학활동을 영유아 수준에 적합하게 계획하여 실행하고, 영유아가 이러한 활동에 참여하면서 흥미에 기초하여 적극적 탐구과정을 경험해 보도록 지원하는 것이라고 할 수 있다.

탐구기반 접근법의 과학활동 실제는 PART 5에 구체적으로 제시되어 있다.

### 활동 1: 문학을 통한 과학(종이 한 장)

⊙ 관련 놀이상황: 종이로 다양한 만들기 놀이를 하며, 종이의 변화에 흥미를 가짐

『종이 한 장』
박정선 지음 / 민정영 그림 / 비룡소 / 2008

T: (동화 표지를 보며) 어떤 내용의 동화일까요?
C: 종이비행기를 타고 여행하는 거예요.
T: 그림에서 종이가 멋진 비행기가 되었네요.

(…중략…)

T: 책 속에서 종이가 어떻게 또 활용이 되었나요?
C: 바람을 만들었어요. 모자가 되었어요.
T: 여러분이라면, 종이를 또 어떻게 활용해 볼 수 있을까요?
C: 옷을 만들 수 있어요.
T: 왜 그렇게 생각했나요?
C: 종이는 얇아서 내가 원하는 대로 모양을 만들 수 있어서요.
T: 그럼, 종이로 만들 때 필요한 것은 무엇일까요?
종이로 만들었을 때 불편한 점은 무엇일까요?
이런 점들을 생각하면서 종이로 만들어 보기로 해요.

(…중략…)

T: 종이로 만들면서 알게 된 점이나 궁금한 점이 있었나요?

### 활동 2: 예술을 통한 과학(데칼코마니)

⊙ 관련 놀이상황: 모래놀이 영역에서 '손바닥 찍기'로 양손을 벌려 좌우가 똑같은 모양 찍기 놀이를 하며, 좌우 대칭에 흥미를 가짐

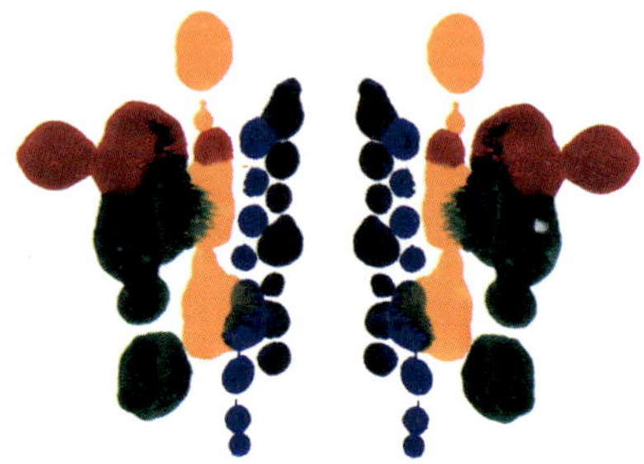

T: (활동 결과물을 보며) 이것은 데칼코마니로 표현한 나비예요.
어떤 재료로 어떻게 표현했을까요?

C: 물감을 사용해 붓으로 그렸어요.

T: 물감을 사용했지만, 전부 붓으로 그리지는 않았대요.
그럼, 또 다른 결과물도 한번 관찰해 보아요.

(…중략…)

T: 두 작품의 공통점은 무엇일까요?

C: 양쪽의 모습이 똑같아요.

T: 어떻게 하면 양쪽의 모습을 똑같이 표현해 낼 수 있을까요?

(…중략…)

T: 그럼, 이 활동을 하는 데 필요한 재료와 순서도를 보면서 알아보아요.

T: 여러분은 어떤 것을 데칼코마니로 표현하고 싶나요?
활동을 하면서 궁금한 점이나 새롭게 알게 된 점을 나중에 알려 주기로 해요.

### 활동 3: 생태활동을 통한 과학(동식물 기르기)

⊙ 관련 놀이상황: 텃밭에 각자 자신만의 채소를 심고, 매일 바깥놀이 시간에 채소에 물을 주며 관찰하면서 채소의 성장에 흥미를 가짐

T: 우리가 심은 채소가 오늘은 어떻게 자랐나요?
지난번과 변화된 모습이 있나요?

C: 키가 자라고, 잎도 커졌어요.

T: 채소가 자라는 것을 보면서 궁금한 점이 있나요?

C: 똑같은 채소인데, ○○○ 채소는 더 잘 자랐어요. 그 이유가 궁금해요.

T: 그렇군요. 어떻게 그 이유를 알아볼 수 있을까요?
채소가 잘 자라는 데 어떤 것들이 필요하다고 생각하나요?

C: 햇빛, 물이 필요해요.

T: 그럼, 일단 햇빛과 물에 있어서 친구와 차이가 나는 점이 있는지 관찰하고 비교해 보는 것부터 시작해 볼까요?

(…중략…)

T: 관찰하고 비교해 본 결과, 발견한 차이점은 무엇인가요?

### 4) 비형식적 접근법

비형식적 접근법은 학습자의 일상생활 속 구체적 질문으로부터 출발하는 것으로 학습자가 호기심을 가지고 질문하는 태도를 기르며, 교사 및 또래와의 상호작용을 통해 궁금증을 해결해 보는 경험을 가질 수 있도록 교사가 지원하는 것이다. 이를 통해 학습자는 편안하고 안정된 분위기에서 궁금한 것을 해결하기 위해 상호작용을 통해 해결해 보는 경험의 기회를 가질 수 있다. 상호작용 시 유의점은 영유아의 호기심이 표현되는 순간 즉각적으로 이루어져야 하며, 따라서 시간과 장소의 구애없이 영유아가 과학적 태도를 유지할 수 있도록 지원해야 한다. 그리고 영유아 질문의 답을 영유아에게 바로 제시하기보다는 영유아 스스로 답을 찾아내도록 적절한 발문을 통해 호기심을 유지 · 확장하도록 도우며, 탐구의 기회를 주는 것이 필요하다. 또한, 영유아가 문제를 해결하는 과정에서 또래 영유아와 생각을 공유하도록 기회를 제공함으로써 서로 다른 생각을 존중하는 기회를 주어야 한다.

질문에 답을 찾도록 지원하는 방법은 다음의 2가지이다.

첫째, 가능하다면 영유아 발달에 적합한 실험재료와 도구를 제공해 주어 영유아가 직접 자유롭게 실험을 통해 답을 찾아보도록 지원할 수 있다. 이때 실험을 하기 전 어떤 결과가 나올지 예측해 보도록 하는 과정이 필요하며, 예측의 결과에 따라 실험 계획을 세워 실험하고, 그 결과를 평가해 보도록 해야 한다.

둘째, 관련된 정보 책이나 인터넷 자료를 검색해 보거나, 전문가를 활용해 해결하도록 할 수 있다. 이때도 검색하거나 답을 듣기 전에 그 답을 먼저 예측해 보도록 하는 과정이 필요하며, 어떻게 검색하고, 어떤 질문을 해야 하는지 계획을 세워 보도록 해야 한다. 그리고 그 결과를 평가하도록 해야 한다.

### 활동 1: 계란이 삶은 건지 아닌지 어떻게 알 수 있어요?

C: 계란이 삶은 건지 아닌지 어떻게 알 수 있어요?

T: 정말, 계란 중에 삶은 계란인지 아닌지 어떻게 알 수 있을까요?

C: 소리를 들어 보면 알 수 있을 것 같아요.

T: 왜 그럴까요?

C: 안 삶아진 계란은 노른자가 흔들려서 흔들흔들 소리가 날 것 같아요.

T: 그렇군요. 우리가 직접 알아보려면 무엇이 필요할까요?

C: 삶은 계란이랑 안 삶은 계란이요.

T: 그렇구나, 그럼 생각대로 한번 실험해 볼까요?

(…중략…)

C: (흔들어 보며) 이게 안 삶은 거예요. 소리가 나요.

T: 그럼, 소리가 안 나는 삶은 계란을 찾아볼 수도 있겠네요.
어떻게 확인해 볼까요?

C: 바닥에 부딪혀 봤더니, 제 생각이 맞았어요.

T: 또 소리를 듣는 것 말고 삶은 계란을 찾을 수 있는 방법은 없을까요?

### 활동 2: 겨울에 입에서 하얀 연기는 왜 나는 거예요?

C: 겨울에 입에서 하얀 연기는 왜 나는 거예요?

T: 정말? 선생님도 한번 해 볼까요?

C: 선생님도 연기가 나와요.

T: 왜 그럴까요?

C: 모르겠어요.

T: 그럼, 하얀 연기 같은 것은 또 언제 본 적이 있나요?

C: 물이 끓을 때요.

T: 그렇군요. 왜 연기가 났을까요?

C: 물이 뜨거워져서요.

T: 그럼, 우리 몸도 바깥공기보다 뜨거워진 걸까요?

C: 그런 것 같아요. 따뜻한 곳에서는 입김이 안 보여요.

T: 그럼, 맞는지 어떻게 찾아보면 좋을까요?

C: 인터넷에서 찾아봐요.

T: 어떤 말을 써서 찾으면 좋을까요?

C: '겨울에 입에서 하얀 연기가 왜 날까요?'

T: 좋아요. 그런데 입에서 나오는 하얀 연기를 입김이라고 해요.
입에서 김이 난다고 해서..

C: 그럼, '겨울에 왜 입김이 날까요?'라고 찾아봐요.

T: 그래요. 같이 검색해 봐요.

(…중략…)

T: 이 부분을 읽어 볼 수 있나요? 선생님이 조금 도와줄게요.
인터넷 검색을 해 보고, 무엇을 알게 되었나요?

### 사·후·실·습

'PART 5 영유아 과학교육 실제'에 있는 과학활동을 하나 선택하여, 교수 · 학습원리가 적절히 포함되었는지 검토하고, 보완해 보세요.

친구들과 이야기 나누어요.

CHAPTER 5

# 영유아 과학교육 환경구성

**사·전·실·습**

교실의 과학(탐색)영역을 그림으로 표현해 보세요.

친구들과 이야기하며, 공통점과 차이점을 찾아보세요.

## 1. 과학활동 자료

영유아를 위한 과학활동은 발달에 적합한 자료를 사용할 때 더욱 효과적이다. 따라서 영유아의 신체발달(소근육 발달), 인지발달, 사회성발달, 정서발달을 고려하여 적절한 자료를 제공할 수 있어야 한다.

### 1) 자료 계획 시 고려할 점

과학 자료를 계획할 때 고려해야 할 점은 다음과 같다(조부경, 고영미, 남옥자, 2012; McIntyre, 1984).

첫째, 자료 사용방법이 개방적이어야 한다. 자료 사용방법이 하나로 정해져 있지 않고 영유아의 흥미에 따라 여러 가지 방법으로 조작이 가능해야 한다. 또한, 과학활동은 결과보다 과정이 중요하기 때문에 획일적으로 정해진 매뉴얼대로 자료를 사용하도록 강요하기보다는 영유아 스스로 과학적 사고를 통해 자료를 자유롭게 안전한 범위 내에서 다양한 방법으로 조작해 보도록 격려하는 것이 매우 중요하다. 이는 영유아의 정서발달에 적합하며, 과학적 태도 중 적극성 발달을 기대할 수 있다.

### 돋보기

대부분 돋보기는 작은 것을 크게 보이도록 하는 방법만 있다고 여기지만, 빛이 모이게 할 수도 있다. 따라서 다양한 방법으로 돋보기를 사용해 그 특성을 탐색해 보도록 할 수 있다.

둘째, 영유아 행위에 의한 결과가 분명히 나타날 수 있는 자료여야 한다. 반응적인 자료인 경우, 영유아는 성공감을 느끼고 활동을 지속시키고 과학적 사고기술을 증진시킬 수 있다. 만약, 결과가 분명하게 나타나지 않은 자료를 사용하게 된다면, 쉽게 과학활동에 흥미를 잃게 된다. 이는 영유아의 인지발달과 관련한 것으로, 감각적 경험에 대해 즉각적으로 사고 판단이 이루어져야 하기 때문이다. 또한 과학탐구과정의 기초 과정인 관찰(탐색)을 성공적으로 수행하기 위해 필요한 자료 조건이며, 물리적 지식 획득을 위한 자료의 조건이라고 할 수 있다.

### 색깔 밀가루 만들기

색의 번짐에 대해 영유아가 과학활동을 할 수 있도록 색깔 밀가루를 만들고자 다음의 활동자료를 준비하였다. 적절하지 않은 자료는 무엇일까?

포도즙

사과즙

적절하지 않은 자료는 사과즙으로 색의 번짐이 잘 나타나지 않을 수 있다.

셋째, 영유아가 다루기 쉽고, 안전한 자료여야 한다. 영유아의 소근육 발달 중 잡기능력과 눈과 손의 협응력을 고려하여 자료의 크기와 조작 방법이 적절한지 검토해야 한다. 또한 영유아 정서발달을 고려하여 친숙하고 안전한 자료여야 한다.

### 태블릿 PC(스마트폰)

최근 사회변화에 따라 디지털 활용 교육이 강조되면서 유아교육기관에서도 태블릿 PC(스마트폰) 활용이 증가하게 되었다. 특히 과학활동과 관련해서 실외활동 시 자연물을 탐색할 때 많이 활용하고 있다. 하지만 태블릿 PC(스마트폰)를 과학활동을 위한 자료로 활용하기에는 부적절하다. 우선, 그 크기나 무게로 인해 유아가 잡고 활동하기에 버겁고, 터치해야 하는 아이콘의 크기가 작아 유아가 이를 가지고 능동적으로 과학활동을 하기 어렵다. 또한, 무게가 무거워 떨어뜨릴 경우 유아의 안전에 위험이 될 수 있기 때문이다.

### 영유아 안전에 위험한 자료

- 풍선(헬륨가스가 든 풍선)에 포함된 가스는 안전에 유해함
- 수은 온도계가 깨지면 수은으로 인해 위험하므로 알코올 온도계를 사용함
- 성냥이나 라이터는 불이 날 수 있어 위험함
- 화학약품은 냄새를 맡은 경우에도 후각이 상실될 수 있으므로 위험함
- 곰팡이가 낀 음식 재료는 만지거나 먹은 경우 안전에 유해함
- 야생동물을 직접 만지지 않도록 해야 함
- 곤충도 가능하다면 직접 만지지 않도록 해야 함

출처: Holt(1991).

넷째, 영유아의 사회성 발달에 적합하게 제공해야 한다. 영아의 경우에는 1인당 1개의 자료를 사용해 충분히 몰입할 수 있도록 도와야 하며, 점차 협력적 과학탐구가 이루어질 수 있도록 자료의 개수를 조정하거나 크기를 조정할 수 있어야 한다.

### 물에 뜨는 것과 가라앉는 것

어떤 물체가 물에 뜨고, 가라앉는지 알아보도록 할 때, 수조의 크기나 개수를 영유아의 사회성 발달에 적합하게 조정할 수 있다.

플라스틱 투명수조

반으로 자른 빈 페트병

영아의 경우에는 크기가 작은 빈 페트병을 반으로 잘라 여러 개 제공하여 과학활동에 몰입하도록 하는 것이 좋으며, 유아의 경우에는 크기가 큰 투명수조 1개를 제공해서 협력적 탐구가 이루어지도록 할 수 있다.

다섯째, 영유아의 호기심이 확장되는 것을 고려하여 충분한 자료를 제공해야 한다. 이를 통해 영유아의 과학적 태도를 증진시키고, 과학탐구능력을 발달시킬 수 있다. 이를 위해 교사가 미리 영유아의 호기심이 어떻게 확장될 수 있을지 예측하여 제공할 수도 있고, 영유아의 요구나 질문을 토대로 추가로 제공할 수도 있다.

### 요리활동: 토마토는 어떻게 주스가 될까?

토마토는 어떻게 주스가 되는지 호기심을 가진 영유아를 위해 교사는 다음의 과학활동 자료를 기본적으로 제공할 수 있다.

믹서

토마토

이외에도 영유아의 확장되는 호기심을 고려한다면, 어떤 자료가 추가되면 좋을까?
- 영유아는 토마토가 갈리는 원리에 호기심을 가지고 있기 때문에, 토마토를 갈리게 하는 원리(날카로운 날과 힘)를 지닌 다양한 도구를 제공하는 것이 적절할 것이다. 따라서 강판이나 포크 등을 추가로 준비해 줄 수 있다.

### 2) 과학활동에 사용하는 기본 자료

과학경험을 촉진시키는 과학활동의 기본 자료는 관찰도구, 측정도구와 필기도구이다. 영유아에게 제공할 수 있는 관찰도구와 측정도구 및 기타 자료의 종류를 살펴보면 다음과 같다.

#### (1) 관찰도구

관찰도구를 통해 호기심을 유지 및 확장하거나 다양한 특성을 파악해 볼 수 있다.

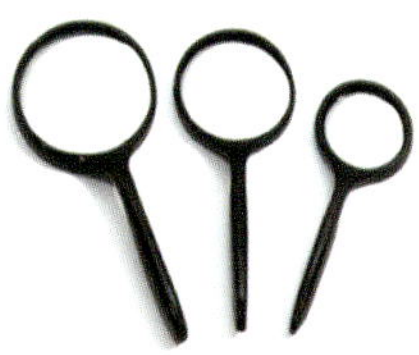

졸보기(오목렌즈)

돋보기(볼록렌즈)

곤충 관찰통

색 관찰판

거울

라이트테이블

손전등

이중 관찰경

#### (2) 측정도구

다양한 측정도구를 활용해 수학적 특성을 파악하고, 수집된 사실들 간의 정량적 관계를 비교 파악할 수 있다. 이때 제공하는 측정도구는 발달에 적합한 것으로 표준단위를 사용하는 측정도구가 아닌, 임의측정단위를 사용하는 측정도구를 제공해야 한다.

양팔저울

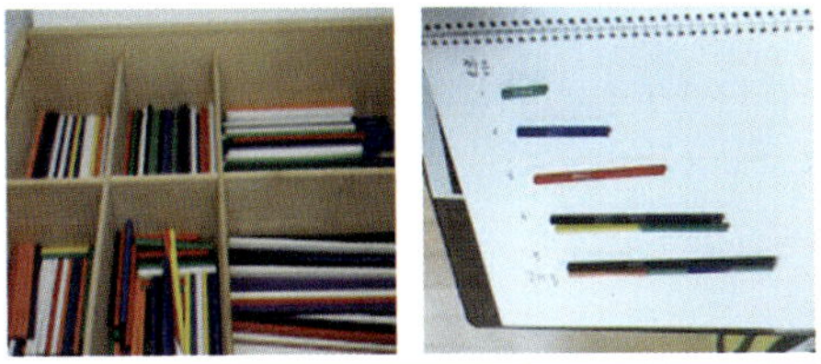
다양한 길이의 막대기

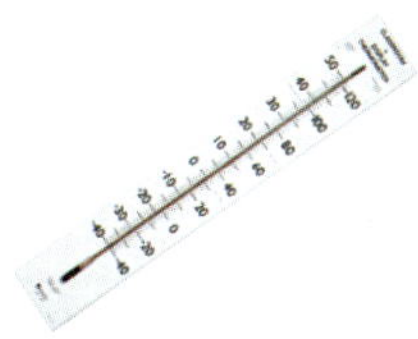
온도계

타이머, 모래시계

다양한 크기의 투명 비커

눈금이 있는 비커나 숫자로 표현되는 타이머와 온도계는 표준단위를 가지고 있지만, 영유아를 대상으로는 표준단위 대신 비커에 담긴 양을 시각적으로 판단하여 비교하게 하거나 타이머가 울리는 시간의 길이 비교, 온도계의 가운데에 위치한 붉은 색 줄의 길이 변화를 비교하게 함으로써 임의단위로 해석하도록 할 수 있다.

### (3) 기타 자료

기타 과학활동에 필요한 자료들로는 놀이주제나 과학탐구 대상에 따른 다양한 탐색자료와 과학도서 등이 있다. 이를 통해 영유아가 과학활동에 호기심을 가지고 직접 참여하면서 과학과정기술을 수행하도록 해 볼 수 있다.

다양한 나뭇잎

자석

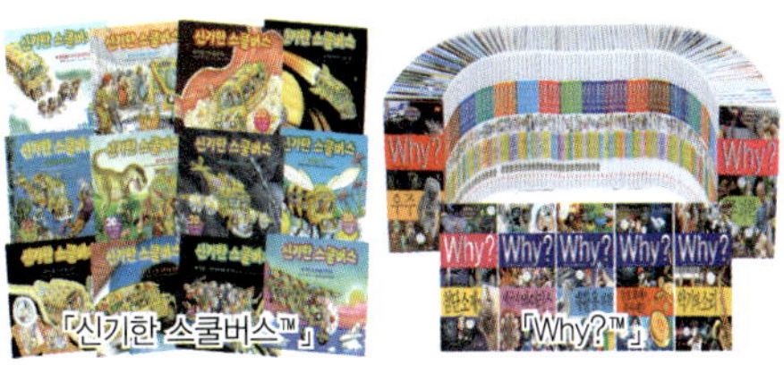

다양한 과학도서

## 2. 과학(탐색)영역

### 1) 정의 및 중요성

과학(탐색)영역이란, 영유아 발달에 적합한 과학 자료들이 한데 모인 영역으로 집단활동으로 경험한 과학활동에 기초하여 개별적으로 과학적 탐색과 탐구를 더 확장할 수 있는 영역이기도 하면서, 집단활동과 관련 없이 자신만의 호기심에 의한 탐색과 탐구를 자유롭게 할 수 있는 영역이기도 하다.

교실 내 과학(탐색)영역을 구성함으로써 영유아는 자신이 행하는 과학적 탐색, 탐구활동을 '과학활동'으로 구조화하여 인식할 수 있으며, 향후 뇌에서 통합적 사고가 효율적으로 일어나도록 할 수 있다(Gazzaniga, 2013). 또한, 과학활동에 필요한 자료가 한데 모여 있기 때문에 과학활동에 쉽게 몰입할 수 있다. 이를 통해 영유아는 과학적 사실과 개념을 이해하고, 과학과정기술과 과학적 태도를 증진할 수 있다.

과학(탐색)영역의 중요성은 다음과 같다.

첫째, 놀이를 통한 과학활동이 가능하다. 자유놀이 시간에 영유아의 자발적 참여를 통해 활동이 이루어지므로 자발적 · 능동적 과학활동이 가능하다.

둘째, 과학에 대한 긍정적 정서를 유발하므로 올바른 과학적 태도 형성에 도움이 된다. 자유선택의 과정으로 과학활동을 함으로써 과학(탐색)영역에서 경험하는 활동 전반에 대해 영유아가 긍정적 정서를 갖게 되므로 올바른 과학적 태도 형성에 도움이 된다.

셋째, 내적 동기가 유발됨으로써 과정 지향적 행동이 이루어진다. 과학은 결과보다는 과정을 중시한다. 따라서 영유아의 내적 동기가 유발되어 과학의 결과보다는 과정에 보다 노력을 기울일 수 있다. 이를 통해 과학탐구능력을 증진시킬 수 있다.

### 2) 배치와 구성

과학(탐색)영역을 배치할 때는 시끄러운 영역보다는 조용한 영역으로 배치하고, 빛이 잘 드는 곳에 위치하여야 하며, 물에 가까워도 좋다.

과학(탐색)영역을 구성할 때는 다음을 포함하여야 한다(조형숙, 김선월, 김지혜, 김민정, 김남연, 2014).

〈표 3-2〉 과학(탐색)영역 구성

| 구성물 | 설명 |
|---|---|
| 빈 책상 | 자유롭게 탐색, 탐구할 수 있는 빈 공간이 필요함 |
| 기록 책상과 필기도구 | 주요 과정이나 결과를 기록할 수 있도록 기록을 위한 책상과 필기도구가 필요함 |
| 관찰도구 | 교구장에 다양한 관찰도구가 항시 놓여 있어야 하며, 관찰도구로서의 기능이 적절한지 점검 노력이 필요함 |
| 측정도구 | 교구장에 다양한 측정도구가 항시 놓여 있어야 하며, 측정도구로서의 기능이 적절한지 점검 노력이 필요함 |
| 탐색자료 | 교구장에 주제가 바뀔 때마다 영유아가 주제에 호기심을 가지도록 관련된 탐색 자료를 놓아 주어야 함 |
| 과학도서 | 교구장에 주제가 바뀔 때마다 영유아가 주제와 관련한 궁금증을 책으로 해결할 수 있도록 관련된 백과사전 등의 책이 필요함 |

❖ 과학(탐색)영역 배치

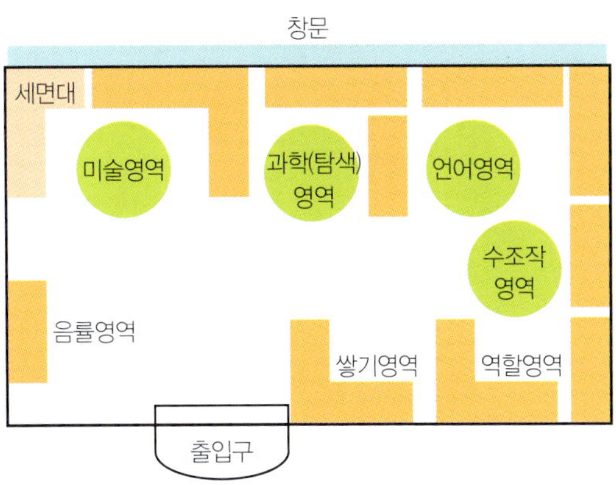


※ 음영이 표시된 영역들은 조용한 영역임

### ❖ 과학(탐색)영역 구성

교실 A

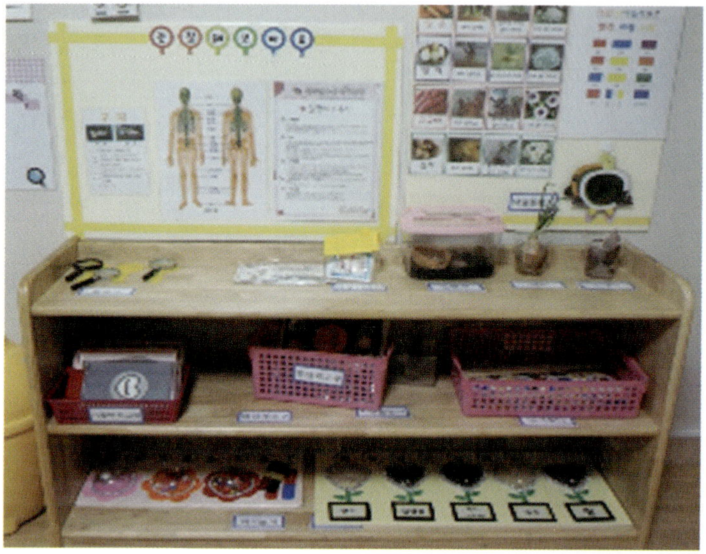

교실 B

교실 A와 교실 B의 과학(탐색)영역에서 어떤 것들이 부족한지 찾아 이야기 나누어요.

### 3) 과학(탐색)영역 활동

과학(탐색)영역의 활동은 주로 다음과 같이 제안할 수 있다.

#### (1) 과학활동의 확장활동

집단활동으로 경험했던 과학활동과 관련지어 확장활동을 해 보도록 제안할 수 있다. 이를 통해 영유아는 과학적 태도에서 객관성과 판단유보 태도 등을 기를 수 있다.

**확장활동**

교사: 선생님과 오늘 그림자 활동을 해 보니, 즐거웠나요?
과학(탐색)영역에 오늘 사용한 손전등과 종이, 연필을 둘 테니 다양한 그림자놀이를 해 보면서 지금 활동에서 보지 못한 사실을 발견하게 되면 그 발견과정과 결과를 기록해서 나중에 친구들에게도 소개해 주기로 해요.

### (2) 자발적 과학활동

집단활동이나 개별활동 등을 통해 자신이 궁금했던 것을 알아보고자 자유롭게 활동할 수 있다.

**자발적 과학활동**

나뭇잎을 밟을 때 소리가 달라서 나뭇잎을 종류별로 주워 왔어요.

### 사·후·실·습

영유아가 흥미를 갖는 주제를 정하고, 교실의 과학(탐색)영역을 어떻게 구성할지 그림으로 표현해 보세요.

친구들과 이야기하며, 공통점과 차이점을 찾아보세요.

PART 4

# 영유아 과학교육 평가

영유아 과학교육 운영을 평가하고, 다음의 효과적 과학교육을 계획 및 지원하기 위한 평가목적 및 내용, 방법에 대해 이해하고 실천력을 기르는 데 목적을 둔다.

CHAPTER 1

# 영유아 평가

**사·전·실·습**

영유아의 과학활동을 평가하는 내용과 방법을 생각해 보세요.

친구들과 이야기해 보세요.

## 1. 평가 목적

평가의 목적은 영유아의 과학활동 성취 정도를 이해하고, 더 나은 발달을 도모할 수 있도록 돕기 위함이다. 즉, 과학활동 전 영유아의 과학능력이 어느 정도인지 진단하고, 이 결과를 활용해 교육계획을 세우고, 활동 중에 보이는 영유아의 과학능력을 형성평가하고, 활동이 끝난 후 총괄평가를 통해 영유아의 과학적 성취정도를 파악할 수 있다. 형성평가와 총괄평가는 다시 다음 과학활동의 교육계획을 세우는 데 활용된다.

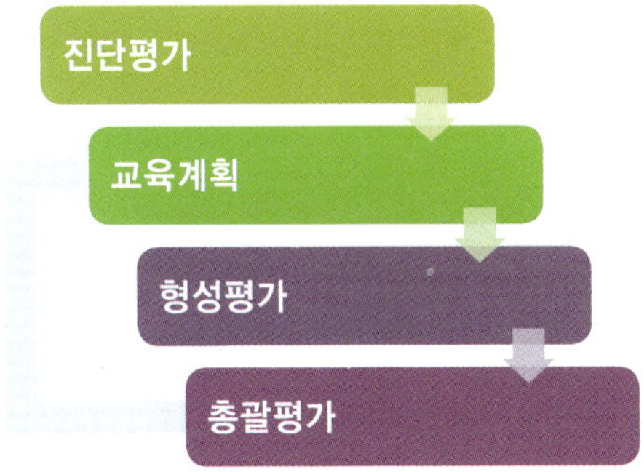


[그림 4-1] 평가의 과정

## 2. 평가 내용

현대의 영유아 과학교육에서 목적과 목표에 맞게 영유아의 과학적 성취 정도를 평가하기 위해서는 다음의 3가지를 평가한다.

### 1) 과학적 태도

영유아의 과학적 태도를 평가함으로써 향후 과학적 진보를 유추할 수 있는 데 도움이 된다고 할 수 있다. 앞서 영유아 과학교육 내용에서 언급한 '호기심, 적극성, 솔직성, 객관성, 개방성, 비판성, 판단유보, 협동성, 끈기성'을 평가할 수 있다.

### 2) 과학과정기술

영유아의 과학과정기술 정도를 평가함으로써 영유아의 과학적 탐구능력을 파악할 수 있으며, 부족한 능력을 이해하고 이를 길러 줌으로써 능동적으로 과학활동에 참여하도록 도울 수 있다. 앞서 영유아 과학교육 내용에서 언급한 '관찰하기, 측정하기, 분류하기, 추론하기, 예측하기, 실험하기, 평가하기'를 평가할 수 있다.

### 3) 과학지식

과학지식에 대한 평가는 타인으로부터 전달되어 암기된 개념과 이론 습득 정도가 아닌, 탐구활동을 통해 스스로 구성한 지식인지를 평가해야 한다(신은수, 안경숙, 2005). 즉, 영유아 과학교육 내용에서 언급한 '탐구활동을 통해 생성된 지식'인지, 그리고 과학지식의 특성인 경험성, 객관성, 가변성, 합리성을 이해하고 있는지를 평가할 수 있다. 이를 통해 영유아의 과학 특성 및 과학지식 특성에 대한 이해 정도를 평가할 수 있다.

## 3. 평가 방법

영유아의 발달수준에 적합한 평가 방법은 다음과 같다.

### 1) 관찰

일과 속에서 자연스럽게 나타나는 영유아의 과학적 행동과 언어적 표현을 기록하는 평가 방법이다. 일화기록, 체크리스트, 평정척도 등이 있다.

#### (1) 일화기록

일화기록은 약 5~10분간의 특정 에피소드를 기록하는 것으로 교사는 관찰 상황이나 장면을 미리 선정하고, 이때 일어나는 자연스러운 영유아 행동과 언어적 표현을 글로 기록하는 것이다. 관찰 내용은 가급적 객관적으로 기록해야 하며, 영유아가 한 말은 직접화법으로 그대로 기술해야 한다. 관찰한 결과에 대한 해석은 평가 내용(과학적 태도, 과학과정기술, 과학지식)에 근거하여 그 정도를 해석할 수 있다.

❖ 일화기록 예시

| 관찰대상 | ○○○ | 생년월일 | ○○○○.○○.○○.(남/여) |
|---|---|---|---|
| 관찰일시 | ○○○○.○○.○○.<br>(10시~10시 5분, 자유놀이 시간) | 관찰장소 | 과학영역 |
| 관찰상황 | 실내 자유놀이 시간의 과학영역에서의 놀이상황 | | |
| 관찰기록 | ○○가 돋보기로 나뭇잎을 관찰하고 있다. 이때 1명의 여아가 ○○에게 다가와 "나도 볼래."라고 말한다. 하지만 ○○는 아무 대꾸도 하지 않고, 계속 나뭇잎을 바꿔 가며 관찰한다. 이번에는 여아가 ○○의 어깨를 흔들면서 "나도 볼 거야." 라고 말한다. 그러자 ○○는 화난 표정으로 "싫어! 저리 가!"라고 말한다. 여아가 선생님에게 가서 잠시 이야기를 한 후, 선생님과 함께 과학영역으로 온다. 선생님은 ○○에게 "○○는 나뭇잎의 어떤 점이 궁금한 거니?" 묻는다. ○○는 선생님을 바라보고, "잎맥 굵기가 한 나뭇잎에서도 다 달라요. 그리고 모든 나뭇잎은 잎맥이 끝으로 갈수록 얇아져요."라고 대답한다. 선생님은 ○○에게 "아주 흥미로운 것을 발견했구나. 또 돋보기로 계속 관찰하고 싶은 것이 있니?" 묻는다. ○○는 "아니요. 이젠 책을 찾아서 왜 그런지 알아볼래요."라고 말하고, 돋보기를 내려놓는다. | | |
| 해석 | ○○는 과학적 태도 중 호기심과 적극성은 좋으나 협동성이 부족하다고 할 수 있다. 또한, 과학과정기술 중 탐색, 측정, 분류하기 능력은 좋으나 추론이나 예측 기술은 보이지 않고 바로 실험하기를 수행했다. 과학지식 중 잎맥에 대한 사전 지식을 가지고 있다. 다만, 잎맥에 대해 사회적 지식으로 형성한 것인지 확인할 필요가 있으며, 탐구활동의 경험을 통해 재구성의 기회를 주는 것이 필요하다. | | |

### (2) 체크리스트

체크리스트는 평가하고자 하는 내용(과학적 태도, 과학과정기술, 과학지식)을 정하고, 이에 적합한 영유아 행동을 미리 목록으로 작성한 후 그 행동이 나타났는지의 여부를 관찰하여 기록하는 방법이다. 행동목록을 작성할 때는 관찰 가능하고, 구체적이어야 한다.

#### ❖ 과학적 태도 체크리스트

※ 다음의 행동목록을 읽고, 관찰이 되는 경우 '예' 칸에 'O' 표시, 관찰이 안 된 경우에는 '아니오' 칸에 'O' 표시하시오.

| 번호 | 행동목록 | 관찰 여부 | |
|---|---|---|---|
| | | 예 | 아니오 |
| 1 | 과학적인 주제에 대한 호기심을 말로 표현하거나 관련된 질문을 자주 한다. | | |
| 2 | 과학(탐색)영역을 자주 선택한다. | | |
| 3 | 과학과 관련된 새로운 책 등을 관심 갖고 본다. | | |
| 4 | 과학활동이나 실험에 적극적으로 참여한다. | | |
| 5 | 과학활동 과정에서 의문 나는 것이나 잘 모르는 것을 솔직히 표현한다. | | |
| 6 | 자신이 예상한 점이나 관찰한 것을 망설이지 않고 솔직히 표현한다. | | |
| 7 | 실험이 실패했을 때 좌절하거나 의기소침해하지 않는다. | | |
| 8 | 과학실험이나 활동을 하는 과정에서 잘 안 되는 점을 그대로 표현하고 도움을 요청한다. | | |
| 9 | 다른 친구의 의견이 옳고 그른지에 대한 자신의 생각을 말한다. | | |
| 10 | 다른 친구의 의견이나 설명에 대해 증거를 요구하거나 자신의 주장에 대한 증거를 제시한다. | | |
| 11 | 과학활동 과정에서 쉽게 포기하지 않고 지속적으로 문제를 해결하려고 노력한다. | | |
| 12 | 실험 도중 실패했을 때 포기하지 않고 반복해서 실험해 보거나 왜 실패했는지 찾아보려고 시도한다. | | |
| 13 | 과학활동 과정에서 다른 영유아와 함께 협력하거나 도움을 요청한다. | | |
| 14 | 과학활동을 마친 후에 다른 영유아들과 함께 정리정돈을 한다. | | |

출처: 안경숙(2003).

### (3) 평정척도

평정척도는 체크리스트의 제한점을 보완하는 것으로 행동의 출현 유무뿐만 아니라 행동의 질이나 발생 빈도에 따라 점수를 부과하는 평가 방법이다. 체크리스트의 행동목록을 준비하고, 관찰 여부 대신에 점수를 구분하여 평가한다. 주로 5점척도를 많이 사용한다.

#### ❖ 과학과정기술 평정척도

※ 다음의 행동목록을 읽고, 그 정도를 평가하여 알맞은 수준에 'O' 표시하시오.

| 번호 | 행동목록 | 1 | | → | | 5 |
|---|---|---|---|---|---|---|
| | | 전혀 아니다 | 조금 아니다 | 보통 이다 | 그런 편이다 | 매우 그렇다 |
| 1 | 관찰도구를 사용하여 관찰한다. | | | | | |
| 2 | 사물이나 동식물의 변화를 주의 깊게 관찰한다. | | | | | |
| 3 | 관찰한 내용을 그림이나 글로 표현한다. | | | | | |
| 4 | 사물을 한 가지 속성에 따라 분류한다. | | | | | |
| 5 | 두 가지 속성 이상을 고려하여 분류한다. | | | | | |
| 6 | 자신이 분류한 것에 대해 설명한다. | | | | | |
| 7 | 실험을 하기 전에 어떻게 될 것인지 예측한다. | | | | | |
| 8 | 자신이 예측한 것에 대한 이유를 제시한다. | | | | | |
| 9 | 자신이 예측한 것이 맞았는지 확인한다. | | | | | |
| 10 | 사물의 속성에 따라 적절한 측정도구를 선택한다. | | | | | |
| 11 | 사물의 속성에 따라 적절한 측정단위를 선택한다. | | | | | |
| 12 | 측정한 결과를 그림이나 도표, 글로 기록한다. | | | | | |
| 13 | 실험상황을 계획한다. | | | | | |
| 14 | 새로운 방식으로 자료를 조작하거나 관련된 변인을 조작하여 탐구한다. | | | | | |
| 15 | 자신의 아이디어를 탐구하기 위해 실험한다. | | | | | |
| 16 | 과학활동 과정에서 자신이 생각하고 있는 아이디어를 말로 설명하거나 글로 표현한다. | | | | | |
| 17 | 자신의 과학적 경험을 과학적 어휘를 사용하여 말한다. | | | | | |

| 번호 | 행동목록 | 1 | | → | | 5 |
|---|---|---|---|---|---|---|
| | | 전혀 아니다 | 조금 아니다 | 보통 이다 | 그런 편이다 | 매우 그렇다 |
| 18 | 과학활동 과정에서 다른 영유아의 이야기를 잘 들으며 구체적으로 질문한다. | | | | | |
| 19 | 관찰하기, 분류하기, 예측하기, 측정하기, 실험하기, 평가하기와 같은 탐구과정기술을 적용한다. | | | | | |
| 20 | 과학활동 과정에서 나타난 현상에 대해 질문하고, 자신의 생각과 질문을 탐구한다. | | | | | |
| 21 | 과학활동 과정에서 책이나 컴퓨터 등을 활용한다. | | | | | |
| 22 | 과학활동 과정에서 다른 사람이 이해할 수 있는 합리적인 방법을 사용하여 자신이 발견한 것이나 알아낸 것에 대해 설명한다. | | | | | |
| 23 | 계속적으로 탐구할 기회를 요구한다. | | | | | |
| 24 | 과학활동 과정에서 발견한 새로운 증거들과 새로운 경험을 통해 알아낸 것을 중심으로 결론을 내린다. | | | | | |

출처: 안경숙(2003).

### 2) 면담

관찰은 교사가 영유아의 행동을 자세히 살펴봄으로써 기록하여 평가하는 것이라면 면담은 교사가 영유아에게 질문하여 알아내는 것이다. 교사와 영유아 간의 직접적 상호작용을 통해 이루어지므로 관찰로 얻기 어려운 정보까지 수집할 수 있다.

면담은 과학활동 동안 개별 또는 집단에 질문하고, 그 답을 통해 평가를 할 수 있다. 효과적 면담을 위해서는 다음을 고려해야 한다.

#### * 대답을 유도하지 않기

영유아의 생각을 있는 그대로 듣는 것이 중요하므로 정해진 답을 하도록 유도해서는 안 된다.

* 개방형 질문과 폐쇄형 질문의 적절한 활용

개방형 질문은 답이 하나로 국한되지 않고 다양하게 확장될 수 있으므로 영유아의 창의적이고 자연스러운 과학적 사고를 들을 수 있다. 폐쇄형 질문은 정해진 답이 있어 영유아의 사전지식을 점검할 수 있다.

* 수용하고 격려하기

영유아의 답을 듣고 교사가 비난하거나 질책해서는 안 되며, 수용적 태도를 보여야 한다. 고개를 끄덕이거나 미소를 보여 줌으로써 답을 하는 데 두려움을 느끼지 않도록 해야 한다.

* 기다려 주기

질문 후 영유아의 대답이 빨리 나오기를 재촉하기보다는 인내심을 가지고 기다려야 한다. 너무 오래 걸린다면, 교사의 생각을 먼저 들려주거나 다른 영유아의 이야기를 듣고, 생각을 말해 보도록 할 수 있다.

* 대답을 되짚어 주기

영유아의 답을 교사가 정확하게 되짚어 줌으로써 영유아의 생각을 명확하게 정리하도록 도울 수 있다.

### 3) 포트폴리오

포트폴리오는 영유아의 발전과 변화과정을 평가하기 위한 목적으로 활동 결과물을 지속적으로 모아 놓은 것이다. 이를 통해 영유아의 과학지식, 과학적 태도, 과학과정기술 전반을 평가할 수 있다.

과학활동의 효과적 포트폴리오가 되기 위해서는 영유아가 흥미를 갖는 주제마다 '과학과정기술'에 따른 활동 과정 및 결과를 수집할 수도 있다.

* '관찰하기' 관련 자료 수집

영유아가 과학 탐구과정 중 관찰한 결과를 그림이나 글로 설명하도록 하고, 이를 수집할 수 있다. 또한, 영유아가 관찰하는 모습을 교사가 사진 등으로 기록하여 그 내용물과 함께 수집할 수 있다.

* '측정하기' 관련 자료 수집

영유아가 과학 탐구과정 중 측정도구를 활용해 측정한 결과를 기록하여 수집할 수 있다. 그림이나 글 등으로 기록하도록 할 수 있다. 또한, 영유아가 측정하는 모습을 교사가 사진 등으로 기록하여 그 내용물과 함께 수집할 수 있다.

* '분류하기' 관련 자료 수집

영유아가 과학 탐구과정 중 분류한 결과를 그림이나 글, 도표 등으로 기록하도록 하여 수집할 수 있다. 또한, 영유아가 분류하는 모습을 교사가 사진 등으로 기록하여 그 내용물과 함께 수집할 수 있다.

* '추론하기' 관련 자료 수집

영유아가 과학 탐구과정 중 행한 논리적 사고를 정리하여 기록하도록 할 수 있다. 그림이나 글 등으로 기록하도록 할 수 있으며, 만약 영유아가 글을 쓰지 못한다면 교사가 듣고, 받아 적어줄 수 있다. 이는 다른 과학과정기술 결과물과 함께 수집할 수 있다.

* '예측하기' 관련 자료 수집

영유아가 과학 탐구과정 중 예측한 것을 기록하도록 할 수 있다. 그림이나 글 등으로 기록하도록 할 수 있으며, 만약 영유아가 글을 쓰지 못한다면 교사가 듣고, 받아 적어 줄 수 있다. 이 또한 다른 과학과정기술 결과물과 함께 수집할 수 있다.

* '실험하기' 관련 자료 수집

영유아가 계획한 실험 방법을 기록하도록 할 수 있다. 그림이나 글 등으로 기록하도록 할 수 있으며, 만약 영유아가 글을 쓰지 못한다면 교사가 듣고, 받아 적어 줄 수 있다. 또한, 영유아가 실험하는 모습을 교사가 사진 등으로 기록하여 그 내용물과 함께 수집할 수 있다.

⁎ '평가하기' 관련 자료 수집

영유아의 실험과정이나 결과를 그림이나 글 등으로 기록하도록 할 수 있다. 만약, 영유아가 글을 쓰지 못한다면 교사가 듣고, 받아 적어줄 수 있다. 다른 영유아에게 자신의 실험과정이나 결과를 소개하도록 하고, 이 모습을 교사가 사진 찍어 함께 수집할 수 있다.

❖ '우유갑의 여는 방향은 왜 정해져 있을까?' 과학탐구과정 포트폴리오 예

다음은 대학생들이 유아가 되어 과학활동을 수행하면서 완성한 포트폴리오 예시이다.

효과적 포트폴리오 평가를 위해서는 다음을 고려해야 한다.

### * 종합적으로 해석하기

과학과정기술 결과물을 수집하여 해석할 때는 영유아의 과학지식에 대한 이해, 과학적 태도를 함께 해석할 수 있어야 한다.

### * 수집의 원칙을 세우기

교사가 계획한 활동의 결과만 수집할지, 자유놀이 활동의 결과도 수집할지를 선택해야 하며, 활동과정 및 결과 전체를 수집할지, 최상의 결과라고 판단한 것만 수집할지 결정해야 한다. 일반적으로 포트폴리오는 활동의 과정도 중요하게 여기므로 교사가 계획한 활동의 결과뿐만 아니라 자유놀이 활동의 결과와 과정도 함께 수집하는 것이 적절하다.

### * 활동상황 기록하기

작품이 나온 활동의 상황을 함께 기록하는 것이 좋다. 활동 시간, 주제, 활동 장소, 활동에 참여한 사람 등을 기록할 수 있다.

### * 영유아의 생각을 함께 수집하기

활동 과정이나 결과에 대해 영유아의 생각을 묻고, 생각을 결과물 옆에 받아 적어서 결과물을 나중에 다시 꺼내 보더라도 무엇인지 이해할 수 있도록 해야 한다. 만약, 영유아가 글쓰기가 자유롭게 된다면 영유아가 쓰도록 할 수 있다.

### * 결과물의 종류에 적합하게 수집하기

만약, 결과물이 입체물일 경우에는 사진을 여러 각도에서 찍어서 수집할 수 있다. 이때 결과물에 대한 설명이 담긴 메모도 덧붙여야 한다.

### 사·후·실·습

영유아가 관심을 갖는 하나의 주제를 정하고, 이에 따른 과학탐구과정의 포트폴리오를 영유아가 되어 만들어 보세요.

친구들에게 소개하고, 결과를 평가해 보세요.

CHAPTER 2

# 교사 평가

사·전·실·습

과학활동이 적절했는지 평가하는 내용과 방법을 생각해 보세요.

친구들과 이야기해 보세요.

## 1. 평가 목적

평가의 목적은 영유아 발달에 적합한 과학활동을 계획하고, 영유아의 과학활동 성취 정도를 향상시킬 수 있도록 효과적으로 지원하기 위함이다. 따라서 교수자의 과학활동에 대한 반성적 사고가 필요하다.

## 2. 평가 내용

현대의 영유아 과학교육 목적과 목표에 맞게 영유아의 과학적 성취 정도를 지원하기 위해 교사는 다음의 3가지를 평가할 수 있다.

## 1) 과학교사로서의 자질

### (1) 과학교수 불안

앞서 PART 2에서 언급한 대로 교사가 과학교수 불안을 가지고 있는지 평가할 수 있다. 불안 정도가 높은 경우 과학활동 자체를 계획하지 않거나 영유아의 질문을 두려워하고, 활동이 확장되는 것을 두려워할 수 있다. 따라서 평가결과를 토대로 불안을 감소시키기 위한 노력이 필요하다.

### (2) 과학교수효능감

마찬가지로 앞서 PART 2에서 언급한 대로 교사의 과학교수효능감 정도를 평가할 수 있다. 과학교수효능감이 낮은 경우, 과학활동에 대한 자신감이 없기 때문에 과학지식을 전달하거나 실험과정을 영유아가 수동적으로 따라 하게만 할 수 있다. 따라서 평가결과를 토대로 과학교수효능감을 증진시키기 위한 노력이 필요하다.

### (3) 과학교과교육학 지식

PART 2에 언급한 내용으로 교사가 과학교과교육학 지식을 가짐으로써 과학활동 전반에 대한 이해가 가능하다. 따라서 이를 평가하고, 평가결과를 토대로 과학교과교육학 지식을 증진시키기 위한 노력이 필요하다.

## 2) 과학활동 운영 능력

### (1) 활동 계획능력

활동 계획능력은 다음을 통해 평가할 수 있다.

- 활동 목표는 영유아 발달 수준에 적절한가?
- 활동 목표는 현대 영유아 과학교육 목적과 목표에 근거하여 적절한가?
- 활동 내용은 영유아 대상 교육과정에 나타난 과학개념을 반영하였는가?

- 활동 내용은 과학지식, 과학과정기술, 과학적 태도를 적절히 반영하였는가?
- 교수 · 학습방법은 교수 · 학습 원리와 교수 · 학습 접근법을 적절히 반영하였는가?
- 활동 자료는 영유아 과학교육 활동자료 계획 시 고려할 점에 근거하여 적절한가?
- 평가는 영유아 발달 수준에 맞게 계획되었는가?
- 평가는 활동 목표에 맞게 계획되었는가?

#### (2) 상호작용 능력

상호작용 능력은 다음을 통해 평가할 수 있다.

- 도입 방법은 영유아의 호기심을 끌기에 적절한가?
- 발문은 영유아가 과학과정기술을 경험 및 증진하기에 적절한가?
- 발문은 영유아가 과학적 태도를 경험 및 증진하기에 적절한가?
- 발문은 영유아가 과학지식의 특성을 이해하기에 적절한가?

### 3) 과학(탐색)영역 운영 능력

#### (1) 과학(탐색)영역 배치

- 과학(탐색)영역은 과학활동이 활발히 이루어질 수 있는 곳에 배치되었는가?
- 과학(탐색)영역이 단독으로 배치되었는가?

#### (2) 과학(탐색)영역 구성

- 과학(탐색)영역에는 영유아의 자유로운 탐색, 탐구활동이 가능한 빈 책상이 구성되었는가?
- 과학(탐색)영역에는 활동의 과정이나 결과를 기록할 수 있는 기록 책상과 필기도구가 구성되었는가?

- 과학(탐색)영역에는 다양한 관찰도구가 충분히 구성되었는가?
- 과학(탐색)영역에는 다양한 측정도구가 충분히 구성되었는가?
- 과학(탐색)영역에는 주제가 변화할 때마다 탐색자료가 다르게 구성되는가?
- 과학(탐색)영역에는 주제가 변화할 때마다 관련된 과학도서가 다르게 구성되는가?

### (3) 과학(탐색)영역 활동

- 과학(탐색)영역 활동을 통해 영유아의 과학지식에 대한 이해, 과학과정기술, 과학적 태도를 해석할 수 있는가?
- 과학(탐색)영역 활동이 영유아의 자발적 호기심에 근거하여 이루어질 수 있도록 지지되었는가?

#### 사·후·실·습

과학수업 영상이나 과학(탐색)영역 놀이 영상을 찾아보고, 교사를 평가해 보시오.

친구들과 평가결과를 이야기해 보세요.

# PART 5

# 영유아 과학교육 실제

영아와 유아의 과학교육 운영 실제를 이해하고, 평가해 봄으로써
실제 수업능력을 기르는 데 목적을 둔다.

| 영역 | 과학 개념 | 주제 | 활동명 | 해당 페이지 | |
|---|---|---|---|---|---|
| | | | | 영아 | 유아 |
| 물리 | 물체의 특성 | 봄 여름 가을 겨울 (여름) | 물에 둥둥 떠올라요 | 234 | 236 |
| | 물질의 특성 | 생활 도구/우리나라 | 나만의 우산 만들기 | 238 | 240 |
| | 물체의 다양한 변화 | 생활 도구 | 종이의 변신 | 242 | |
| | | 교통기관 | 종이비행기 | | 244 |
| | 도구와 기계의 특성 및 활용 | 우리 동네 | 주스 가게 | 246 | 248 |
| | 도구와 기계 발명 | 우리나라 | 시원한 부채 발명 | 250 | |
| | | 건강과 안전 | 선풍기 발명 | | 252 |
| 화학 | 물질의 다양한 변화 | 유치원(어린이집)과 친구 | 깨끗하게 손 씻기 | 256 | 258 |
| | | 환경과 생활 | 꽃잎의 활용 | 260 | 262 |
| | | 나와 가족 | 생일 경단 만들기 | 264 | 266 |
| 생명 과학 | 생명체의 독특한 특성 | 동식물과 자연 | 잎맥 프로타주 | 270 | 272 |
| | | | 신기한 지렁이 | 274 | 276 |
| | 생명체의 존엄성 및 경이로움 | 동식물과 자연 | 나이테의 신비 | 278 | 280 |
| | | | 사라지는 동물들 | 282 | 284 |
| | | 나와 가족 | 서로 다른 손 | 286 | 288 |
| | 생명이 살아가는 자연환경의 특성 | 환경과 생활 | 하늘 색깔 | 290 | 292 |
| | 공존의 중요성 | 환경과 생활 | 쓰레기 마을 | 294 | 296 |
| 지구 과학 | 자연현상의 특성(규칙성) | 환경과 생활 | 재미있는 그림자 | 300 | 302 |
| | 자연현상에 대처하는 모습 | 건강과 안전 | 미세먼지 | 304 | 306 |

※ 제시된 활동들은 영유아의 발달에 맞게 유연하게 축소, 확장하여 진행할 수 있다.

CHAPTER 1

# 물리 관련 교육 실제

<table>
<tr><td>과학개념</td><td>물체의 특성</td><td>주제</td><td>여름</td></tr>
<tr><td>활동명</td><td>물에 둥둥 떠올라요</td><td>대상연령</td><td>영아</td></tr>
<tr><td>제4차 표준보육과정 관련요소</td><td colspan="3">• 자연탐구 〉 탐구과정 즐기기 〉 사물과 자연을 반복하여 탐색하기를 즐긴다.<br>• 자연탐구 〉 생활 속에서 탐구하기 〉 친숙한 물체의 특성과 변화를 감각으로 탐색한다.</td></tr>
<tr><td>활동목표</td><td colspan="3">• 물에 뜨는 것과 뜨지 않는 물체가 다른 것에 대해 관심을 가진다.<br>• 물에 뜨는 것과 뜨지 않는 물체의 특성을 탐구한다.<br>• 물에 뜨는 것과 뜨지 않는 물체의 특성을 실험해 본다.</td></tr>
<tr><td>활동자료</td><td colspan="3">투명 수조, 다양한 물체, 바구니</td></tr>
<tr><td>관련 놀이상황</td><td colspan="3">• 영아들이 기관에서 물놀이를 하며 놀이한다. 놀이를 하면서 물에 뜨는 물체에 대해 호기심을 보인다.<br><br></td></tr>
<tr><td colspan="4">활동방법</td></tr>
<tr><td>도입</td><td colspan="3">1. 여름 물놀이 경험을 이야기한다.<br>T: 물놀이할 때 기분이 어땠나요?<br>T: 모두가 물속에 들어가면 둥둥 뜰까요?</td></tr>
</table>

| | |
|---|---|
| 전개 | 2. 바구니에 담긴 재료에 관심을 가진다.<br>T: 바구니에 어떤 물건들이 있나요?<br>T: 모두 물 위에 둥둥 뜰까요?<br><br>3. 재료를 탐색하고, 구분해 본다.<br>T: 나와서 재료를 살펴보고, 모두 물 위에 둥둥 뜰지 이야기해 봐요.<br>T: 물에 안 뜰 것 같은 물건이 있나요?<br>T: 왜 안 뜰 것 같나요?<br><br>4. 투명 수조에 넣으며 실험해 본다.<br>T: 수조에 물건들을 하나씩 넣어 봐요.<br>T: 모두 물 위로 둥둥 떠 있나요?<br>T: 어떤 물건들이 안 떠 있나요?<br>T: 그럼, 뜨지 않는 물건만 꺼내서 바구니에 다시 넣어 볼게요.<br><br>5. 물에 뜨는 것과 뜨지 않는 물체의 특성을 비교해 본다.<br>T: 바구니에 담긴 물건을 살펴보고, 어떤 특징이 같은지 살펴봐요.<br>T: 같은 특징을 발견하면 알려 주세요. |
| 마무리 | 6. 활동을 평가한다.<br>T: 어떤 특성을 가지면 물에 뜨지 않는다고 할 수 있을까요?<br>T: 탐색(과학)영역에서 다른 물건들도 찾아서 넣어 보고, 바구니 속 물건들의 특징과 같은지 계속 실험해 봐요. |
| 유의사항 | • 투명 수조에 담긴 물의 높이를 높게 하여, 뜨고 가라앉는 것의 차이가 분명히 나타나도록 한다. |

| 과학개념 | 물체의 특성 | 주제 | 여름 |
|---|---|---|---|
| 활동명 | 물에 둥둥 떠올라요 | 대상연령 | 유아 |
| 2019 개정 누리과정 관련요소 | • 자연탐구 〉 탐구과정 즐기기 〉 궁금한 것을 탐구하는 과정에 적극적으로 참여한다.<br>• 자연탐구 〉 생활 속에서 탐구하기 〉 물체의 특성과 변화를 여러 가지 방법으로 탐색한다. | | |
| 활동목표 | • 물에 뜨는 것과 뜨지 않는 물체의 특성과 변화방법을 안다. | | |
| 활동자료 | 투명 수조, 다양한 물체, 바구니 | | |
| 관련 놀이상황 | • 유아들이 기관에서 물놀이하면서 잠수놀이도 하며 놀이를 한다. 놀이를 하면서 같은 물체라도 물에 뜨거나 가라앉을 수 있는 것에 호기심을 보인다.<br><br> | | |
| 활동방법 | | | |
| 도입 | 1. 여름 물놀이 때 잠수 경험을 이야기한다.<br>T: 물놀이할 때 기분이 어땠나요?<br>T: 잠수하여 잠시 물속에 가라앉은 경험이 있나요?<br>T: 어떻게 하니까 가라앉을 수 있었나요?<br>T: 어떻게 하니까 다시 떠올랐나요? | | |

<table>
<tr><td>전개</td><td>2. 물에 뜨는 것과 뜨지 않는 것의 차이를 구분한다.<br>T: 어떤 차이가 물 위로 뜨고, 물속으로 가라앉게 했나요?<br>T: 만약, 그 차이를 활용한다면 똑같은 물체라도 뜨거나 가라앉을 수 있을까요?<br><br>3. 바구니에 담긴 재료 특성을 비교한다.<br>T: 어떤 물건들이 있나요?<br>T: 어떤 물건이 물에 안 뜰까요?<br>T: 왜 그렇게 생각했나요?<br><br>4. 물에 뜨지 않는 물건이 물에 뜨게 하는 변화 방법을 예측한다.<br>T: 어떻게 변화시키면 이 물건도 뜨게 할 수 있을까요?<br><br>5. 실험방법을 계획해 본다.<br>T: 어떻게 실험해서 알아볼 수 있을까요?<br>T: 선생님이 준비해 온 도구를 어떻게 활용해서 실험을 할 수 있을까요?<br><br>6. 실험결과를 평가한다.<br>T: 실험결과 알게 된 것은 무엇인가요?</td></tr>
<tr><td>마무리</td><td>7. 활동을 평가한다.<br>T: 오늘 활동을 통해 어떤 특성과 변화가 있으면 물에 뜬다고 할 수 있을까요?<br>T: 과학영역에서 또 다른 결과가 나타나는지 계속 실험해 봐요.</td></tr>
<tr><td>유의사항</td><td>• 유아들의 실험을 안전하게 지지하고 지원해 준다.</td></tr>
</table>

<table>
<tr><td>과학개념</td><td>물질의 특성</td><td>주제</td><td>생활 도구</td></tr>
<tr><td>활동명</td><td>나만의 우산 만들기</td><td>대상연령</td><td>영아</td></tr>
<tr><td>제4차<br>표준보육과정<br>관련요소</td><td colspan="3">• 자연탐구 〉 탐구과정 즐기기 〉 주변 세계와 자연에 대해 호기심을 가진다.<br>• 자연탐구 〉 생활 속에서 탐구하기 〉 친숙한 물체의 특성과 변화를 감각으로 탐색한다.</td></tr>
<tr><td>활동목표</td><td colspan="3">• 물에 젖지 않는 물질의 특성에 관심을 갖는다.<br>• 물에 젖지 않는 물질의 특성을 실험해 본다.</td></tr>
<tr><td>활동자료</td><td colspan="3">우산 그림, 다양한 만들기 재료</td></tr>
<tr><td>관련<br>놀이상황</td><td colspan="3">• 영아들이 비 오는 날 우산을 쓰고 산책하며 놀이를 한다. 놀이 중 우산 끝으로 떨어지는 비에 손을 대며 우산과 비의 관계에 호기심을 보인다.<br><br></td></tr>
<tr><td colspan="4">활동방법</td></tr>
<tr><td>도입</td><td colspan="3">1. 우산을 써 본 경험을 이야기한다.<br>T: (우산 그림을 보며) 이것은 무엇인가요?<br>T: 언제 써 보았나요?</td></tr>
</table>

| | |
|---|---|
| 전개 | 2. 우산의 특성에 관심을 가진다.<br>T: 왜 비가 오면 우산을 써야 할까요?<br>T: 그럼, 우산은 어떤 특성이 있어서 비를 막아 줄까요?<br><br>3. 나만의 우산을 만들 재료의 성질을 탐색해 본다.<br>T: 여기 재료들이 있어요. 어떤 재료로 우산을 만들면 좋을까요?<br>T: 비가 와도 젖지 않는 재료는 무엇일까요?<br>T: 왜 그렇게 생각했나요?<br><br>4. 나만의 우산을 만든다.<br>T: 생각한 재료로 나만의 우산을 만들어 보기로 해요.<br><br>5. 재료가 적절한지 실험해 본다.<br>T: 다 만든 우산이 비에 젖지 않는지 어떻게 알아볼 수 있을까요?<br>T: 비처럼 물을 뿌려 우산으로 사용하기에 알맞은지 알아보기로 해요.<br>T: 물을 뿌리니 우산이 어떻게 되었나요? |
| 마무리 | 6. 활동을 평가한다.<br>T: 어떤 재료로 만든 우산이 젖지 않았나요?<br>T: 탐색(과학)영역에서 우산을 만들 수 있는 또 다른 재료가 있는지 계속 찾아보기로 해요. |
| 유의사항 | • 다양한 만들기 재료(비닐, 시트지, 부직포, 전지, 한지, 셀로판지 등)를 준비한다. |

<table>
<tr><td>과학개념</td><td>물질의 특성</td><td>주제</td><td>우리나라</td></tr>
<tr><td>활동명</td><td>나만의 우산 만들기</td><td>대상연령</td><td>유아</td></tr>
<tr><td>2019 개정 누리과정 관련요소</td><td colspan="3">• 자연탐구 〉 탐구과정 즐기기 〉 궁금한 것을 탐구하는 과정에 적극적으로 참여한다.<br>• 자연탐구 〉 생활 속에서 탐구하기 〉 물체의 특성과 변화를 여러 가지 방법으로 탐색한다.</td></tr>
<tr><td>활동목표</td><td colspan="3">• 물에 젖지 않는 물질의 특성을 안다.</td></tr>
<tr><td>활동자료</td><td colspan="3">과거 우리나라 우산 사진(종이우산), 다양한 만들기 재료</td></tr>
<tr><td>관련 놀이상황</td><td colspan="3">• 유아들이 비 오는 날 우산을 쓰고 산책하며 놀이를 한다. 그리고 가지고 있던 우산을 개고 비를 피할 곳을 찾아 비를 감상한다. 비를 피할 적절한 장소를 찾는 것에 호기심을 보인다.<br><br></td></tr>
<tr><td colspan="4">활동방법</td></tr>
<tr><td>도입</td><td colspan="3">1. 비를 피한 경험을 이야기한다.<br>T: 비가 올 때 우산이 없었던 경험이 있나요?<br>T: 비를 피하기 위해 어떻게 했었나요?</td></tr>
</table>

| | |
|---|---|
| 전개 | 2. 비를 피하기 위해 사용한 물체의 공통 특성에 관심을 갖는다.<br>T: 비를 피하기 위해 사용한 물체들의 공통된 특징은 무엇인가요?<br>T: 또 다른 생각을 가진 사람 있나요?<br><br>3. 과거 우산 사진을 보며 물에 젖지 않는 물질의 특성을 예측한다.<br>T: (과거 우산 사진을 보며) 무엇으로 만든 우산일까요?<br>T: 종이로 만든 우산이 비에 젖지 않았는데 무엇 때문일까요?<br>T: 왜 그렇게 생각하나요?<br><br>4. 종이로 비에 젖지 않는 우산을 만들어 실험해 본다.<br>T: 비에 젖지 않는 종이의 특성을 활용해서 우산을 만들어 봐요.<br>T: 어떻게 우산을 만들어 실험해 볼까요?<br>T: 만든 우산이 비에 젖지 않는지 어떻게 확인할 수 있을까요?<br><br>5. 나만의 우산을 만든다.<br>T: 물에 젖지 않는 특성을 활용해 종이로 나만의 우산을 만들어 보기로 해요.<br><br>6. 실험결과를 평가한다.<br>T: 실험결과 알게 된 것은 무엇인가요? |
| 마무리 | 7. 활동을 평가한다.<br>T: 종이로 만든 우산을 어떻게 젖지 않게 하였나요?<br>T: 과학영역에서 종이로 만든 우산이 물에 젖지 않게 할 수 있는 또 다른 특성을 계속 찾아보기로 해요. |
| 유의사항 | • 물을 뿌려 실험결과를 확인해 보는 활동이므로 실외놀이와 연계하여 진행할 수 있다. |

| 과학개념 | 물체의 다양한 변화 | 주제 | 생활 도구 |
|---|---|---|---|
| 활동명 | 종이의 변신 | 대상연령 | 영아 |
| 제4차 표준보육과정 관련요소 | • 자연탐구 〉 탐구과정 즐기기 〉 주변 세계와 자연에 대해 호기심을 가진다.<br>• 자연탐구 〉 생활 속에서 탐구하기 〉 친숙한 물체의 특성과 변화를 감각으로 탐색한다. | | |
| 활동목표 | • 종이의 변화에 관심을 가진다.<br>• 종이의 변화를 실험해 본다. | | |
| 활동자료 | 동화책『종이 한 장』, 종이, 만들기 재료 | | |
| 관련 놀이상황 | • 영아들이 종이로 다양한 것을 접어 보는 놀이를 한다. 놀이를 하면서 종이의 다양한 변화에 호기심을 보인다.<br><br> | | |
| 활동방법 | | | |
| 도입 | 1.『종이 한 장』동화를 듣는다.<br>T: (표지를 보며) 어떤 그림이 있나요?<br>T: 무슨 내용의 동화일까요? | | |

| | |
|---|---|
| 전개 | 2. 종이의 변화에 관심을 가진다.<br>T: 동화 속에서 종이가 어떻게 변하였나요?<br>3. 종이의 또 다른 변화를 예측해 본다.<br>T: 종이로 또 어떤 것을 만들어 볼 수 있을까요?<br>T: 어떻게 만들 수 있나요?<br>T: 또 다른 생각을 가진 사람 있나요?<br>4. 종이로 예측한 것을 실험해 본다.<br>T: 종이로 여러분이 생각한 것을 만들어 봐요.<br>5. 실험결과를 평가한다.<br>T: 종이로 만든 것을 소개해 주기로 해요. |
| 마무리 | 6. 활동을 평가한다.<br>T: 우리가 오늘 여러 가지로 변화를 시켜 본 재료는 무엇이었나요?<br>T: 탐색(과학)영역에서 종이로 할 수 있는 또 다른 변화가 있는지 계속 찾아보기로 해요. |
| 유의사항 | • 다양한 만들기 재료(다양한 재질, 색, 크기의 종이, 풀, 테이프 등)를 준비한다. |

<table>
<tr><td>과학개념</td><td>물체의 다양한 변화</td><td>주제</td><td>교통기관</td></tr>
<tr><td>활동명</td><td>종이비행기</td><td>대상연령</td><td>유아</td></tr>
<tr><td>2019 개정<br>누리과정<br>관련요소</td><td colspan="3">• 자연탐구 〉 탐구과정 즐기기 〉 탐구과정에서 서로 다른 생각에 관심을 갖는다.<br>• 자연탐구 〉 생활 속에서 탐구하기 〉 물체의 특성과 변화를 여러 가지 방법으로 탐색한다.</td></tr>
<tr><td>활동목표</td><td colspan="3">• 종이의 특성을 활용해 다양하게 종이비행기를 실험해 본다.</td></tr>
<tr><td>활동자료</td><td colspan="3">다양한 종이비행기, 다양한 종이, 만들기 재료</td></tr>
<tr><td>관련<br>놀이상황</td><td colspan="3">• 유아들이 종이를 활용해 만들기 놀이를 한다. 놀이를 하면서 다양한 종이에 따른 특성과 변화에 호기심을 보인다.<br><br></td></tr>
<tr><td colspan="4">활동방법</td></tr>
<tr><td>도입</td><td colspan="3">1. 종이비행기에 관심을 가진다.<br>T: (다양한 종이비행기들을 보며) 이것은 무엇일까요?<br>T: 모두 무엇으로 만들었을까요?</td></tr>
<tr><td>전개</td><td colspan="3">2. 종이 특성에 따른 변화에 관심을 가진다.<br>T: 모두 같은 종이로 만들었을까요?<br>T: 이 비행기는 무슨 종이로 만든 것 같나요?<br>T: 그럼 비행기를 날리면, 어떤 점이 다를 것 같나요?<br>T: 이 중에서 가장 잘 나는 것은 무엇일까요?<br>T: 왜 그렇게 생각했나요?</td></tr>
</table>

<table>
<tr><td rowspan="1">전개</td><td>T: 종이의 무슨 특성 때문일까요?<br><br>3. 종이비행기를 날려 보며, 종이의 특성에 관심을 가진다.<br>T: 종이비행기를 하나씩 날려 보고, 어떤 특징이 다른지 살펴보기로 해요.<br>T: 이 종이비행기는 어떤 특성이 있었나요?<br>T: 또 다른 생각을 가진 사람 있나요?<br>T: 그럼, 가장 멀리 날아간 종이비행기는 무엇이었나요?<br>T: 어떤 종이 특성 때문일까요?<br><br>4. 다양한 종이의 특성과 변화를 예측해 본다.<br>T: 선생님이 준비해 온 종이들을 보고, 어떤 특성이 다른지 살펴볼까요?<br>T: 이 종이들 중에서 어떤 종이로 비행기를 만들어야 가장 잘 날아다닐지 생각해 보고 이야기해 볼까요?<br><br>5. 종이의 특성을 활용해 종이비행기 만드는 실험방법을 생각해 본다.<br>T: 종이의 특성을 활용해 멀리 날아가는 종이비행기를 만들 수 있을까요?<br>T: 어떻게 만들 수 있나요?<br>T: ㅇㅇ의 생각에 궁금한 점이 있는 사람 있나요?<br><br>6. 종이로 실험해 본다.<br>T: 각자 생각한 대로 실험을 해 보기로 해요.<br>T: 누구의 비행기가 가장 멀리 날아가는지 어떻게 확인해 볼 수 있을까요?<br><br>7. 실험결과를 평가한다.<br>T: 누구의 종이비행기가 가장 멀리 날아갔나요?<br>T: 만약, 생각대로 잘 안 만들어졌다면, 그 이유는 무엇일까요?<br>T: 어떻게 보완하면 좋을까요?</td></tr>
<tr><td>마무리</td><td>8. 활동을 평가한다.<br>T: 종이의 어떤 특성을 활용하여 종이비행기를 만들어 보았나요?<br>T: 과학영역에서 또 다른 종이로 만들거나 다른 방법이 있는지 계속 찾아 보기로 해요.</td></tr>
<tr><td>유의사항</td><td>• 다양한 종이를 활용해 종이마다 다른 특징이 있음도 발견하도록 돕는다.</td></tr>
</table>

<table>
<tr><td>과학개념</td><td>도구와 기계의 특성 및 활용</td><td>주제</td><td>우리 동네</td></tr>
<tr><td>활동명</td><td>주스 가게</td><td>대상연령</td><td>영아</td></tr>
<tr><td>제4차 표준보육과정 관련요소</td><td colspan="3">• 자연탐구 〉 탐구과정 즐기기 〉 주변 세계와 자연에 대해 호기심을 가진다.<br>• 자연탐구 〉 생활 속에서 탐구하기 〉 생활 도구에 관심을 가진다.</td></tr>
<tr><td>활동목표</td><td colspan="3">• 주스를 만드는 도구에 관심을 갖는다.<br>• 도구를 활용해 주스를 만드는 실험을 해 본다.</td></tr>
<tr><td>활동자료</td><td colspan="3">주스 가게 사진, 다양한 주스 사진, 강판, 숟가락, 위생장갑, 유리컵, 사과</td></tr>
<tr><td>관련 놀이상황</td><td colspan="3">• 영아들이 간식으로 나온 주스를 마시며 무슨 주스인지 이야기 나눈다. 이야기 나누며 과일이 주스로 변하는 것에 호기심을 보인다.<br><br></td></tr>
<tr><td colspan="4">활동방법</td></tr>
<tr><td>도입</td><td colspan="3">1. 주스를 마셔 본 경험을 이야기 나눈다.<br>T: (주스 가게 사진을 보며) 여기는 주스를 파는 곳이에요.<br>T: 주스를 마셔 보았나요?<br>T: 어떤 주스를 마셨나요?</td></tr>
</table>

| | |
|---|---|
| 전개 | 2. 주스가 만들어지는 과정에 관심을 가진다.<br>T: 단단한 과일이 어떻게 주스로 변했을까요?<br>T: 어떻게 만드는 걸까요?<br><br>3. 주스 만드는 도구의 특성에 관심을 가진다.<br>T: 주스 만드는 도구를 본 적이 있나요?<br>T: 어떻게 생겼나요?<br>T: 또 다른 생각을 가진 사람 있나요?<br><br>4. 준비된 도구의 특성을 관찰하여, 주스 만들기가 가능한지 예측해 본다.<br>T: 선생님이 준비해 온 도구들이 있어요.<br>T: 이 도구로 주스를 만들 수 있을까요?<br>T: 이 도구는 어떻게 주스를 만들 수 있을까요?<br><br>5. 예측한 것을 실험해 본다.<br>T: 생각한 것이 맞는지 확인하려면 어떻게 해야 할까요?<br>T: 선생님이 준비해 온 과일로 실험해 보기로 해요.<br><br>6. 실험결과를 평가한다.<br>T: 도구를 사용한 결과, 주스가 잘 만들어졌나요? |
| 마무리 | 7. 활동을 평가한다.<br>T: 우리가 주스를 만들어 본 도구는 무엇이었나요?<br>T: 도구들은 모두 어떤 특징이 있었나요?<br>T: 탐색(과학)영역에서 또 다른 도구를 찾아 계속 실험해 보기로 해요. |
| 유의사항 | • 강판 사용 시 안전하게 사용할 수 있도록 관찰하며 돕는다. |

<table>
<tr><td>과학개념</td><td>도구와 기계의 특성 및 활용</td><td>주제</td><td>우리 동네</td></tr>
<tr><td>활동명</td><td>주스 가게</td><td>대상연령</td><td>유아</td></tr>
<tr><td>2019 개정 누리과정 관련요소</td><td colspan="3">• 자연탐구 〉 탐구과정 즐기기 〉 궁금한 것을 탐구하는 과정에 적극적으로 참여한다.<br>• 자연탐구 〉 생활 속에서 탐구하기 〉 도구와 기계에 관심을 가진다.</td></tr>
<tr><td>활동목표</td><td colspan="3">• 주스를 만드는 도구의 특성을 탐구한다.<br>• 도구 특성을 활용해 주스를 만드는 실험을 해 본다.</td></tr>
<tr><td>활동자료</td><td colspan="3">다양한 주스 사진, 믹서, 위생장갑, 유리컵, 사과, 요리 순서도</td></tr>
<tr><td>관련 놀이상황</td><td colspan="3">• 유아들이 간식으로 나온 주스를 보고 주스를 만든 것을 본 경험에 대해 이야기 나눈다. 이야기 나누며 주스 만드는 과정에 호기심을 보인다.<br>
</td></tr>
<tr><td colspan="4">활동방법</td></tr>
<tr><td>도입</td><td colspan="3">1. 주스를 마셔 본 경험을 이야기 나눈다.<br>T: 주스를 마셔 보았나요?<br>T: 어떤 주스를 마셨나요?</td></tr>
<tr><td>전개</td><td colspan="3">2. 주스가 만들어지는 과정에 관심을 가진다.<br>T: 주스는 어떻게 만드는 걸까요?<br>T: 주스 만드는 것을 본 적이 있나요?<br>T: 어떤 도구를 사용해 만들었나요?<br>T: 어떤 과정으로 만들었나요?</td></tr>
</table>

| | |
|---|---|
| 전개 | 3. 주스 만드는 믹서의 특성에 관심을 가진다.<br>T: 주스 만드는 믹서는 어떤 특성이 있어서 과일이 주스로 변할까요?<br>T: 왜 그렇게 생각했나요?<br>4. 주스를 순서도대로 만들어 보며, 믹서의 특성을 탐구한다.<br>T: 오늘은 우리가 직접 사과주스를 만들어 보려고 해요.<br>T: 어떤 순서로 어떻게 만들 수 있을까요?<br>T: (요리 순서도를 보며) 첫 번째 순서는 무엇인가요?<br>T: 왜 사과를 잘라야 할까요?<br>T: 만약, 자르지 않는다면 어떻게 될까요?<br>5. 예측한 것을 실험해 본다.<br>T: 생각한 것이 맞는지 확인하려면 어떻게 해야 할까요?<br>T: 생각대로 실험해 봐요.<br>6. 실험결과를 평가하고, 또 다른 예측을 해 본다.<br>T: 믹서에 돌려 보니 어떤 것이 더 잘 갈아지나요?<br>T: (요리 순서도를 보며) 만약, 물을 넣지 않고 갈면 어떻게 될까요?<br>7. 실험을 평가한다.<br>T: 무엇을 알게 되었나요? |
| 마무리 | 8. 활동을 평가한다.<br>T: 믹서가 잘 작동하게 하려면 어떻게 해야 하나요?<br>T: 과학영역에서 믹서를 활용해 다른 과일 주스를 만들어 보며, 또 다른 궁금증이 있는지 계속 실험해 보기로 해요. |
| 유의사항 | • 믹서 사용 시 안전하게 사용할 수 있도록 관찰하며 돕는다.<br>• 요리 과정마다 왜 그 과정이 필요한지 유아들이 탐구해 보도록 탐구과정을 지원한다. |

| 과학개념 | 도구와 기계 발명 | 주제 | 우리나라 |
|---|---|---|---|
| 활동명 | 시원한 부채 발명 | 대상연령 | 영아 |
| 제4차<br>표준보육과정<br>관련요소 | • 자연탐구 〉 탐구과정 즐기기 〉 주변 세계와 자연에 대해 호기심을 가진다.<br>• 자연탐구 〉 생활 속에서 탐구하기 〉 생활 도구에 관심을 가진다. | | |
| 활동목표 | • 부채의 특성에 관심을 갖는다.<br>• 부채의 원리를 탐구한다.<br>• 부채의 원리를 실험해 본다. | | |
| 활동자료 | 여러 가지 부채, 만들기 재료 | | |
| 관련<br>놀이상황 | • 영아들이 더운 여름에 부채질을 하며 놀이를 한다. 놀이를 하면서 부채에 호기심을 보인다.<br><br> | | |
| 활동방법 | | | |
| 도입 | 1. 부채 수수께끼를 듣고, 알아맞힌다.<br>T: 이것은 우리를 시원하게 해 주어요.<br>T: 옛날에 선풍기나 에어컨이 없을 때 많이 사용했어요. 무엇일까요? | | |

<table>
<tr><td rowspan="6">전개</td><td>2. 부채의 긍정적 측면에 대해 이야기 나눈다.<br>T: 만약, 옛날에 부채가 없었다면 어땠을까요?</td></tr>
<tr><td>3. 부채의 원리에 대해 탐구한다.<br>T: 부채는 어떻게 시원한 바람을 만들까요?<br>T: 또 다른 생각 가진 사람 있나요?</td></tr>
<tr><td>4. 부채를 탐색하며 특성을 살펴본다.<br>T: (여러 가지 부채를 보며) 부채는 어떤 특성이 있는지 살펴볼까요?<br>T: 시원한 바람이 만들어지는 것은 무엇 때문일까요?<br>T: 부채 중 어떤 부채가 가장 시원한가요?<br>T: 왜 그럴까요?<br>T: 더 시원한 바람이 만들어지려면 어떻게 해야 할까요?</td></tr>
<tr><td>5. 부채의 원리를 활용해 몸으로 바람을 만들어 본다.<br>T: 우리가 부채가 되어, 부채의 특성을 몸으로 표현해 볼까요?<br>T: 어떻게 만든 바람이 가장 잘 느껴졌나요?<br>T: 왜 그랬을까요?</td></tr>
<tr><td>6. 부채의 원리를 활용해 만들기 재료로 시원한 부채를 만들어 본다.<br>T: 만들기 재료를 활용해 나만의 부채를 만들어 보기로 해요.</td></tr>
<tr><td></td></tr>
<tr><td>마무리</td><td>7. 활동을 평가한다.<br>T: 우리가 만든 부채 중 무엇이 가장 시원했나요?<br>T: 탐색(과학)영역에서 또 다른 방법을 찾아보고, 만들어 보기로 해요.</td></tr>
<tr><td>유의사항</td><td>• 영아 안전에 적합한 다양한 재활용품과 만들기 재료를 준비해 준다.</td></tr>
</table>

<table>
<tr><td>과학개념</td><td>도구와 기계 발명</td><td>주제</td><td>건강과 안전</td></tr>
<tr><td>활동명</td><td>선풍기 발명</td><td>대상연령</td><td>유아</td></tr>
<tr><td>2019 개정 누리과정 관련요소</td><td colspan="3">• 자연탐구 〉 탐구과정 즐기기 〉 탐구과정에 서로 다른 생각에 관심을 가진다.<br>• 자연탐구 〉 생활 속에서 탐구하기 〉 도구와 기계에 관심을 가진다.</td></tr>
<tr><td>활동목표</td><td colspan="3">• 선풍기의 특성을 탐구한다.<br>• 선풍기의 불편한 점을 보완할 수 있는 방법을 탐구한다.</td></tr>
<tr><td>활동자료</td><td colspan="3">선풍기</td></tr>
<tr><td>관련 놀이상황</td><td colspan="3">• 유아들이 더운 여름에 선풍기 작동에 관심을 보이고, 불편한 점에 호기심을 보인다.

</td></tr>
<tr><td colspan="4">활동방법</td></tr>
<tr><td>도입</td><td colspan="3">1. 선풍기 수수께끼를 듣고, 알아맞힌다.<br>T: 이것은 우리를 시원하게 해 주어요. 무엇일까요?</td></tr>
<tr><td>전개</td><td colspan="3">2. 선풍기를 사용한 경험에 대해 이야기 나눈다.<br>T: 만약, 선풍기가 없다면 어떨까요?<br>T: 선풍기를 사용할 때 불편한 점은 무엇일까요?<br><br>3. 선풍기의 불편한 점과 관련된 특성을 탐구한다.<br>T: 선풍기의 어떤 특성 때문에 불편할까요?<br>T: 왜 그렇게 생각했나요?<br>T: 또 다른 생각을 한 사람 있나요?</td></tr>
</table>

| | |
|---|---|
| 전개 | 4. 선풍기를 살펴보며, 불편한 점을 보완할 수 있는 방법을 탐구한다.<br>T: (선풍기를 보며) 어떻게 하면 불편한 점을 보완할 수 있을지, 선풍기를 살펴보며 생각해 볼까요?<br>T: 어떤 특성을 보완하면 좋을까요?<br>T: 왜 그렇게 생각했나요?<br>T: 또 다르게 생각한 사람 있나요?<br>5. 선풍기의 불편한 점을 보완할 수 있는 방법을 그림으로 표현한다.<br>T: 생각한 것을 그림으로 그려 보고, 친구들에게 소개해 주기로 해요.<br>T: ○○의 생각에 궁금한 점이 있는 사람 있나요?<br>T: ○○의 생각에 문제점이 있다고 생각하는 사람 있나요?<br>T: 어떻게 보완할 수 있을까요? |
| 마무리 | 6. 활동을 평가한다.<br>T: 선풍기의 불편한 점은 무엇이었나요?<br>T: 선풍기의 불편한 점을 보완하는 방법 중에 어떤 방법이 가장 기억에 남나요?<br>T: 과학영역에서 또 다른 생각이 있거나 생각을 보완하여 그림으로 그려 보기로 해요. |
| 유의사항 | • 유아들이 글자도 적어 가며 설명해 보도록 하고, 글쓰기 능력이 부족한 유아는 교사가 생각을 받아 적어 준다.<br>• 선풍기는 코드를 연결하지 않은 채 안전하게 특성을 파악하도록 해 준다.<br>• 유아들이 원하면, 선풍기를 분해해 살펴보도록 지원해 줄 수 있다. |

CHAPTER 2

# 화학 관련 교육 실제

<table>
<tr><td>과학개념</td><td>물질의 다양한 변화</td><td>주제</td><td>어린이집과 친구</td></tr>
<tr><td>활동명</td><td>깨끗하게 손 씻기</td><td>대상연령</td><td>영아</td></tr>
<tr><td>제4차 표준보육과정 관련요소</td><td colspan="3">• 자연탐구 〉 탐구과정 즐기기 〉 주변 세계와 자연에 대해 호기심을 가진다.<br>• 자연탐구 〉 생활 속에서 탐구하기 〉 친숙한 물체의 특성과 변화를 감각으로 탐색한다.</td></tr>
<tr><td>활동목표</td><td colspan="3">• 비누로 인한 변화에 관심을 가진다.<br>• 비누로 인한 변화를 예측해 본다.</td></tr>
<tr><td>활동자료</td><td colspan="3">크레파스가 묻은 손 그림</td></tr>
<tr><td>관련 놀이상황</td><td colspan="3">• 영아들이 크레파스로 그림 그리기를 한 후 손에 묻은 크레파스에 대해 이야기를 나눈다. 이야기를 나누며 크레파스가 묻은 손을 지우는 방법에 호기심을 보인다.<br>
</td></tr>
<tr><td colspan="4">활동방법</td></tr>
<tr><td>도입</td><td colspan="3">1. 손이 더러워진 경험을 이야기한다.<br>T: 그림을 그리다가 손이 더러워진 적이 있나요?</td></tr>
</table>

| | |
|---|---|
| 전개 | 2. 더러워진 손을 깨끗하게 하는 방법에 대해 이야기 나눈다.<br>T: (크레파스가 묻은 손 그림을 보며) 손에 무엇이 묻었을까요?<br>T: 어떻게 하면 깨끗하게 할 수 있을까요?<br><br>3. 손에 묻은 크레파스를 지우는 방법에 관심을 가진다.<br>T: 물로만 씻으면 깨끗해질까요?<br>T: 무엇을 사용하면 깨끗해질까요?<br>T: 왜 그렇게 생각하나요?<br><br>4. 비누 사용 경험에 대해 이야기한다.<br>T: 비누를 사용해서 깨끗해진 경험이 있나요?<br><br>5. 비누로 인한 변화에 관심을 가진다.<br>T: 왜 물로만 씻으면 지워지지 않는데, 비누를 사용하면 지워질까요?<br>T: 왜 그렇게 생각했나요?<br><br>6. 비누로 지워지는 변화를 예측하여 그림으로 그려 본다.<br>T: 비누가 어떻게 크레파스를 지우는지 생각해 보고, 그림으로 그려 봐요.<br>T: 그림을 친구들에게 소개해 주기로 해요.<br>T: 그리고 미술활동 후에 비누로 씻어 보며 생각이 맞는지 관찰해 봐요. |
| 마무리 | 7. 활동을 평가한다.<br>T: 관찰한 결과, 무엇을 알게 되었나요?<br>T: 또 다른 이유로 더러워진 손을 비누로 닦아 보며, 깨끗해지는 모습도 관찰해 보기로 해요. |
| 유의사항 | • 영아들이 그린 그림에 교사가 영아의 생각을 질문하여 글자로 적어 준다. |

<table>
<tr><td>과학개념</td><td>물질의 다양한 변화</td><td>주제</td><td>유치원(어린이집)과 친구</td></tr>
<tr><td>활동명</td><td>깨끗하게 손 씻기</td><td>대상연령</td><td>유아</td></tr>
<tr><td>2019 개정 누리과정 관련요소</td><td colspan="3">• 자연탐구 〉 탐구과정 즐기기 〉 궁금한 것을 탐구하는 과정에 적극적으로 참여한다.<br>• 자연탐구 〉 생활 속에서 탐구하기 〉 물체의 특성과 변화를 여러 가지 방법으로 탐색한다.</td></tr>
<tr><td>활동목표</td><td colspan="3">• 물과 기름이 섞이지 않는 성질에 대해 안다.<br>• 비누의 특성을 탐구한다.</td></tr>
<tr><td>활동자료</td><td colspan="3">물, 기름, 물감, 투명 페트병</td></tr>
<tr><td>관련 놀이상황</td><td colspan="3">• 유아들이 요리하며 손에 묻은 기름이 물에 잘 닦이지 않는다고 이야기를 나눈다. 이야기를 나누며, 기름을 지우는 방법에 호기심을 보인다.<br><br></td></tr>
<tr><td colspan="4">활동방법</td></tr>
<tr><td>도입</td><td colspan="3">1. 손이 더러워진 경험을 이야기한다.<br>T: 유치원(어린이집)에서 손이 더러워진 적이 있나요?<br>T: 물로는 깨끗하게 씻어지지 않은 적이 있나요?</td></tr>
</table>

<table>
<tr><td>전개</td><td>2. 물로 깨끗하게 씻어지지 않은 경험의 공통점을 찾아본다.<br>T: 물로 깨끗하게 씻어지지 않았던 것들은 무엇이었나요?<br>T: 어떤 공통점이 있나요?<br><br>3. 물과 기름의 특성을 예측해 본다.<br>T: 만약, 손에 기름이 묻으면 물로 잘 닦일까요?<br>T: 왜 잘 안 닦일까요?<br>T: 물과 기름이 섞이지 않는지 어떻게 알아볼 수 있을까요?<br><br>4. 물과 기름의 특성을 실험해 본다.<br>T: (준비된 재료를 보며) 이 재료들로 어떻게 실험해 볼 수 있을까요?<br>T: 섞이지 않는지는 어떻게 확인해 볼 수 있을까요?<br><br>5. 실험결과를 평가한다.<br>T: 실험결과, 무엇을 알게 되었나요?<br><br>6. 기름을 지우기 위해 필요한 비누의 특성에 대해 탐구한다.<br>T: 그럼, 손에 묻은 기름을 지우려면 무엇이 필요할까요?<br>T: 비누는 어떤 특성이 있어서 기름을 지울 수 있을까요?<br><br>7. 비누가 기름을 지우는 원리를 그림으로 그려 본다.<br>T: 비누가 어떻게 기름을 지우는지 생각해 보고, 그림으로 그려 봐요.<br>T: 그림을 친구들에게 소개해 주기로 해요.</td></tr>
<tr><td>마무리</td><td>8. 활동을 평가한다.<br>T: 비누가 어떻게 기름을 지운다고 생각했나요?<br>T: 과학영역에서 비누 말고도 또 기름을 지울 수 있는 것이 있는지 실험해 보기로 해요.</td></tr>
<tr><td>유의사항</td><td>• 비누를 대체(물비누, 클렌징폼, 때밀이 타월 등)할 만한 재료들을 과학영역에 준비해 두고, 안전하게 실험하도록 돕는다.</td></tr>
</table>

<table>
<tr><td>과학개념</td><td>물질의 다양한 변화</td><td>주제</td><td>환경과 생활</td></tr>
<tr><td>활동명</td><td>꽃잎의 활용</td><td>대상연령</td><td>영아</td></tr>
<tr><td>제4차<br>표준보육과정<br>관련요소</td><td colspan="3">• 자연탐구 〉 탐구과정 즐기기 〉 주변 세계와 자연에 대해 호기심을 가진다.<br>• 자연탐구 〉 생활 속에서 탐구하기 〉 친숙한 물체의 특성과 변화를 감각으로 탐색한다.</td></tr>
<tr><td>활동목표</td><td colspan="3">• 꽃잎의 변화에 관심을 가진다.<br>• 꽃잎의 변화를 실험해 본다.</td></tr>
<tr><td>활동자료</td><td colspan="3">봉숭아 물든 손 사진, 봉숭아꽃 사진</td></tr>
<tr><td>관련<br>놀이상황</td><td colspan="3">• 영아들이 간식으로 나온 포도를 먹으며, 손톱 주변이 보라색으로 변하는 것에 대해 관심을 보이며, 손톱 색깔 변화에 호기심을 보인다.<br><br></td></tr>
<tr><td colspan="4">활동방법</td></tr>
<tr><td>도입</td><td colspan="3">1. 봉숭아 물든 손에 관심을 가진다.<br>T: (봉숭아 물든 손 사진을 보며) 손의 색깔이 어떤가요?<br>T: 어떻게 손의 색깔이 변했을까요?</td></tr>
</table>

| | |
|---|---|
| 전개 | 2. 봉숭아 꽃잎에 관심을 가진다.<br>T: 꽃잎을 사용해서 손의 색깔이 변하도록 하였대요.<br>T: 어떤 색의 꽃잎을 사용했을까요?<br>T: (봉숭아 꽃잎 사진을 보며) 이 꽃잎을 사용했대요. 꽃잎의 이름은 봉숭아 꽃잎이래요.<br><br>3. 봉숭아 꽃잎의 변화를 예측해 본다.<br>T: 봉숭아 꽃잎을 어떻게 사용했을까요?<br>T: 왜 그렇게 생각했나요?<br><br>4. 실험해 본다.<br>T: 생각한 대로 손에 실험해 보기로 해요.<br><br>5. 실험결과를 평가한다.<br>T: 어떻게 되었나요?<br>T: 변화가 없다면, 어떻게 하면 좋을까요? |
| 마무리 | 6. 활동을 평가한다.<br>T: 봉숭아 꽃잎을 어떻게 사용했더니 손톱의 색깔이 변화했나요?<br>T: 탐색(과학)영역에서 또 다른 방법도 생각해 보고, 실험해 봐요. |
| 유의사항 | • 영아들의 실험 방법대로 실험을 지지해 준다.<br>• 다양한 색의 꽃잎을 더 준비해 주어, 확장된 실험을 할 수 있도록 지지해 준다. |

| 과학개념 | 물질의 다양한 변화 | 주제 | 환경과 생활 |
|---|---|---|---|
| 활동명 | 꽃잎의 활용 | 대상연령 | 유아 |
| 2019 개정 누리과정 관련요소 | • 자연탐구 〉 탐구과정 즐기기 〉 궁금한 것을 탐구하는 과정에 적극적으로 참여한다.<br>• 자연탐구 〉 생활 속에서 탐구하기 〉 물체의 특성과 변화를 여러 가지 방법으로 탐색한다. | | |
| 활동목표 | • 꽃잎의 변화에 관심을 가진다.<br>• 꽃잎의 변화를 실험해 본다. | | |
| 활동자료 | 다양한 꽃 사진, 다양한 꽃잎, 차 끓이는 투명 포트, 생수, 보온병 | | |
| 관련 놀이상황 | • 유아들이 꽃잎으로 화전 요리를 하면서 꽃잎을 먹을 수 있다는 것에 호기심을 보인다.<br><br> | | |
| 활동방법 | | | |
| 도입 | 1. 꽃의 활용에 관심을 가진다.<br>T: (다양한 꽃 사진을 보며) 꽃을 다양하게 활용할 수 있대요.<br>T: 어떻게 활용할 수 있을까요?<br>T: 꽃의 어떤 특성 때문에 그렇게 활용할 수 있을까요? | | |

| | |
|---|---|
| 전개 | 2. 꽃잎 차에 관심을 가진다.<br>T: 꽃의 꽃잎을 활용해 차를 만들어 마실 수도 있대요.<br>T: 만약, 사진에 있는 꽃잎으로 차를 만들면 어떤 차가 될까요?<br>T: 왜 그렇게 생각했나요?<br><br>3. 꽃잎 차를 만들 때, 어떤 변화가 일어날지 예측해 본다.<br>T: (다양한 꽃잎을 보며) 만약, 이 꽃잎으로 차를 만들면 꽃잎의 모양은 어떻게 될까요?<br>T: 왜 그렇게 생각했나요?<br>T: 차의 색깔은 어떻게 변화할까요?<br>T: 차의 향은 어떻게 변화할까요?<br>T: 변화하지 않는 것은 무엇일까요?<br><br>4. 예측한 것을 실험해 본다.<br>T: 우리가 생각한 것을 확인해 보려면 어떻게 실험하면 좋을까요?<br>T: 선생님이 준비한 재료와 도구로 어떻게 확인할 수 있을까요?<br><br>5. 실험결과를 평가한다.<br>T: 실험결과, 어떻게 되었나요?<br>T: 생각한 것과 결과가 다르다면 왜 그럴까요? |
| 마무리 | 6. 활동을 평가한다.<br>T: 꽃잎이 차가 되면서 변화한 것과 변화하지 않은 것은 무엇이었나요?<br>T: 과학영역에서 우리 생각이 맞는지 계속 실험해 보기로 해요. |
| 유의사항 | • 유아들이 안전하게 실험하도록 돕는다.<br>• 유아들에게는 적절히 식은 뜨거운 물을 보온병에 담아 주어, 그 물을 사용하도록 해 준다. |

<table>
<tr><td>과학개념</td><td>물질의 다양한 변화</td><td>주제</td><td>나와 가족</td></tr>
<tr><td>활동명</td><td>생일 경단 만들기</td><td>대상연령</td><td>영아</td></tr>
<tr><td>제4차<br>표준보육과정<br>관련요소</td><td colspan="3">• 자연탐구 〉 탐구과정 즐기기 〉 사물과 자연을 반복하여 탐색하기를 즐긴다.<br>• 자연탐구 〉 생활 속에서 탐구하기 〉 친숙한 물체의 특성과 변화를 감각으로 탐색한다.</td></tr>
<tr><td>활동목표</td><td colspan="3">• 경단의 변화에 관심을 가진다.<br>• 경단의 변화를 실험해 본다.</td></tr>
<tr><td>활동자료</td><td colspan="3">경단 사진, 익은 경단 반죽, 다양한 고물(검은깨, 콩가루, 설탕 가루 등)</td></tr>
<tr><td>관련<br>놀이상황</td><td colspan="3">• 영아들이 간식으로 나온 가래떡을 꿀이나 잼에 찍어 먹는다. 떡을 먹으면서 찍은 재료에 따라 변하는 떡의 색이나 맛에 호기심을 보인다.<br><br></td></tr>
<tr><td colspan="4">활동방법</td></tr>
<tr><td>도입</td><td colspan="3">1. 떡에 관심을 가진다.<br>T: 떡 먹은 경험이 있나요?<br>T: 우리나라는 생일이나 좋은 날에 떡을 먹어요.</td></tr>
</table>

| | |
|---|---|
| 전개 | 2. 경단에 관심을 가진다.<br>T: (경단 사진을 보며) 이 떡의 이름은 무엇일까요?<br>T: 경단이라고 해요.<br>T: 그런데 왜 다 다르게 보일까요?<br><br>3. 경단의 변화를 예측하며 실험해 본다.<br>T: (재료를 보며) 이 재료들로 우리도 경단을 만들어 보려고 해요.<br>T: 만약, 사진 속 이런 경단을 만들려면 어떤 재료가 필요할까요?<br>T: 왜 그렇게 생각했나요?<br>T: 생각한 재료에 반죽을 굴려 보아요.<br><br>4. 실험결과를 평가한다.<br>T: 어떻게 되었나요?<br>T: 색깔도 변화하였지만, 또 무엇도 변화했나요?<br>T: 맛은 어떠한가요? |
| 마무리 | 5. 활동을 평가한다.<br>T: 경단을 만들어 보고 무엇을 알게 되었나요?<br>T: 탐색(과학)영역에서 또 다른 재료도 생각해 보고, 어떤 재료가 필요한지 그림으로 표현해요. |
| 유의사항 | • 영아들의 실험방법대로 실험을 지지해 준다.<br>• 경단의 반죽은 미리 동그랗게 만들어 익히고 적절히 식혀 놓은 것을 준비해 준다. |

<table>
<tr><td>과학개념</td><td>물질의 다양한 변화</td><td>주제</td><td>나와 가족</td></tr>
<tr><td>활동명</td><td>생일 경단 만들기</td><td>대상연령</td><td>유아</td></tr>
<tr><td>2019 개정<br>누리과정<br>관련요소</td><td colspan="3">• 자연탐구 〉 탐구과정 즐기기 〉 궁금한 것을 탐구하는 과정에 적극적으로 참여한다.<br>• 자연탐구 〉 생활 속에서 탐구하기 〉 물체의 특성과 변화를 여러 가지 방법으로 탐색한다.</td></tr>
<tr><td>활동목표</td><td colspan="3">• 경단의 변화에 관심을 가진다.<br>• 경단의 변화를 실험해 본다.</td></tr>
<tr><td>활동자료</td><td colspan="3">경단 사진, 찹쌀가루, 물, 다양한 고물(검은깨, 콩가루, 설탕 가루 등), 가스레인지 2개, 투명 유리 냄비 2개, 투명 반죽 그릇, 요리 순서도</td></tr>
<tr><td>관련<br>놀이상황</td><td colspan="3">• 유아들이 바깥놀이에서 모래와 물로 소꿉놀이를 하며 놀이한다. 놀이하면서 물의 양에 따른 모래의 변화에 호기심을 보인다.<br><br></td></tr>
<tr><td colspan="4">활동방법</td></tr>
<tr><td>도입</td><td colspan="3">1. 떡에 관심을 가진다.<br>T: 떡 먹은 경험이 있나요?<br>T: 우리나라는 생일이나 좋은 날에 떡을 먹어요.</td></tr>
</table>

| | |
|---|---|
| 전개 | 2. 경단 만드는 과정에 관심을 가진다.<br>T: (경단 사진을 보며) 이 떡의 이름은 무엇일까요?<br>T: 경단이라고 해요.<br>T: 경단은 무엇으로 만들었을까요?<br>T: 어떤 재료와 도구가 필요할까요?<br><br>3. 경단의 변화를 예측하며 실험해 본다.<br>T: (재료와 도구를 보며) 이 재료와 도구들로 우리도 경단을 만들어 보려고 해요.<br>T: 어떻게 만들 수 있을까요?<br>T: (요리 순서도를 보며) 첫 번째 순서는 무엇인가요?<br>T: 왜 찹쌀가루를 넣을까요?<br>T: 찹쌀가루 대신 무엇으로 만들어 볼 수 있을까요?<br>T: 찹쌀가루로 만든 것과 차이점은 무엇일까요?<br>T: 반죽에 물은 어느 정도 넣어야 할까요?<br>T: 왜 그렇게 생각하나요?<br>T: 물을 넣을수록 반죽이 어떻게 변화할까요?<br><br>4. 실험결과를 평가한다.<br>T: 찹쌀가루 대신 다른 가루를 넣은 경단은 어떻게 되었나요?<br>T: 물의 양에 따른 경단은 어떤 차이점이 있나요? |
| 마무리 | 5. 활동을 평가한다.<br>T: 경단을 만들면서 알게 된 변화는 무엇이었나요?<br>T: 과학영역에서 또 다른 변화를 실험해 보기로 해요. |
| 유의사항 | • 유아들이 안전하게 실험하도록 돕는다. |

CHAPTER 3

# 생명과학 관련 교육 실제

| 과학개념 | 생명체의 독특한 특성 | 주제 | 동식물과 자연 |
|---|---|---|---|
| 활동명 | 잎맥 프로타주 | 대상연령 | 영아 |
| 제4차 표준보육과정 관련요소 | • 자연탐구 〉 탐구과정 즐기기 〉 사물과 자연을 반복하여 탐색하기를 즐긴다.<br>• 자연탐구 〉 자연과 더불어 살기 〉 주변의 동식물에 관심을 가진다. | | |
| 활동목표 | • 나뭇잎의 잎맥을 탐색한다.<br>• 잎맥을 표현할 수 있는 방법을 실험한다. | | |
| 활동자료 | 종이, 색연필, 다양한 나뭇잎, 실물화상기, 종이와 색연필 | | |
| 관련 놀이상황 | • 영아들이 실외놀이 산책을 하면서 떨어진 나뭇잎으로 놀이를 한다. 놀이를 하면서 나뭇잎의 잎맥에 호기심을 보인다.<br> | | |
| 활동방법 | | | |
| 도입 | 1. 나뭇잎 수수께끼를 알아맞힌다.<br>T: 이것은 나무에 매달려 있어요. 무엇일까요? | | |

<table>
<tr><td>전개</td><td>2. 나뭇잎을 실물화상기로 보며, 관찰한다.<br>T: (실물화상기 위에 나뭇잎을 올리며) 나뭇잎을 크게 보니 무엇이 보이나요?<br>T: 뒷면도 볼까요? 무엇이 보이나요?<br><br>3. 잎맥에 관심을 가진다.<br>T: 나뭇잎 가운데 무엇이 있나요?<br>T: 어떻게 생겼나요?<br>T: 이것을 잎맥이라고 해요.<br>T: 모든 나뭇잎은 잎맥이 같을까요?<br>T: 왜 그렇게 생각했나요?<br><br>4. 프로타주 방법에 관심을 가진다.<br>T: 종이와 색연필로 잎맥을 똑같이 표현할 수 있대요.<br>T: 어떻게 할 수 있을까요?<br>T: 왜 그렇게 생각했나요?<br><br>5. 예측한 것을 실험해 본다.<br>T: 생각한 대로 종이와 색연필로 잎맥을 표현해 봐요.<br><br>6. 실험을 평가한다.<br>T: 친구들에게 자신이 표현한 잎맥을 보여 주기로 해요.<br>T: 잎맥은 어떤 차이가 있나요?<br>T: 잎맥 그림을 보고 어떤 나뭇잎인지 찾아볼까요?</td></tr>
<tr><td>마무리</td><td>7. 활동을 평가한다.<br>T: 잎맥의 모양은 모두 어떠했나요?<br>T: 탐색(과학)영역에서 잎맥을 더욱 잘 표현할 수 있는 또 다른 방법이 있는지 계속 표현해 봐요.</td></tr>
<tr><td>유의사항</td><td>• 영아들이 완성한 작품에 교사가 표현방법을 글로 적어 준다.</td></tr>
</table>

<table>
<tr><td>과학개념</td><td>생명체의 독특한 특성</td><td>주제</td><td>동식물과 자연</td></tr>
<tr><td>활동명</td><td>잎맥 프로타주</td><td>대상연령</td><td>유아</td></tr>
<tr><td>2019 개정<br>누리과정<br>관련요소</td><td colspan="3">• 자연탐구 〉 탐구과정 즐기기 〉 궁금한 것을 탐구하는 과정에 적극적으로 참여한다.<br>• 자연탐구 〉 자연과 더불어 살기 〉 주변의 동식물에 관심을 가진다.</td></tr>
<tr><td>활동목표</td><td colspan="3">• 나뭇잎의 잎맥을 탐색한다.<br>• 잎맥을 잘 표현할 수 있는 방법을 실험한다.</td></tr>
<tr><td>활동자료</td><td colspan="3">다양한 미술재료, 다양한 나뭇잎, 실물화상기, 다양한 미술재료</td></tr>
<tr><td>관련<br>놀이상황</td><td colspan="3">• 유아들이 실외놀이를 하면서 생기는 발자국을 다양하게 만들어 놀이를 한다. 놀이를 하면서 바닥에 찍히는 발자국에 호기심을 보인다.<br><br></td></tr>
<tr><td colspan="4">활동방법</td></tr>
<tr><td>도입</td><td colspan="3">1. 잎맥 수수께끼를 알아맞힌다.<br>T: 이것은 모든 나뭇잎에 있어요. 선으로 되어 있어요. 무엇일까요?</td></tr>
</table>

<table>
<tr><td>전개</td><td>2. 다양한 나뭇잎을 가지고 잎맥의 특징을 탐색한다.<br>T: (실물화상기 위에 나뭇잎을 올리며) 잎맥의 특징을 한 가지씩 말해 보기로 해요.<br>T: 뒷면도 볼까요? 또 어떤 특징을 발견하였나요?<br>T: 이번에는 직접 살펴보고, 특징을 발견해 볼까요?<br><br>3. 프로타주 방법에 관심을 가진다.<br>T: 선생님이 준비해 온 미술재료를 활용해서 잎맥을 종이 위에 똑같이 표현할 수 있대요.<br>T: 어떤 미술재료가 있나요?<br>T: 어떻게 미술재료를 활용해 잎맥을 똑같이 표현할 수 있을까요?<br>T: 왜 그렇게 생각했나요?<br>T: 어떤 방법으로 표현했을 때 잎맥이 가장 잘 표현될까요?<br>T: 어떻게 생긴 잎맥이 표현하기 좋을까요?<br><br>4. 예측한 것을 실험해 본다.<br>T: 생각한 대로 다양한 미술재료를 활용해 실험한다.<br><br>5. 실험을 평가한다.<br>T: 친구들에게 자신의 활동과정과 결과를 설명해 주세요.<br>T: 누가 가장 잎맥을 잘 표현했나요?<br>T: ㅇㅇ는 어떻게 표현했나요?<br>T: 어떤 나뭇잎의 잎맥이 가장 잘 표현되었나요?</td></tr>
<tr><td>마무리</td><td>6. 활동을 평가한다.<br>T: 잎맥을 어떻게 표현하니, 가장 잘 표현되었나요?<br>T: 과학영역에서 또 다른 방법이 있는지 계속 표현해 봐요.</td></tr>
<tr><td>유의사항</td><td>• 유아들이 완성한 작품에 표현방법도 글로 적어 보도록 한다. 글을 못 쓰는 유아는 교사가 받아 적어 준다.</td></tr>
</table>

<table>
<tr><td>과학개념</td><td>생명체의 독특한 특성</td><td>주제</td><td>동식물과 자연</td></tr>
<tr><td>활동명</td><td>신기한 지렁이</td><td>대상연령</td><td>영아</td></tr>
<tr><td>제4차 표준보육과정 관련요소</td><td colspan="3">• 자연탐구 〉 탐구과정 즐기기 〉 주변 세계와 자연에 대해 호기심을 가진다.<br>• 자연탐구 〉 자연과 더불어 살기 〉 주변의 동식물에 관심을 가진다.</td></tr>
<tr><td>활동목표</td><td colspan="3">• 지렁이의 특성에 관심을 가진다.<br>• 지렁이를 구체적으로 관찰해 본다.</td></tr>
<tr><td>활동자료</td><td colspan="3">지렁이 사진, 실물화상기, 지렁이 움직임이 담긴 동영상</td></tr>
<tr><td>관련 놀이상황</td><td colspan="3">• 영아들이 비 오는 날 실외놀이를 하면서 지렁이를 발견한다. 놀이를 하면서 지렁이에 호기심을 보인다.<br>
</td></tr>
<tr><td colspan="4">활동방법</td></tr>
<tr><td>도입</td><td colspan="3">1. 지렁이에 대해 관심을 가진다.<br>T: (지렁이 사진을 보며) 이것을 본 적이 있나요?<br>T: 이것은 지렁이라고 해요.</td></tr>
</table>

| | |
|---|---|
| 전개 | 2. 지렁이를 본 경험을 이야기 나눈다.<br>T: 지렁이를 언제, 어디서 보았나요?<br>T: 지렁이는 우리와 어떤 점이 달랐나요?<br>T: 지렁이의 생김새 특징을 생각하며 몸으로 표현해 볼까요?<br>T: 지렁이가 움직이는 모습도 생각하며 몸으로 표현해 볼까요?<br><br>3. 지렁이를 구체적으로 관찰해 본다.<br>T: (지렁이 사진을 부분적으로 확대해 보면서) 이곳은 어떻게 생겼나요?<br>T: (다른 부분을 확대해 보면서) 또 이 부분은 어떤 모습인가요?<br>T: 우리가 본 것 중에 재미있는 특징을 몸으로 표현해 볼까요?<br>T: (지렁이 동영상을 보면서) 지렁이는 어떻게 움직이나요?<br>T: 동영상에서 본 움직임과 우리가 생각한 것은 무엇이 다른가요?<br>T: 다른 점을 몸으로 표현해 볼까요? |
| 마무리 | 4. 활동을 평가한다.<br>T: 오늘 무엇을 관찰했나요?<br>T: 지렁이의 어떤 특징이 가장 재미있었나요?<br>T: 탐색(과학)영역에서 지렁이 사진과 영상을 계속 살펴보고, 또 새로운 특징을 찾아보아요. |
| 유의사항 | • 동영상은 1분 이내로 움직임이 잘 보일 수 있도록 준비한다. |

<table>
<tr><td>과학개념</td><td>생명체의 독특한 특성</td><td>주제</td><td>동식물과 자연</td></tr>
<tr><td>활동명</td><td>신기한 지렁이</td><td>대상연령</td><td>유아</td></tr>
<tr><td>2019 개정 누리과정 관련요소</td><td colspan="3">• 자연탐구 〉 탐구과정 즐기기 〉 궁금한 것을 탐구하는 과정에 적극적으로 참여한다.<br>• 자연탐구 〉 자연과 더불어 살기 〉 주변의 동식물에 관심을 가진다.</td></tr>
<tr><td>활동목표</td><td colspan="3">• 지렁이의 특성에 관심을 가진다.<br>• 지렁이가 비 오는 날에만 보이는 이유를 알아본다.</td></tr>
<tr><td>활동자료</td><td colspan="3">살아 있는 지렁이 사진, 죽은 지렁이 사진, 컴퓨터</td></tr>
<tr><td>관련 놀이상황</td><td colspan="3">• 유아들이 비가 온 다음 날 실외놀이를 하면서 죽은 지렁이를 발견한다. 놀이를 하면서 죽은 지렁이에 대한 호기심을 보인다.<br><br></td></tr>
<tr><td colspan="4">활동방법</td></tr>
<tr><td>도입</td><td colspan="3">1. 지렁이에 대해 관심을 가진다.<br>T: (살아 있는 지렁이 사진을 보며) 이것을 본 적이 있나요?<br>T: 주로 언제 봤나요?</td></tr>
</table>

<table>
<tr><td>전개</td><td>2. 살아 있는 지렁이와 죽은 지렁이의 특성을 관찰하며 비교한다.<br>T: (죽은 지렁이 사진을 보며) 지렁이는 어떤 모습인가요?<br>T: 이 모습의 지렁이를 실제 관찰해 본 적이 있나요?<br>T: 언제 보았나요?<br>T: 살아 있는 지렁이와 비교했을 때 죽은 지렁이는 어떤 특징이 있나요?<br><br>3. 지렁이를 비 오는 날에만 볼 수 있는 이유를 예측해 본다.<br>T: 살아 있는 지렁이는 왜 비 오는 날에만 볼 수 있을까요?<br>T: 지렁이의 어떤 특징 때문일까요?<br>T: 왜 그렇게 생각했나요?<br>T: 또 다른 생각을 한 사람 있나요?<br><br>4. 지렁이가 비 오는 날에만 볼 수 있는 이유를 찾아본다.<br>T: 지렁이를 비 오는 날에만 볼 수 있는 이유를 어떻게 하면 알아볼 수 있을까요?<br>T: 여러 가지 방법 중 컴퓨터로 정보를 알아보아요.<br>T: (모니터 화면을 보면서) 어떻게 정보를 검색하면 좋을까요?<br>T: 검색 창에 ‘지렁이가 비 오는 날에만 보이는 이유’를 키보드로 입력해 볼게요.<br>T: 나온 결과를 다 같이 살펴 봐요.</td></tr>
<tr><td>마무리</td><td>5. 활동을 평가한다.<br>T: 오늘 무엇에 대해 알아보았나요?<br>T: 궁금한 점을 어떻게 알아보았나요?<br>T: 결국, 무엇을 알게 되었나요?</td></tr>
<tr><td>유의사항</td><td>• 과학영역이나 컴퓨터영역에서 지렁이에 대해 더 궁금한 점을 검색해 찾아보도록 할 수 있다.</td></tr>
</table>

| 과학개념 | 생명체의 존엄성 및 경이로움 | 주제 | 동식물과 자연 |
|---|---|---|---|
| 활동명 | 나이테의 신비 | 대상연령 | 영아 |
| 제4차<br>표준보육과정<br>관련요소 | • 자연탐구 〉 탐구과정 즐기기 〉 주변 세계와 자연에 대해 호기심을 가진다.<br>• 자연탐구 〉 자연과 더불어 살기 〉 주변의 동식물에 관심을 가진다. | | |
| 활동목표 | • 나무의 나이테를 탐색한다.<br>• 나이테가 생기는 원리를 예측한다. | | |
| 활동자료 | 다양한 나무 사진, 나이테 사진, 나뭇조각, 돋보기 | | |
| 관련<br>놀이상황 | • 영아들이 실외놀이를 하면서 나무 둘레의 크기가 다른 것을 보며, 나무의 나이에 대해 이야기 나눈다. 이야기를 나누며 나무의 나이에 대해 호기심을 보인다.<br><br> | | |
| 활동방법 | | | |
| 도입 | 1. 나무의 나이에 대해 관심을 갖는다.<br>T: 나무도 우리처럼 나이가 있대요. 어떻게 나이를 알 수 있을까요? | | |

<table>
<tr><td>전개</td><td>2. 다양한 나무 사진을 보며, 나이를 측정하는 방법을 탐구한다.<br>T: (다양한 나무 사진을 보며) 이 나무는 나이가 어떻게 될까요?<br>T: 그럼, 이 나무들 중 가장 나이가 많은 것은 무엇일까요?<br>T: 왜 그렇게 생각했나요?<br><br>3. 나이테에 관심을 가지고 관찰해 본다.<br>T: (나이테 사진을 보며) 나무의 이 부분으로 나이를 알 수 있대요. 그래서 나이테라고 한대요.<br>T: 어떤 특징이 있는 것 같나요?<br>T: (나뭇조각을 보며) 이번에는 나뭇조각에 있는 나이테를 살펴보고 특징을 찾아봐요.<br>T: 돋보기를 활용해서 나이테를 관찰해 보기로 해요.<br>T: 나이테의 특징을 이야기해 볼까요?<br><br>4. 나이테가 생기는 원리를 예측한다.<br>T: 나이테는 어떻게 생기는 걸까요?<br>T: 왜 그렇게 생각했나요?<br><br>5. 예측한 것을 그림으로 그려 본다.<br>T: 생각한 것을 그림으로 그려 보기로 해요.</td></tr>
<tr><td>마무리</td><td>6. 활동을 평가한다.<br>T: 친구들이 그린 그림 중 가장 기억에 남는 그림은 무엇인가요?<br>T: 탐색(과학)영역에서 나뭇조각의 나이테를 더 관찰해 보기로 해요.</td></tr>
<tr><td>유의사항</td><td>• 영아들이 완성한 작품에 교사가 영아의 생각을 글로 적어 준다.<br>• 다양한 잎맥이 있는 나뭇조각과 다양한 관찰도구를 준비해 준다.</td></tr>
</table>

<table>
<tr><td>과학개념</td><td>생명체의 존엄성 및 경이로움</td><td>주제</td><td>동식물과 자연</td></tr>
<tr><td>활동명</td><td>나이테의 신비</td><td>대상연령</td><td>유아</td></tr>
<tr><td>2019 개정 누리과정 관련요소</td><td colspan="3">• 자연탐구 〉 탐구과정 즐기기 〉 궁금한 것을 탐구하는 과정에 적극적으로 참여한다.<br>• 자연탐구 〉 자연과 더불어 살기 〉 생명과 자연환경을 소중히 여긴다.</td></tr>
<tr><td>활동목표</td><td colspan="3">• 나무의 나이테를 탐색한다.<br>• 나이테가 생기는 원리를 안다.</td></tr>
<tr><td>활동자료</td><td colspan="3">다양한 나무 사진, 나이테 사진, 나뭇조각</td></tr>
<tr><td>관련 놀이상황</td><td colspan="3">• 유아들이 실외놀이를 하면서 다양한 나무를 관찰한다. 관찰하면서 나무가 자라면서 변화하는 특성에 대해 호기심을 보인다.<br>
</td></tr>
<tr><td colspan="4">활동방법</td></tr>
<tr><td>도입</td><td colspan="3">1. 나무의 나이를 구분하는 것에 대해 관심을 갖는다.<br>T: 나무 중 나이가 많고 적음을 어떻게 구분할 수 있을까요?</td></tr>
</table>

| | |
|---|---|
| 전개 | 2. 다양한 나무 사진을 보며, 나이를 측정하는 방법을 탐구한다.<br>T: (다양한 나무 사진을 보며) 나이가 많은 순서대로 융판에 붙여 볼 사람 있나요?<br>T: 나무 사진만 보고 어떻게 나이를 알 수 있었나요?<br>T: 왜 그렇게 생각했나요?<br>T: 또 다른 생각을 가진 사람 있나요?<br><br>3. 나이테를 탐색한다.<br>T: (나이테 사진을 보며) 나이테의 특징은 어떤 것들이 있나요?<br>T: (나뭇조각을 보며) 조각의 나이테도 살펴보고 특징을 찾아봐요.<br>T: 그럼, 나이가 많은 나무와 어린나무의 나이테는 어떻게 다를까요?<br><br>4. 나이테가 생기는 원리를 예측한다.<br>T: 나이테는 어떻게 생기는 걸까요?<br>T: 왜 그렇게 생각했나요?<br>T: 그럼, 나이테를 보지 않고도 나무 나이를 알 수 있을까요?<br>T: 어떻게 알 수 있을까요?<br><br>5. 예측한 것을 실험해 본다.<br>T: 우리가 생각한 방법대로 나무의 나이를 확인할 수 있는지 알아보려면 어떻게 해야 할까요?<br>T: 생각한 방법대로 알아보기로 해요.<br><br>6. 실험결과를 평가한다.<br>T: 알게 된 사실을 친구들에게 소개해 주기로 해요.<br>T: 어떤 방법으로 알게 되었는지도 소개해 주기로 해요. |
| 마무리 | 7. 활동을 평가한다.<br>T: 실외에서 우리가 알아본 방법대로 나무의 나이를 추측해 비교해 보기로 해요. 그리고 나무의 나이를 알 수 있는 또 다른 방법이 있는지도 과학영역에서 계속 고민해 보기로 해요. |
| 유의사항 | • 관련된 유아용 백과사전이나 인터넷 정보를 검색하는 것을 돕는다. |

<table>
<tr><td>과학개념</td><td>생명체의 존엄성 및 경이로움</td><td>주제</td><td>동식물과 자연</td></tr>
<tr><td>활동명</td><td>사라지는 동물들</td><td>대상연령</td><td>영아</td></tr>
<tr><td>제4차<br>표준보육과정<br>관련요소</td><td colspan="3">• 자연탐구 〉 탐구과정 즐기기 〉 주변 세계와 자연에 대해 호기심을 가진다.<br>• 자연탐구 〉 자연과 더불어 살기 〉 주변의 동식물에 관심을 가진다.</td></tr>
<tr><td>활동목표</td><td colspan="3">• 사라진 동물에 관심을 가진다.<br>• 동물의 소중함에 대해 생각해 본다.<br>• 동물이 살기 좋은 곳을 탐구해 본다.</td></tr>
<tr><td>활동자료</td><td colspan="3">공룡 그림자료, 위기에 처한 물고기 사진</td></tr>
<tr><td>관련<br>놀이상황</td><td colspan="3">• 영아들이 공룡 동화책을 보며, 공룡에 호기심을 보인다.<br><br></td></tr>
<tr><td colspan="4">활동방법</td></tr>
<tr><td>도입</td><td colspan="3">1. 사라진 동물에 대해 관심을 갖는다.<br>T: (공룡 그림자료를 보며) 이것은 무엇일까요?<br>T: 이 동물을 우리가 직접 만나 볼 수 있나요?<br>T: 왜 만나 볼 수 없을까요?</td></tr>
</table>

| | |
|---|---|
| 전개 | 2. 동물이 사라지는 이유에 대해 탐구해 본다.<br>T: (물고기 사진을 보며) 여기 사진 속 물고기도 어쩌면 공룡처럼 사라질 수 있대요.<br>T: 왜 그럴까요?<br>T: 지금 물고기의 마음은 어떨까요?<br>T: 왜 물고기는 이런 어려움에 처했을까요?<br><br>3. 동물의 소중함에 대해 생각해 본다.<br>T: 만약, 우리가 소중히 생각하는 물고기들이 모두 사라지면 우리에게 무슨 일이 일어날 것 같나요?<br><br>4. 동물이 살기 좋은 곳의 특성을 탐구해 본다.<br>T: 그럼, 물고기가 살기 좋은 곳은 어떤 곳일까요?<br>T: 왜 그럴까요?<br>T: 우리는 물고기를 어떻게 도와주면 좋을까요? |
| 마무리 | 5. 활동을 평가한다.<br>T: 오늘 우리는 공룡처럼 사라질 수 있는 동물에 대해 알아보았어요.<br>T: 물고기가 살기 좋은 환경을 위해 우리가 무엇을 도와줄 수 있다고 했었나요? |
| 유의사항 | • 영아들이 사진 속 물고기가 되어 신체표현을 해 봄으로써 동물이 살기 좋은 환경의 중요성을 느껴 보도록 할 수 있다. |

<table>
<tr><td>과학개념</td><td>생명체의 존엄성 및 경이로움</td><td>주제</td><td>동식물과 자연</td></tr>
<tr><td>활동명</td><td>사라지는 동물들</td><td>대상연령</td><td>유아</td></tr>
<tr><td>2019 개정<br>누리과정<br>관련요소</td><td colspan="3">• 자연탐구 〉 탐구과정 즐기기 〉 주변 세계와 자연에 대해 지속적으로 호기심을 가진다.<br>• 자연탐구 〉 자연과 더불어 살기 〉 생명과 자연환경을 소중히 여긴다.</td></tr>
<tr><td>활동목표</td><td colspan="3">• 사라지는 동물에 관심을 가진다.<br>• 동물이 사라지는 이유에 대해 탐구해 본다.<br>• 동물을 위한 해결책을 탐구해 본다.</td></tr>
<tr><td>활동자료</td><td colspan="3">위기에 처한 북극곰 사진, 공룡 그림자료, 멸종위기동물 포스터</td></tr>
<tr><td>관련<br>놀이상황</td><td colspan="3">• 유아들이 TV 속 '북극곰 살리기' 캠페인 영상에 대해 이야기를 나눈다. 이야기를 나누며 사라질 수 있는 동물에 호기심을 보인다.<br><br></td></tr>
<tr><td colspan="4">활동방법</td></tr>
<tr><td>도입</td><td colspan="3">1. 사라지는 동물에 대해 관심을 갖는다.<br>T: (북극곰 사진을 보며) 이것은 무엇일까요?<br>T: 북극곰이 어떤 모습인 것 같나요?</td></tr>
</table>

| | |
|---|---|
| 전개 | 2. 동물이 사라지는 이유에 대해 탐구해 본다.<br>T: (공룡 그림자료를 보며) 공룡은 지금은 볼 수 없는 사라진 동물이에요.<br>T: 그리고 북극곰처럼 현재 사라지고 있는 동물들이 있어요.<br>T: (북극곰 사진을 보며) 북극곰은 왜 사라질 것 같나요?<br>T: 왜 그렇게 생각했나요?<br>T: (멸종위기동물 포스터를 보며) 여기 있는 동물들도 사라질 위기에 있대요. 왜 그럴까요?<br><br>3. 동물의 소중함에 대해 생각해 본다.<br>T: 만약, 동물들이 모두 사라지면 어떨 것 같나요?<br>T: 결국, 우리 인간도 어떻게 될까요?<br><br>4. 동물을 위한 해결책을 탐구해 본다.<br>T: 그럼, 동물들을 위해서 우리가 어떻게 도와주면 좋을까요?<br>T: 왜 그렇게 생각하나요?<br>T: 동물들에게 어떤 도움이 될까요?<br>T: 우리에게는 어떤 도움이 될까요? |
| 마무리 | 5. 활동을 평가한다.<br>T: 오늘 우리는 사라질 수 있는 동물에 대해 알아보았어요.<br>T: 동물들이 사라지는 이유는 무엇이었나요?<br>T: 동물들을 도울 수 있는 방법에는 무엇이 있었나요? |
| 유의사항 | • 유아들이 생각한 해결책을 친구들과 가족에게 알리는 방법을 이야기해 보고 직접 실천해 보도록 할 수 있다. |

<table>
<tr><td>과학개념</td><td>생명체의 존엄성 및 경이로움</td><td>주제</td><td>나와 가족</td></tr>
<tr><td>활동명</td><td>서로 다른 손</td><td>대상연령</td><td>영아</td></tr>
<tr><td>제4차<br>표준보육과정<br>관련요소</td><td colspan="3">• 자연탐구 〉 탐구과정 즐기기 〉 사물과 자연을 반복하여 탐색하기를 즐긴다.<br>• 자연탐구 〉 자연과 더불어 살기 〉 주변의 동식물에 관심을 가진다.</td></tr>
<tr><td>활동목표</td><td colspan="3">• 사람마다 손의 다름에 관심을 갖는다.<br>• 나와 친구 손의 차이점을 탐색한다.</td></tr>
<tr><td>활동자료</td><td colspan="3">다양한 손 사진, 돋보기</td></tr>
<tr><td>관련<br>놀이상황</td><td colspan="3">• 영아들이 선생님과 손을 대보며, 손의 크기가 다른 것을 발견한다. 친구들과도 손의 크기가 다름에 호기심을 가진다.<br><br></td></tr>
<tr><td colspan="4">활동방법</td></tr>
<tr><td>도입</td><td colspan="3">1. 손에 대해 관심을 갖는다.<br>T: (여러 손 사진을 보며) 이것은 모두 무엇일까요?</td></tr>
</table>

| | |
|---|---|
| 전개 | 2. 손의 다름에 관심을 갖는다.<br>T: (다양한 손 사진을 보며) 이 손과 이 손은 무엇이 다를까요?<br>T: 또 무엇이 다른가요?<br>T: 또 다른 것이 있나요?<br>T: 사람마다 손의 모습이 달라서, 손만으로도 누구인지 알아낼 수 있대요.<br><br>3. 나와 친구의 손을 탐색해 본다.<br>T: 그럼, 여러분과 친구들의 손도 다를까요?<br>T: 여러분과 친구들의 손을 관찰해 볼까요?<br>T: 다른 점은 무엇인가요?<br>T: 또 다른 점을 찾았나요?<br><br>4. 돋보기를 활용해 탐색해 본다.<br>T: 돋보기를 활용해 다시 살펴볼까요?<br>T: 돋보기로 보니, 또 다른 점이 있나요?<br>T: 어떤 점이 또 다른가요? |
| 마무리 | 5. 활동을 평가한다.<br>T: 오늘 우리는 서로 무엇이 다른 것을 알아보았나요?<br>T: 여러분 손의 특징을 무엇인지 말해 볼까요? |
| 유의사항 | • 영아들이 돋보기를 활용할 때 교사가 도움을 준다. |

<table>
<tr><td>과학개념</td><td>생명체의 존엄성 및 경이로움</td><td>주제</td><td>나와 가족</td></tr>
<tr><td>활동명</td><td>서로 다른 손</td><td>대상연령</td><td>유아</td></tr>
<tr><td>2019 개정<br>누리과정<br>관련요소</td><td colspan="3">• 자연탐구 〉 탐구과정 즐기기 〉 궁금한 것을 탐구하는 과정에 적극적으로 참여한다.<br>• 자연탐구 〉 자연과 더불어 살기 〉 생명과 자연환경을 소중히 여긴다.</td></tr>
<tr><td>활동목표</td><td colspan="3">• 손의 지문 특성에 관심을 가진다.<br>• 실험을 통해 사람마다 다른 지문의 차이를 알아본다.</td></tr>
<tr><td>활동자료</td><td colspan="3">지문 도장 사진, 스탬프, 실물화상기, 종이</td></tr>
<tr><td>관련<br>놀이상황</td><td colspan="3">• 유아들이 손바닥 찍기 미술놀이를 한다. 놀이를 하면서 찍힌 손가락 지문에 호기심을 보인다.<br><br></td></tr>
<tr><td colspan="4">활동방법</td></tr>
<tr><td>도입</td><td colspan="3">1. 지문에 관심을 가진다.<br>T: (지문 사진을 보며) 이것은 무엇일까요?<br>T: 이것을 본 적이 있나요?<br>T: 우리 몸의 어디인 것 같나요?</td></tr>
</table>

<table>
<tr><td>전개</td><td>2. 지문의 특성에 관심을 갖는다.<br>T: 사람마다 가지고 있는 지문이 모두 다르대요. 그래서 경찰은 지문을 통해 누가 범인인지 찾을 수 있대요.<br>T: 지문의 어떤 점이 모두 다를 것 같나요?<br>T: 왜 그렇게 생각했나요?<br>T: 각자 손을 보며, 지문의 모습을 살펴보아요.<br>T: 손의 지문이 잘 보이나요?<br><br>3. 지문의 차이점을 알아볼 수 있는 실험방법을 생각해 본다.<br>T: 그럼, 어떻게 하면 지문이 잘 보이도록 할 수 있을까요?<br>T: 왜 그렇게 생각했나요?<br>T: 여러분이 말한 방법 중 돋보기를 대신해서 여기 있는 실물화상기를 활용해 지문을 확대해서 볼 수 있어요.<br>T: 또, 여러분이 말한 것 중에서 여기 있는 사진처럼 손도장을 찍을 수 있게 스탬프를 미리 준비해 왔어요.<br><br>4. 실험을 통해 지문의 차이점을 알아본다.<br>T: 지문의 다른 점을 찾았나요?<br>T: 또 다른 점은 무엇인가요?</td></tr>
<tr><td>마무리</td><td>5. 활동을 평가한다.<br>T: 오늘 지문의 차이를 알기 위해 어떻게 실험을 해 보았나요?<br>T: 실험을 통해 무엇을 알게 되었나요?</td></tr>
<tr><td>유의사항</td><td>• 유아들이 말한 실험방법 중 실천해 보지 못한 것은 과학영역에서 유아들이 실천해 보도록 지원해 준다.</td></tr>
</table>

<table>
<tr><td>과학개념</td><td>생명이 살아가는 자연환경의 특성</td><td>주제</td><td>환경과 생활</td></tr>
<tr><td>활동명</td><td>하늘 색깔</td><td>대상연령</td><td>영아</td></tr>
<tr><td>제4차<br>표준보육과정<br>관련요소</td><td colspan="3">• 자연탐구 〉 탐구과정 즐기기 〉 주변 세계와 자연에 대해 호기심을 가진다.<br>• 자연탐구 〉 자연과 더불어 살기 〉 날씨와 계절의 변화를 감각으로 느낀다.</td></tr>
<tr><td>활동목표</td><td colspan="3">• 하늘의 다양한 색 변화에 관심을 가진다.<br>• 하늘의 색이 변화하는 이유를 탐구한다.</td></tr>
<tr><td>활동자료</td><td colspan="3">다양한 하늘 사진</td></tr>
<tr><td>관련<br>놀이상황</td><td colspan="3">• 영아들이 흐린 날 낮에도 어두워진 하늘에 호기심을 보인다.<br><br></td></tr>
<tr><td colspan="4">활동방법</td></tr>
<tr><td>도입</td><td colspan="3">1. 하늘의 색깔에 대해 관심을 갖는다.<br>T: 오늘 하늘의 색깔이 어떻게 보이나요?</td></tr>
</table>

| | |
|---|---|
| 전개 | 2. 하늘의 다양한 색 변화에 관심을 가진다.<br>T: 하늘의 색은 항상 지금과 똑같나요?<br>T: 어떻게 달랐나요?<br><br>3. 하늘의 색이 변화하는 이유를 탐구한다.<br>T: (다양한 하늘 사진을 보며) 이 하늘의 색깔은 어떻게 보이나요?<br>T: 언제 이런 하늘을 본 적이 있나요?<br>T: 왜 이런 색깔이 되었을까요?<br>T: 이때 기분은 어땠나요?<br><br>4. 하늘의 색이 변화하는 이유를 예측한다.<br>T: 하늘의 색은 왜 변화하는 걸까요?<br>T: 왜 그렇게 생각했나요?<br><br>5. 예측한 것을 그림으로 그려 본다.<br>T: 생각한 것을 그림으로 그려 보기로 해요. |
| 마무리 | 6. 활동을 평가한다.<br>T: 친구들이 그린 그림 중 가장 기억에 남는 것은 어떤 건가요?<br>T: 탐색(과학)영역에서 하늘 사진을 더 관찰해 보기로 해요. |
| 유의사항 | • 영아들이 완성한 작품에 교사가 영아의 생각을 글로 적어 준다. |

<table>
<tr><td>과학개념</td><td>생명이 살아가는 자연환경의 특성</td><td>주제</td><td>환경과 생활</td></tr>
<tr><td>활동명</td><td>하늘 색깔</td><td>대상연령</td><td>유아</td></tr>
<tr><td>2019 개정<br>누리과정<br>관련요소</td><td colspan="3">• 자연탐구 〉 탐구과정 즐기기 〉 탐구과정에서 서로 다른 생각에 관심을 갖는다.<br>• 자연탐구 〉 자연과 더불어 살기 〉 날씨와 계절의 변화를 생활과 관련짓는다.</td></tr>
<tr><td>활동목표</td><td colspan="3">• 하늘의 다양한 색 변화에 관심을 가진다.<br>• 하늘의 색이 변화하는 이유를 실험한다.</td></tr>
<tr><td>활동자료</td><td colspan="3">다양한 하늘 사진, 손전등, 색 셀로판지, 다양한 종이</td></tr>
<tr><td>관련<br>놀이상황</td><td colspan="3">• 유아들이 안개 낀 날 실외놀이를 하면서 하늘의 색 변화에 호기심을 보인다.<br><br></td></tr>
<tr><td colspan="4">활동방법</td></tr>
<tr><td>도입</td><td colspan="3">1. 하늘의 색깔에 대해 관심을 갖는다.<br>T: 오늘 날씨가 어떤 것 같나요?<br>T: 하늘의 색깔은 어떻게 보이나요?<br><br>2. 하늘의 색깔 변화에 대해 관심을 갖는다.<br>T: (다양한 하늘 사진을 보며) 언제 이런 하늘을 봤나요?<br>T: 그때, 날씨는 어땠나요?<br>T: 이런 하늘이 되면 우리는 어떻게 행동하면 좋을까요?</td></tr>
</table>

<table>
<tr><td>전개</td><td>3. 하늘의 색이 변화하는 이유를 탐구한다.<br>T: 왜 하늘의 색은 변화할까요?<br>T: 어떤 것들이 변하면 하늘의 색이 변할까요?<br>T: 왜 그렇게 생각했나요?<br><br>4. 하늘의 색이 변화하는 이유를 알기 위한 실험방법을 생각한다.<br>T: (손전등, 색 셀로판지, 다양한 종이를 보며) 이 재료와 도구로 어떻게 실험할 수 있을까요?<br>T: 해의 움직임과 땅과의 높이가 달라지는 것은 어떻게 표현할 수 있을까요?<br>T: 구름이 끼는 것은 어떻게 표현할 수 있을까요?<br><br>5. 예측한 것을 실험해 본다.<br>T: 각자 생각한 대로 실험을 해 보기로 해요.<br><br>6. 실험을 평가한다.<br>T: 실험을 통해 알게 된 것은 무엇인가요?<br>T: 아쉬웠던 점은 무엇인가요?</td></tr>
<tr><td>마무리</td><td>7. 활동을 평가한다.<br>T: 하늘의 색이 변화하는 이유를 실험한 결과, 보완할 점은 무엇인가요?<br>T: 과학영역에서 실험방법을 계속 고민해 보기로 해요.</td></tr>
<tr><td>유의사항</td><td>• 유아들의 실험이 생각대로 진행될 수 있도록 안전하게 지지해 준다.</td></tr>
</table>

<table>
<tr><td>과학개념</td><td>공존의 중요성</td><td>주제</td><td>환경과 생활</td></tr>
<tr><td>활동명</td><td>쓰레기 마을</td><td>대상연령</td><td>영아</td></tr>
<tr><td>제4차 표준보육과정 관련요소</td><td colspan="3">• 자연탐구 〉 탐구과정 즐기기 〉 주변 세계와 자연에 대해 호기심을 가진다.<br>• 자연탐구 〉 자연과 더불어 살기 〉 주변의 동식물에 관심을 가진다.</td></tr>
<tr><td>활동목표</td><td colspan="3">• 쓰레기 마을에 관심을 갖는다.<br>• 쓰레기의 위험성에 관심을 갖는다.<br>• 공존을 위한 노력에 관심을 갖는다.</td></tr>
<tr><td>활동자료</td><td colspan="3">동영상 '쓰레기 마을'</td></tr>
<tr><td>관련 놀이상황</td><td colspan="3">• 영아들이 미술놀이를 하면서 쓰레기를 아무 데나 버려 교실이 더럽혀졌다. 더러워진 교실에 호기심을 보인다.<br><br></td></tr>
<tr><td colspan="4">활동방법</td></tr>
<tr><td>도입</td><td colspan="3">1. 쓰레기에 대해 관심을 갖는다.<br>T: 만약, 우리 교실에 쓰레기통이 없고, 쓰레기가 계속 많아진다면 어떻게 될까요?</td></tr>
</table>

| | |
|---|---|
| 전개 | 2. '쓰레기 마을' 동영상을 보며, 쓰레기 마을에 관심을 갖는다.<br>T: 쓰레기 마을이라고 불리는 곳이 있어요. 왜 쓰레기 마을인지 다 같이 보기로 해요.<br>T: (영상을 보고 난 후) 왜 쓰레기 마을이라고 불릴까요?<br>T: 저 마을에 산다면 어떨 것 같나요?<br>3. 쓰레기의 위험성에 관심을 갖는다.<br>T: 쓰레기가 많아지면 어떤 안 좋은 점이 있을까요?<br>T: 또 어떤 점이 안 좋을까요?<br>4. 공존을 위한 노력에 대해 관심을 갖는다.<br>T: 왜 이런 일이 생겼을까요?<br>T: 여러분 집이나 우리 교실이 쓰레기 마을처럼 안 되려면 어떻게 해야 좋을까요? |
| 마무리 | 5. 활동을 평가한다.<br>T: '쓰레기 마을' 동영상을 보고 무엇을 알게 되었나요?<br>T: 탐색(과학)영역에서 우리가 어떻게 해야 좋을지 그림으로 그려 보기로 해요. |
| 유의사항 | • 영아들이 완성한 작품에 교사가 영아의 생각을 글로 적어 준다. |

<table>
<tr><td>과학개념</td><td>공존의 중요성</td><td>주제</td><td>환경과 생활</td></tr>
<tr><td>활동명</td><td>쓰레기 마을</td><td>대상연령</td><td>유아</td></tr>
<tr><td>2019 개정 누리과정 관련요소</td><td colspan="3">• 자연탐구 〉 탐구과정 즐기기 〉 탐구과정에서 서로 다른 생각에 관심을 갖는다.<br>• 자연탐구 〉 자연과 더불어 살기 〉 생명과 자연환경을 소중히 여긴다.</td></tr>
<tr><td>활동목표</td><td colspan="3">• 쓰레기 마을에 관심을 갖는다.<br>• 쓰레기의 위험성을 탐구한다.<br>• 공존을 위한 노력에 관심을 갖는다.</td></tr>
<tr><td>활동자료</td><td colspan="3">동영상 ‘쓰레기 마을’</td></tr>
<tr><td>관련 놀이상황</td><td colspan="3">• 유아들이 산책을 다녀오면서 쓰레기가 아무 데나 마구 버려진 곳을 발견하고, 쓰레기가 많이 쌓인 곳의 특성에 호기심을 보인다.<br><br></td></tr>
<tr><td colspan="4">활동방법</td></tr>
<tr><td>도입</td><td colspan="3">1. 쓰레기에 대해 관심을 갖는다.<br>T: 만약, 우리 유치원(어린이집) 주변에 사람들이 쓰레기를 마구 버려서 쓰레기가 많아진다면 어떻게 될까요?<br>T: 우리에게 무슨 일이 생길까요?</td></tr>
</table>

| 전개 | 2. '쓰레기 마을' 동영상을 보며, 쓰레기 마을에 관심을 갖는다.<br>T: 쓰레기 마을이라고 불리는 곳이 있어요. 왜 쓰레기 마을인지 다 같이 보기로 해요.<br>T: (영상을 보고 난 후) 왜 쓰레기 마을이라고 불릴까요?<br>T: 저 마을에 산다면 어떨 것 같나요?<br>T: 저 마을은 다른 마을과 어떤 점들이 다를까요?<br>T: 같은 점은 무엇일까요?<br><br>3. 쓰레기의 위험성을 탐구한다.<br>T: 쓰레기가 많아지면 어떤 안 좋은 점이 있을까요?<br>T: 왜 그렇게 생각했나요?<br>T: 또 어떤 점이 안 좋을까요?<br>T: 사람에게만 해가 될까요?<br>T: 또 어떤 나쁜 점이 있을까요?<br>T: 왜 그렇게 생각했나요?<br>T: 계속 변화하지 않는다면, 미래에는 어떤 일이 벌어질까요?<br>T: 왜 그렇게 생각했나요?<br>T: 또 다른 생각을 가진 사람 있나요?<br><br>4. 공존을 위한 노력에 대해 관심을 갖는다.<br>T: 왜 이런 일이 생겼을까요?<br>T: 그럼, 어떻게 해야 좋을까요? |
|---|---|
| 마무리 | 5. 활동을 평가한다.<br>T: '쓰레기 마을' 동영상을 보고 무엇을 알게 되었나요?<br>T: 과학영역에서 쓰레기 마을 사람들을 위한 포스터를 그림으로 그려 보기로 해요. |
| 유의사항 | • 유아들이 완성한 작품에 유아들이 글로 생각을 적어 보도록 하거나 글을 못 쓰는 유아는 교사가 유아의 생각을 글로 적어 준다. |

CHAPTER 4

# 지구과학 관련 교육 실제

<table>
<tr><td>과학개념</td><td>자연현상의 특성(규칙성)</td><td>주제</td><td>환경과 생활</td></tr>
<tr><td>활동명</td><td>재미있는 그림자</td><td>대상연령</td><td>영아</td></tr>
<tr><td>제4차<br>표준보육과정<br>관련요소</td><td colspan="3">• 자연탐구 〉 탐구과정 즐기기 〉 주변 세계와 자연에 대해 호기심을 가진다.<br>• 자연탐구 〉 자연과 더불어 살기 〉 날씨와 계절의 변화를 감각으로 느낀다.</td></tr>
<tr><td>활동목표</td><td colspan="3">• 그림자에 관심을 갖는다.<br>• 다양한 그림자를 만들어보며, 특성을 탐구한다.</td></tr>
<tr><td>활동자료</td><td colspan="3">OHP, 스크린, 다양한 물건</td></tr>
<tr><td>관련<br>놀이상황</td><td colspan="3">• 영아들이 실외놀이를 하며 생긴 그림자에 호기심을 보인다.<br><br></td></tr>
<tr><td colspan="4">활동방법</td></tr>
<tr><td>도입</td><td colspan="3">1. 그림자에 관심을 갖는다.<br>T: (OHP 빛으로 스크린에 그림자를 만들며) 이것은 무엇일까요?</td></tr>
</table>

| | |
|---|---|
| 전개 | 2. 물건의 그림자를 탐색한다.<br>T: 스크린에 보이는 건 어떤 색깔인가요?<br>T: 우리 교실에 있는 물건 중의 하나래요. 무엇일까요?<br>T: 왜 그렇게 생각했나요?<br>T: 이번에는 돌려서 보여 줄게요. 물건의 옆 모양이래요. 무엇일까요?<br><br>3. 그림자의 특성을 탐구한다.<br>T: 왜 이 물건이 검은색으로만 보였을까요?<br>T: 검은색으로 보인 것을 그림자라고 한대요.<br>T: 그림자는 어떤 특징이 있는 것 같나요?<br>T: 이번에는 큰 그림자예요. 그런데 다시 작아졌어요. 이 물건은 무엇일까요?<br>T: 왜 크게 보였다가 작게 보였을까요?<br>T: 어떻게 하면 크게 보이고, 어떻게 하면 작게 보일까요?<br><br>4. 예측한 것을 실험해 본다.<br>T: 여러분이 직접 그림자를 만들어 보며, 예측한 것이 맞는지 확인해 봐요. |
| 마무리 | 5. 활동을 평가한다.<br>T: 그림자의 특징에 대해 무엇을 알게 되었나요?<br>T: 탐색(과학)영역에서 계속 그림자를 만들어 보며, 또 다른 특징이 있는지 실험해 보기로 해요. |
| 유의사항 | • 영아들에게 OHP 빛을 바로 쬐는 것의 위험성을 알려 준다. |

| 과학개념 | 자연현상의 특성(규칙성) | 주제 | 환경과 생활 |
|---|---|---|---|
| 활동명 | 재미있는 그림자 | 대상연령 | 유아 |
| 2019 개정 누리과정 관련요소 | • 자연탐구 〉 탐구과정 즐기기 〉 궁금한 것을 탐구하는 과정에 적극적으로 참여한다.<br>• 자연탐구 〉 자연과 더불어 살기 〉 날씨와 계절의 변화를 생활과 관련짓는다. | | |
| 활동목표 | • 그림자의 특성을 탐구한다.<br>• 그림자가 생기는 원리를 실험해 본다. | | |
| 활동자료 | OHP, 스크린, 같은 크기와 모양의 색종이, 가위 | | |
| 관련 놀이상황 | • 유아들이 실외놀이 시간에 자신과 친구들의 그림자가 똑같은 것에 호기심을 보인다.<br><br> | | |
| 활동방법 | | | |
| 도입 | 1. 그림자에 관심을 갖는다.<br>T: (OHP 빛으로 스크린에 그림자를 만들며) 이것은 어떤 물체의 그림자일까요?<br>T: 모두 다른 물건인데, 그림자는 어떻게 보였나요? | | |

<table>
<tr><td>전개</td><td>2. 그림자의 특성을 탐구한다.<br>T: 선생님이 그림자로 보여 준 물건들이에요. 어떤 특성이 있나요?<br>T: 그런데 그림자는 왜 검은색으로만 보일까요?<br>T: 그림자는 왜 안의 특징은 보이지 않고 윤곽만 보일까요?<br><br>3. 그림자가 생기는 원리를 예측해 실험방법을 생각해 본다.<br>T: 그림자는 어떻게 만들어지는 걸까요?<br>T: 같은 색종이로 서로 다른 그림자를 만들 수 있을까요?<br>T: 어떻게 다른 그림자를 만들 수 있을까요?<br>T: 왜 그렇게 생각했나요?<br>T: 네모 윤곽은 그대로 두고, 다른 그림자를 만들 수 있을까요?<br>T: 어떻게 다른 그림자를 만들 수 있을까요?<br>T: 그림자를 다르게 만들기 위해 필요한 것들은 무엇인가요?<br>T: 왜 그렇게 생각했나요?<br><br>4. 예측한 것을 실험해 본다.<br>T: 예측한 것이 맞는지 확인해 보려면 어떻게 해야 할까요?<br><br>5. 실험을 평가해 본다.<br>T: 실험결과를 친구들에게 소개해 주세요.<br>T: 더 실험해 보고 싶은 것이 있나요?</td></tr>
<tr><td>마무리</td><td>6. 활동을 평가한다.<br>T: 실험을 통해 알게 된 것은 무엇인가요?<br>T: 과학영역에서 그림자에 대해 더 궁금한 것이나 더 실험해 보고 싶은 것을 계속 실험해 보기로 해요.</td></tr>
<tr><td>유의사항</td><td>• 유아들의 생각대로 실험이 진행될 수 있도록 지지해 준다.</td></tr>
</table>

<table>
<tr><td>과학개념</td><td>자연현상에 대처하는 모습</td><td>주제</td><td>건강과 안전</td></tr>
<tr><td>활동명</td><td>미세먼지</td><td>대상연령</td><td>영아</td></tr>
<tr><td>제4차<br>표준보육과정<br>관련요소</td><td colspan="3">• 자연탐구 〉 탐구과정 즐기기 〉 주변 세계와 자연에 대해 호기심을 가진다.<br>• 자연탐구 〉 자연과 더불어 살기 〉 날씨와 계절의 변화를 감각으로 느낀다.</td></tr>
<tr><td>활동목표</td><td colspan="3">• 미세먼지의 위험성에 관심을 갖는다.<br>• 미세먼지에 대처하는 방법을 탐구한다.</td></tr>
<tr><td>활동자료</td><td colspan="3">미세먼지 많은 날의 사진, 맑은 날의 사진</td></tr>
<tr><td>관련<br>놀이상황</td><td colspan="3">• 영아들이 미세먼지 많은 날 마스크를 쓰고 등원한다. 미세먼지에 호기심을 보인다.<br><br></td></tr>
<tr><td colspan="4">활동방법</td></tr>
<tr><td>도입</td><td colspan="3">1. 미세먼지에 관심을 갖는다.<br>T: 미세먼지를 들어 봤나요?<br>T: 미세먼지는 무엇일까요?</td></tr>
</table>

| | |
|---|---|
| 전개 | 2. 미세먼지를 탐색한다.<br>T: (미세먼지 많은 날의 사진과 맑은 날의 사진을 보며) 미세먼지가 많은 사진은 무엇인가요?<br>T: 미세먼지가 많은지 어떻게 알 수 있나요?<br>T: 맑은 날과 어떻게 다른가요?<br><br>3. 미세먼지의 위험성에 관심을 갖는다.<br>T: 미세먼지가 우리 몸에 좋을까요?<br>T: 어떤 점이 위험할까요?<br>T: 우리 몸의 어디를 아프게 할 것 같나요?<br>T: 왜 그렇게 생각하나요?<br><br>4. 미세먼지에 대처하는 방법을 탐구한다.<br>T: 미세먼지가 위험하면, 우리는 어떻게 하면 좋을까요?<br>T: 왜 그렇게 생각하나요?<br>T: 여러분이 말한 방법이 어떻게 미세먼지를 막을 수 있을까요?<br>T: 어떻게 미세먼지를 막을 수 있는지 그림으로 그려 보기로 해요. |
| 마무리 | 5. 활동을 평가한다.<br>T: 오늘은 미세먼지에 대해 무엇을 알게 되었나요?<br>T: 탐색(과학)영역에서 미세먼지를 막을 수 있는 또 다른 방법이 있을지 생각해 보고, 그림으로 그려 봐요. |
| 유의사항 | • 영아들이 완성한 작품에 교사가 표현방법을 글로 적어 준다. |

<table>
<tr><td>과학개념</td><td>자연현상에 대처하는 모습</td><td>주제</td><td>건강과 안전</td></tr>
<tr><td>활동명</td><td>미세먼지</td><td>대상연령</td><td>유아</td></tr>
<tr><td>2019 개정 누리과정 관련요소</td><td colspan="3">• 자연탐구 〉 탐구과정 즐기기 〉 탐구과정에서 서로 다른 생각에 관심을 갖는다.<br>• 자연탐구 〉 자연과 더불어 살기 〉 날씨와 계절의 변화를 생활과 관련짓는다.</td></tr>
<tr><td>활동목표</td><td colspan="3">• 미세먼지가 위험한 이유에 대해 탐구한다.<br>• 미세먼지에 대처하는 방법의 적절성을 탐구한다.</td></tr>
<tr><td>활동자료</td><td colspan="3">미세먼지 많은 날의 사진</td></tr>
<tr><td>관련 놀이상황</td><td colspan="3">• 유아들이 미세먼지 많은 날 예고된 실외놀이를 하지 못하자 아쉬워하며, 실외놀이를 할 수 없는 이유에 호기심을 보인다.

</td></tr>
<tr><td colspan="4">활동방법</td></tr>
<tr><td>도입</td><td colspan="3">1. 미세먼지에 관심을 갖는다.<br>T: 미세먼지를 들어 봤나요?<br>T: 미세먼지가 무엇이라고 생각하나요?</td></tr>
</table>

<table>
<tr><td>전개</td><td>2. 미세먼지가 위험한 이유에 대해 탐구한다.<br>T: (미세먼지 많은 날의 사진을 보며) 만약 우리가 사진 속을 걷고 있다면 무슨 일이 일어날까요?<br>T: 미세먼지의 특징은 무엇일까요?<br>T: 왜 미세먼지가 위험할까요?<br>T: 미세먼지가 우리 몸에 들어가면 어떤 일이 생길까요?<br><br>3. 미세먼지에 대처하는 방법의 적절성을 탐구한다.<br>T: 미세먼지를 피하기 위해 어떻게 하나요?<br>T: 그 방법은 잘 피하는 방법이라고 생각하나요?<br>T: 미세먼지를 완전히 막을 수 있을까요?<br>T: 마스크를 쓰고 가만히 있는 것과 뛰어 다니는 것은 어떤 차이점이 있을까요?<br>T: 어떤 것이 더 위험할까요?<br>T: 왜 그렇게 생각하나요?<br>T: 마스크의 보완할 점이 필요하다면 무엇일까요?<br><br>4. 미세먼지 대처하는 방법의 보완점을 예측하여 그림으로 그려 본다.<br>T: 생각한 것을 그림으로 그려 보기로 해요.</td></tr>
<tr><td>마무리</td><td>5. 활동을 평가한다.<br>T: 친구들이 그린 그림을 보고, 가장 기억에 남는 것은 무엇인가요?<br>T: 과학영역에서 미세먼지를 피하는 방법 중 또 다른 보완할 점이 있다면 고민해서 그림으로 그려 보기로 해요.</td></tr>
<tr><td>유의사항</td><td>• 유아들이 완성한 작품에 유아들이 글로 생각을 적어 보도록 하거나 글을 못 쓰는 유아는 교사가 유아의 생각을 글로 적어 준다.</td></tr>
</table>

# 참고문헌

과학문화연구소 (2008). 미국 AAAS「프로젝트 2061」심층분석. 과학문화재단.

교육부, 과학기술정보통신부, 한국과학창의재단 (2019). 모든 한국인을 위한 과학적 소양 미래세대 과학교육표준. 세종: 교육부, 과학기술정보통신부, 한국과학창의재단.

김현진 (2007). 유아교사의 과학 교과교육학지식 측정도구 개발. 덕성여자대학교 대학원 박사학위논문.

배미양 (2000). 유치원 교사들의 과학에 대한 불안, 태도, 교수효능감: 충청남도를 중심으로. 이화여자대학교 교육대학원 석사학위논문.

박종석, 박상민 (2014). 미국 Nature-Study 형성 과정과 과학교육에의 시사점. *Journal of the Korean Chemical Society*, *58*(1), 119-125.

신은수, 김현진, 이선영 (2014). 경사로 활동에서 나타난 영아의 논리수학적 사고. 유아교육학논집, 18(1), 225-246.

신은수, 안경숙 (2005). 과학교육활동에 기초한 유아 과학능력 평가도구 개발. 유아교육연구, 25(2), 259-280.

안경숙 (2003). 유아과학활동과 통합된 과학능력 평가도구의 개발: 과학적 태도, 탐구능력, 과학적 개념에 대한 평가. 덕성여자대학교 대학원 박사학위논문.

양수영 (2013). 교육실습 연계 반성적 저널쓰기에 나타난 예비교사의 유아과학교육에 대한 실천적 지식 탐색. 유아교육학논집, 17(3), 177-200.

양수영 (2014). 예비유아교사를 위한 뇌 기반 과학교육 수업모형 개발 및 적용효과. 중앙대학교 대학원 박사학위논문.

양수영 (2016). 뇌 과학과 교육학 분야 간 융합연구를 통한 예비교사교육의 뇌 기반 교수-학습 전략 개발. 유아교육학논집, 20(3), 61-88.

양수영 (2018). 효과적인 예비교사교육을 위한 뇌 기반 영유아 건강교육. 서울: 학지사.

양수영 (2019). 예비교사 대상 뇌 기반 영유아 건강교육 프로그램의 종단효과. 유아교육학논집, 23(5), 5-27.

이기현 (2010). 자연과 상호작용을 위한 유아과학교육. 경기: 정민사.

정문성 (2002). 협동학습의 이해와 실천. 서울: 교육과학사.

조부경, 고영미 (2004). 유치원 교사의 과학 교수 불안에 영향을 주는 교사 내·외적 요인. 한국과학교육학회지, 24(2), 267-276.

조부경, 고영미, 남옥자 (2012). 예비교사와 현직교사를 위한 유아과학교육. 경기: 양서원.

조형숙 (1998). 유치원 교사의 과학교수에 대한 자기효능감. 유아교육연구, 18(2), 283-302.

조형숙, 김선월, 김지혜, 김민정, 김남연 (2014). 삶의 가치와 아름다움을 찾아가는 유아과학교육. 서울: 학지사.

조형숙, 노승희 (2016). 만 3-5세 담당 연령별 유아교사의 과학교육 실태 및 개선을 위한 요구. 한국교육문제연구, 34(2), 181-205.

지옥정, 최일선 (2005). 유아교육기관에서의 프로젝트 과정 중 소집단활동의 현황과 문제점. 열린유아교육연구, 10(4), 251-276.

Abell, S. K. (2008). Twenty years later: Does pedagogical content knowledge remain a useful idea? *International Journal of Science Education, 30*(10), 1405–1416.

American Association for the Advancement of Science (AAAS) (1989). Science for All Americans: Project 2061. Washington DC: AAAS.

American Association for the Advancement of Science (AAAS) (1993). Project 2061: Benchmarks for Science Literacy. New York: Oxford University Press.

Ajzen, I. (2001). Nature and operation of attitudes. *Annual Review of Psychology, 52*, 27–58.

Allen, D. (1991). Hands on Science. New York: The Center for Applied Research in Education.

Bandura, A. (1999). 자기효능감과 인간행동: 이론적 기초와 발달적 분석. 김의철, 박영신, 양계민 (역). 서울: 교육과학사.

Bartik, T. J. (2014). From preschool to prosperity: The economic payoff to early childhood education. WE Focus Series. W. E. Upjohn Institute for Employment Research.

Bausmith, J. M., & Barry, C. (2011). Revisiting professional learning communities to increase college readiness: the importance of pedagogical content knowledge. *Educational Researcher, 40*(4), 175–178.

Berry, A., Loughran, J., & van Driel, J. H. (2008). Revisiting the roots of pedagogical content knowledge. *International Journal of Science Education, 30*(10), 1271–1279.

Bruner, J. S. (1962). The Process of Education. Cambridge: Harvard University Press.

Bursal, M. (2012). Changes in american preservice elementary teachers' efficacy beliefs and anxieties during a science methods course. *Science Education International, 23*(1), 40–55.

California education news (2016). 연방정부, 유아교육 투자 보고서 발표. Retrieved 2017.4.20, from http://caledunews.com/bbs/board.php?bo_table=news&wr_id=728&sca=%EC%A0%84%EA%B5%AD&page=7.

Chiapetta, E. L., Koballa, T. R., & Collette, A. T. (1998). Science Instruction in the Middle and Secondary Schools. Prentice, NJ: Prentice Hall.

Cousins, L. (2010). Three Kinds of Knowledge. Psych Central. Retrieved on August 14, 2019, from https://blogs.psychcentral.com/always-learning/2010/01/three-kinds-of-knowledge/

Currie, J., & Rossin-Slater, M. (2015). Early-life origins of life-cycle well-being: Research and policy implications. *Journal of Policy Analysis and Management, 34*(1), 208–242.

Eshach, H., & Fried M. N. (2005). Should science be taught in early childhood? *Journal of Science Education and Technology, 14*(3), 315–336.

Faikhamta, C., & Clarke, A. (2013). A self-study of a thai teacher educator developing a better understanding of PCK for teaching about teaching science. *Research in Science Education, 43*(3), 955–979.

Feynman, R. (2005). The Meaning of It All: Thoughts of a Citizen-Scientist. New York: Perseus

Books Group.

Fraser−Abder, P., Douglass, L., Garcia, T., & Douglass, R. (1997). Primary Science for the Caribbean: A Process Approach. Banbury, UK: Hodder Education.

Friedrichsen, P. J., Abell, S. K., Pareja, E. M., Brown, P. L., Lankford, D. M., & Volkmann, M. J. (2009). Does teaching experience matter? Examining biology teachers' prior knowledge for teaching in an alternative certification program. *Journal of Research in Science Teaching*, *46*, 357−383.

Gallahue, D. L., & Ozmun, J. C. (2002). Understanding Motor Development. NY: McGraw−Hill Companies Inc.

Gazzaniga, M. (2013). Cognitive Neuroscience: The Biology of the Mind. NY: W. W. Norton & Company.

Gomaa, O. M. K. (2016). The effect of metacognitive strategy training on science process skills and science self efficacy among first year prep students with learning disabilities. *International Journal of Psycho-Educational Sciences*, *5*(3), 121−129.

Gopnik, A. (2012). Scientific thinking in young children: Theoretical advances, empirical research, and policy implications. *Science*, *337*(6102), 1623−1627.

Greenfield, D. B., Jirout, J., Dominguez, X., Greenberg, A., Maier, M., & Fuccillo, J. (2009). Science in the preschool classroom: a programmatic research agenda to improve science readiness. *Early Education and Development*, *20*(2), 238−264.

Gunning, A. M., & Mensah, F. M. (2011). Preservice elementary teachers' development of self−efficacy and confidence to teach science: A case study. *Journal of Science Teacher Education*, *22*, 171−185.

Hacieminoglu, E. (2016). Elementary school students' attitude toward science and related variables. *International Journal of Environmental and Science Education*, *11*(2), 35−52.

Hake, R. R., & Mallow, J. V. (2008) Gender issues in science/math education(GISME). MD: American Physical Society. Retrieved from :http://www.aps.org/programs/women/resources/upload/GISMEHakeM allowpart22008.pdf.

Harlan, J. D., & Rivkin, M. S. (2004). Science Experiences for the Early Childhood Years: An Intergrated Affective Approach. NJ: Upper Saddle River.

Hast, M., & Howe, C. (2013). The development of children's understanding of speed change: A contributing factor towards commonsense theories of motion. *Journal of Science Education and Technology*, *22*(3), 337−350.

Heckman, J. J. (2006). Skill formation and the economics of investing in disadvantaged children. *Science*, *312*, 1900−1902.

Holt, B. (1991). Science with Young Children. Washington, DC: NAEYC.

IEA (2016). TIMSS 2015 International Mathematics(Science) Report. Paris: IEA.

Jackman, W. S. (1981). Nature Study for the Common Schools. New York, NY: H. Holt & Co..

Jirout, J., & Klahr, D. (2012). Children's scientific curiosity: In search of an operational definition of an elusive concept. *Developmental Review*, *32*(2), 125–160.

Karamustafaoglu, S. (2011). Improving the science process skills ability of science teachers using diagrams. *Eurasian Journal of Physics and Chemistry Education*, *3*(1), 26–38.

Koch, J. (2005). Science Stories. NY: Houghton Miffin Company.

Legare, C. H. (2012). Exploring explanation: explaining inconsistent evidence informs exploratory, hypothesis–testing behavior in young children. *Child Development*, *83*(1), 173–185.

Levitt, K. E. (2001). An analysis of elementary teachers' beliefs regarding the teaching and learning of science. *Science Education*, *86*(1), 1–22.

Louca, L. T., Zacharia, Z. C., & Tzialli, D. (2012). Identification, interpretation–evaluation, response: An alternative framework for analyzing teacher discourse in science. *International Journal of Science Education*, *34*(12), 1823–1856.

Machado, A., Lourenco, O., & Silva, F. J. (2000). Facts, concepts, and theories: The shape of psychology's epistemic triangle. *Behavior and Philosophy*, *28*, 1–40.

Malhi, R. K. (2017). Skill development is key to economic progress: Role of higher education in India. *International Journal of Innovative Research and Advanced Studies (IJIRAS)*, *4*(3), 174–177.

Mallow, J., Kastrup, H., Bryant, F. B., Hislop, N., Shefner, R., & Udo, M. (2010). Science anxiety, science attitudes, and gender: Interviews from a binational study. *Journal of Science Education and Technology*, *19*(4), 356–369.

Marshall, J. C., Horton, R., Igo, B. L., & Switzer, D. M. (2009). K–12 science and mathematics teachers' beliefs about and use of inquiry in the classroom. *International Journal of Science and Mathematics Education*, *7*, 575–596.

Martin, D. J. (1997). Elementary Science Methods: A Constructivist Approach. NY: Delmar.

McIntyre, M. (1984). Early Childhood and Science. Washington, DC: NAEYC.

Miller, R. K. (2017). Building on Math and Science: The New Essential Skills for the 21st– Century Engineer: Solving the Problems of the 21st Century. Industrial Research Institute Inc. Retrieved from http://www.iriweb.org

Milne, L., & Edwards, R. (2013). Young children's views of the technology process: An exploratory study. *International Journal of Technology and Design Education*, *23*(1), 11–21.

Milner, A. R., Sondergeld, T. A., Demir, A., Johnson, C. C., & Czerniak, C. M. (2011). Elementary teachers' beliefs about teaching science and classroom practice: An examination of pre/post NCLB testing in science. *Journal of Science Teacher Education*, *23*(2), 111–132.

Mutlu, M., & Termiz, B. K. (2013). Science process skills of students having field dependent and field independent cognitive styles. *Educational Research Review*, *8*(11), 766–776.

Ngoh, T. J. (2008). Mastery of Science Process Skills. Kuala Lumpur Malaysia.

NGSS Lead States (2013). Next Generation Science Standards: For States, by States. Washington DC: The National Academies Press.

Nilsson, P., & Loughran, J. (2012). Exploring the development of pre-service science elementary teachers' pedagogical content knowledge. *Journal of Science Teacher Education*, *23*(7), 699–721.

NRC (National Research Council) (1996). National Science Education Standards. Washington, DC: National Academy Press.

NRC (National Research Council). (2012). A Framework for K–12 Science Education: Practices, Crosscutting Concepts, and Core Ideas. Washington, DC: National Academies Press.

NSTA (National Science Teachers Association). (2009). NSTA Position Statement: Parent Involvement in Science Learning. VA: NSTA.

Palmer, D. (2006a). Durability of changes in self-efficacy of preservice primary teachers. *International Journal of Science Education*, *28*(6), 655–671.

Palmer, D. (2006b). Sources of self-efficacy in a science methods course for primary teacher education students. *Research in Science Education*, *36*, 337–353.

Park, S., & Oliver, J. S. (2008). Revisiting the conceptualisation of pedagogical content knowledge (PCK): PCK as conceptual tool to understand teachers as professionals. *Research in Science Education*, *38*(3), 261–284.

Park, J. S., & Yang, S. Y. (2012). Teachers' perception and status of science education in early childhood educational institutions. *Asia-Pacific Journal of Research in Early Childhood Education*, *6*(1), 67–84.

Raloff, J. (2004). Title IX: Women are catching up, but. *Science News*, *166*(6), 93–94.

Riggs, I. M., & Enochs, L. G. (1990). Toward the development of an elementary teacher's science teaching efficacy belief instrument. *Science Education*, *74*(6), 625–637

Roehrig, G. H., Dubosarsky, M., Mason, A., Carlson, S., & Murphy, B. (2011). We look more, listen more, notice more: Impact of sustained professional development on head start teachers' inquiry-based and culturally-relevant science teaching practices. *Journal of Science Education and Technology*, *20*(5), 566–578.

Rutherford, F. J., & Ahlgren, A. (1990). Science for All Americans. New York: Oxford University Press.

Sagirli, H. E., & Gürdal, A. (2002). Impact of Creative Drama Technique on Students' Attitudes in the Science Course, V. Ankara: National Science and Mathematics Education Congress.

Schoeler, W. (2014). 과학교육의 사상과 역사. 정병훈(역). 서울: 한길사.

Shulman, L. S. (1986). Those who understand: Knowledge growth in teaching. *Educational Researcher*,

*15*(2), 4–14.

Sigaard, R. K., Kjaer, M., & Pakkenberg, B. (2016). Development of the cell population in the brain white matter of young chidlren. *Cerebral Cortex*, *26*, 89–95.

Smolleck, L. D., Zembal–Saul, C., & Yoder, E. P. (2006). The development and validation of an instrument to measure preservice teachers' self–efficacy in regard to the teaching of science as inquiry. *Journal of Science Teacher Education*, *17*, 137–163.

Sperandeo–Mineo, R. M., Fazio, C., & Tarantino, G. (2005). Pedagogical content knowledge development and pre–service physics teacher education: a case study. *Research in Science Education*, *36*(3), 235–268.

Spielberger, C. D., Gorsuch, R. L., & Lushene, R. E. (1970). STAI Manual for a State–Trait Anxiety Inventory. Palo Aloto, CA: Consulting Psychologist Press.

Tyler, R. W. (1949). Basic Principles of Curriculum and Instruction. Chicago: University of Chicago Press.

Udo, M. K., Ramsey, G. P., Reynolds–Alpert, S., & Mallow, J. V. (2004). Science anxiety and gender in students taking general education science courses. *Journal of Science Education and Technology*, *13*, 435–446.

UNESCO (2004). United Nations Decade of Education for Sustainable Development 2005–2014: Draft International Implementation Scheme. Paris: UNESCO.

Vitti, D., & Torres, A. (2006). Practicing Science Process Skills at Home. VA, Arlington: National Science Teachers Association(NSTA).

WCED (1987). Our Common Future. Oxford: Oxford University Press.

Weller, F. (1933). The nature study and elementary science movement. *School Science and Mathematics*, *33*(7), 730–740.

Westerback, M. E. (1984). Studies on anxiety about teaching science in preservice elementary teachers. *Journal of Research in Science Teaching*, *21*(9), 937–950.

Wilson, R. (2007). Promoting the development of scientific thinking. Early Childhood News. Retrieved from http://www.earlychildhoodnews.com/earlychildhood/article_view.aspx?ArticleId=409.

Worth, K. (2010). Science in early childhood classrooms: Content and process. Early Childhood Research & Practice. Retreived 2017.04.12 from http://ecrp.uiuc.edu/beyond/seed/worth.html.

## 저 자 소 개

### 양 수 영

중앙대학교 유아교육과 학사
중앙대학교 대학원 유아교육과 석사
중앙대학교 대학원 유아교육과 박사
現 한양여자대학교 유아교육과 교수

2판

영유아 과학교육

–「2019 개정 누리과정」,「제4차 표준보육과정」 반영 –

초판 1쇄 발행 2020년 8월 21일
초판 2쇄 발행 2022년 1월 12일
2판 1쇄 발행 2024년 8월 1일

지 은 이 | 양수영
펴 낸 이 | 김기섭
편 집 인 | 이혜란
펴 낸 곳 | 창지사 www.changjisa.com
08589 서울시 금천구 가산디지털 1로 83 파트너스타워 1차 9층
전화 (02)719-2211~3
팩스 (02)701-9386
등 록 | 1977년 4월 28일 · 제1-421호

ⓒ 양수영, 2020, 2024

- 이 책 내용의 전부 또는 일부를 재사용하려면 반드시 저작권자와 창지사 양측의 동의를 받아야 합니다.
- 저자와 협의하여 인지는 생략합니다.
- 출판물 불법 복사, 불법 북스캔은 저작권 위반으로 처벌받을 수 있습니다. 불법 제본으로 처벌될 경우(전과기록 됨) 취업 불이익이나 해외유학과 이민 등 비자발급이 거부되는 불이익이 발생할 수 있습니다.

ISBN 978-89-426-1890-3 (93370)

값 24,000원